高职高专经济管理类专业系列教材

基 础 会 计

主　编　安　李　　石立红　　赖俊丽

副主编　张　　敏　　何同芝　　王艳喜　　于新茹

参　编　李佳昱　　刘佳怡　　胡诗琴　　巢红涌　　彭晓丹

西安电子科技大学出版社

内 容 简 介

本书是经济管理类专业基础教材,主要介绍会计的基本理论、基本方法和基本技能。本书按照项目与项目练习的方式,依据最新的法律法规(包括财政部、国家税务总局发布的《关于调整增值税税率的通知》(财税〔2018〕32 号))编写。本书包括 10 个项目,全面介绍了会计职业与会计工作组织、会计记账方法、主要经济业务核算、会计凭证、会计账簿、账务处理程序、财产清查和财务报告等核心内容。

本书精心整合了会计理论与实务,注重案例与实训设计,强化对学生实际操作能力和解决问题能力的培养。为方便学生练习与复习,本书配有《基础会计实训》一书。

本书既可以作为高职高专会计专业、财务管理专业、审计专业及其他经济管理类专业的专业课教材,亦可以作为高等教育自学考试、高等成人教育和从事会计职业工作人员的参考书。

图书在版编目(CIP)数据

基础会计/安李,石立红,赖俊丽主编. —西安:西安电子科技大学出版社,2018.8
(2022.7 重印)
ISBN 978-7-5606-5060-9

Ⅰ.①基… Ⅱ.①安…   ②石…   ③赖…   Ⅲ.①会计学   Ⅳ.①F230

中国版本图书馆 CIP 数据核字(2018)第 191420 号

策　　划　　杨丕勇
责任编辑　　明政珠　杨丕勇
出版发行　　西安电子科技大学出版社(西安市太白南路 2 号)
电　　话　　(029)88202421　88201467　　　邮　　编　　710071
网　　址　　www.xduph.com　　　　　　电子邮箱　　xdupfxb001@163.com
经　　销　　新华书店
印刷单位　　陕西天意印务有限责任公司
版　　次　　2018 年 8 月第 1 版　　2022 年 7 月第 5 次印刷
开　　本　　787 毫米×1092 毫米　1/16　印　张　14.25
字　　数　　335 千字
印　　数　　5501～7500 册
定　　价　　38.00 元
ISBN 978-7-5606-5060-9 / F

XDUP 5362001-5

***** 如有印装问题可调换 *****

前　言

为贯彻落实国务院"简政放权、放管结合、优化服务"要求，降低人才负担和制度成本，同时考虑到目前涉及会计职业能力评价的考试较多，会计人员可以通过参加其他会计类考试证明职业能力，还可以通过接受继续教育、业务培训、学历教育等方式提高专业能力和水平，2017年11月4日习近平主席签署第八十一号主席令，通过了《会计法》等十一部法律的修订，新《会计法》取消了会计从业资格认定。

基础会计是经济管理类专业的专业基础课，是会计专业和财务管理专业的基础专业课。本书阐明了会计学的基本理论、基本方法、基本操作技能，旨在帮助读者了解会计的产生和发展，明确会计的基本职能、特点、对象、任务及其会计核算的基本前提和一般原则，理解并掌握会计要素、会计科目和会计账户、复式记账的相关理论、借贷记账法的内容及其具体运用，掌握会计凭证、会计账簿、财产清查的基本内容和实务操作中的具体要求，明确会计记账程序的种类及其执行程序，能够阅读和编制基本会计报表，等等。

本书由安李(湖南外国语职业学院)、石立红(衡阳技师学院)、赖俊丽(湖南电子科技职业学院)主编，参加编写工作的还有张敏、何同芝、王艳喜、于新茹、李佳昱、刘佳怡、胡诗琴、巢红涌、彭晓丹。在编写过程中参考了一些专家学者的书籍及资料，在此特向他们表示衷心的感谢！

由于编者水平有限，加之我国会计制度还处于不断完善中，书中难免存在一些疏漏和不足，欢迎有关专家和读者提出宝贵的意见。

本书为读者提供了相关教学资源(含电子课件)，有需要者请扫描文中二维码和登录www.xduph.com进行下载。

编　者

2018年2月

目　录

项目 1　了解会计、会计职业与会计工作组织

职业能力目标

(1) 掌握会计的概念；
(2) 了解会计的发展与会计职业的产生和发展；
(3) 了解我国会计机构。

项目导入

会计证的"三生三世"

2017 年 11 月 4 日，经过第十二届全国人民代表大会常务委员会讨论通过了会计法修正案，其核心内容就是不再要求从事会计工作的人员必须取得会计从业资格证书，而是要求"会计人员应当具备从事会计工作所需要的专业能力"，并从 2017 年 11 月 5 日起施行，从此会计从业资格制度取消。虽然事先业界已经讨论很长时间，但真正落实下来，在会计界还是引起不小的波澜。下面就让我们一起来看看会计证的前世、今生与未来吧！

一、会计证的诞生

财政部于 1990 年发布《会计证管理办法》(试行)，要求必须有会计上岗证的人员才能担任会计工作，规定会计证是会计人员从事会计工作的资格证书，全民所有制企业、事业单位、国家机关、社会团体的会计人员均需要持有会计证才能上岗。未取得会计证的人员，各单位不得任用其独立担任会计岗位工作。这是会计证的出生证书。

二、有关会计从业资格管理的法律法规演变过程

通过数年的实际应用，1999 年 10 月 31 日修订的《中华人民共和国会计法》(以下简称《会计法》)第三十八条规定：

"从事会计工作的人员，必须取得会计从业资格证书。

担任单位会计机构负责人(会计主管人员)的，除取得会计从业资格证书外，还应当具备会计师以上专业技术职务资格或者从事会计工作三年以上经历。

会计人员从业资格管理办法由国务院财政部门规定。"

第一次把会计从业资格管理提高到法律层次。

根据当年修订的《会计法》的规定，2000 年 5 月 8 日财政部印发《会计从业资格管理办法》(财会字[2000]5 号)，开始在全国范围内换发《会计从业资格证书》。

2005 年 1 月财政部对《会计从业资格管理办法》进行修改完善，并以财政部 2005 年第 26 号令发布；2012 年 12 月 5 日财政部再次修订了《会计从业资格管理办法》(财政部

令第 73 号)。

会计从业资格的管理逐步走上法制化、规范化的道路。

三、会计证的今生

会计是我国第一批实行职业资格管理的职业,会计证和注册会计师证书考试也是全国最早开始的资格考试。随后,我国出现了各种行业的职业资格考试,资格证书泛滥成灾,给社会、单位和个人带来巨大考证压力和经济负担,甚至催生了一个个考试辅导新产业,严重束缚了人才的合理流动,影响了市场经济的健康发展,因此政府开始清理各种不合理的职业资格,先后分多批次取消了绝大部分的资格考试。直到 2017 年 9 月人社部公布的最新一批职业资格清单,其中已经不包括会计从业资格。在这种形势下,财政部提出取消会计从业资格证书的议案,经过第十二届全国人民代表大会常务委员会讨论通过,正式明确取消了对会计人员必须持会计从业资格证才能上岗的要求。至此,会计从业资格证正式退出会计的历史。

四、会计证的来世

2017 年会计法修正案正式发布,意味着会计证已经消亡。

其实当初设立会计证,是有历史根源的。改革开放以后,特别是 20 世纪 90 年代我国由计划经济向市场经济转变,而会计岗位与其他岗位有着根本的区别——因为会计直接管"钱",这是国家、企业的命脉,当时的国家领导人已经意识到"经济越发展,会计越重要",因此才有可能建立会计证管理制度,如今在新形势下,各种证书既然成为经济发展的羁绊,取消会计证也就是历史的必然。

但是对会计在市场经济中的角色而言,其岗位的特殊性决定了对会计人员的能力要求是万万不可放松的。按照会计"实质重于形式"原则理解,取消了会计证只是形式上的,所以新修订的会计法第三十八条要求"会计人员应当具备从事会计工作所需要的专业能力",正是顺应了经济发展新时代的需要,更"接地气"。

注意,这样规定并不意味着任何人都可以从事会计工作。取消会计证不等于不要学会计理论、不要学会计实务操作,更不是说任何人都能当会计。实务中用人单位将会提高对会计人员从业能力的要求,这才是实质性的变化。

虽然会计从业资格证书取消了,但是会计人员的学习与知识更新是永恒的。

资料来源:http://shuo.news.esnai.com/article/201711/166142.shtml

工作任务与项目导图

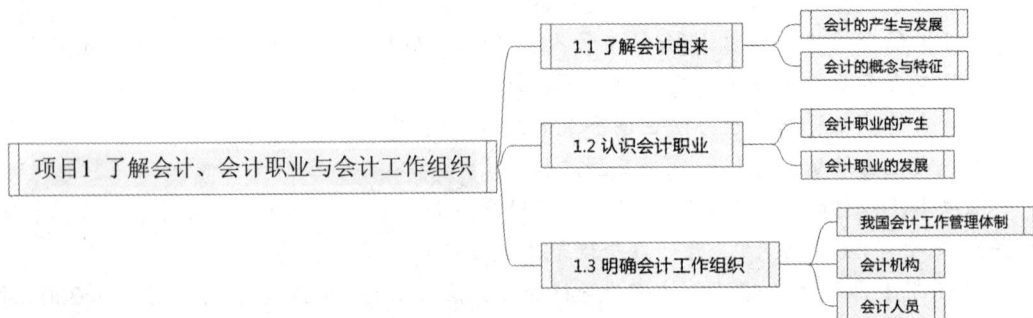

1.1　了解会计由来

一、会计的产生与发展

人类最早的会计思想、会计行为是社会发展到一定历史阶段的产物。生产力发展的水平是导致人类最早的计量、记录行为产生的历史动因。

人类最早的计量、记录行为产生的历史动因，首先取决于生产发展水平，而衡量生产发展水平的基本标准是生产剩余物品的出现，人类正是在有了生产剩余物品这个客观事实的前提下学会了储备，并学会了对储备物的管理；其次是由于社会生产发展到足以维持生存的水平，或足以保障人类自身生产正常进行的水平，才能围绕剩余物品的合理分配，保障这些物品能在一定范围内维持人们的不断需要，从而萌生了人类最早的计量、记录观念与行为。

不少学者认为"会计"命名起源于中国的第一个朝代"夏"，其根据是《史记》中出现的一段关于"会计"的记载。司马迁所著《史记·夏本纪》中记："自虞夏时，贡赋备矣。或占禹会诸侯江南，计功而崩，因葬焉，命曰会稽，会稽者，会计也。"这段话的意思是："从虞舜夏禹开始，纳贡赋税的制度就基本完备了。有人说大禹在江南召集诸侯，进行考核功绩的时候去世了，于是就葬在当地，把此地命名为'会稽'，'会稽'也就是'会计'。"位于上海松江的中国会计博物馆(如图 1-1)就是利用博物馆强大的文化传承和宣传教育功能，展示了悠久的会计文化，促进会计学术研究与交流。

图 1-1　中国会计博物馆　上海松江

"会计"命名起源于西周，已被我国著名会计史学家郭道扬教授研究证实。西周时代，政治、经济和文化的发展为会计的起源提供了客观条件。西周是我国奴隶制发展的鼎盛时期，这一阶段，无论是农业、手工业、畜牧业、商业还是经济制度的建设都是前所未有的。西周王朝较之以前的朝代更注重对各经济部门的严格控制，并注重其中的财政与会计工作，以至推动了官厅会计的发展。

二、会计的概念与特征

"会"与"计"连用成为中国会计发展史上具有深刻意义和影响的专业名词，在西周时代用它来表示中国人最初对会计基本概念的认识以及这一概念的最初含义。"会计"的含义体现在西周有关的典章制度中，最早见于《周礼》。《周礼》中把主管会计的官员称为"司会"，会计的功能在书中有详尽的阐述。到了战国时代，《孟子》中又记录有孔子对会计的评述。汉代《说文》中称"会，合也""计，会也，算也"。清代数学家焦循对"会计"予以了更详细的注释："会，大计也。然则零星算之为计，总合算之为会"。

随着商品货币经济的发展，特别是在欧洲产业革命以后，由于资本主义生产的发展，生产日益社会化，生产规模日趋扩大，更需要由会计从价值量上来全面、完整、系统地反映和监督生产经营的全过程。人类发展到现在，全球信息化、经济全球化使作为"国际商业公共语言"的会计内涵及外延不断丰富发展。现在会计概念可以表述为：会计是以货币为主要计量单位，运用专门的方法，核算和监督一个单位经济活动的一种经济管理工作。

会计的基本特征包含：会计是一种经济管理活动；会计是一个经济信息系统；会计以货币作为主要计量单位；会计具有核算和监督的基本职能；会计采用一系列专门的方法。

1.2 认识会计职业

一、会计职业的产生

4000 多年前，大禹为公益事业构建了最早的国家税赋制度，有了税赋制度自然就有了会计和审计工作。在绍兴的会稽山，大禹集合全国的诸侯召开了中国历史乃至世界历史上第一次会计审计工作大会，创立了会计审计制度。商朝的甲骨文中也有关于会计事项记载的文字。

近代会计的时间跨度标志一般认为从 1494 年意大利数学家、会计学家卢卡·帕乔利所著《算术、几何、比及比例概要》一书公开出版开始，直至 20 世纪 40 年代末。此间在会计的方法技术与内容上有两点重大发展，其一是复式记账法的不断完善和推广，其二是成本会计的产生和迅速发展，继而成为会计学中管理会计分支的重要基础。在近代会计阶段，有两个重要的时间，称为近代会计发展史上的两个里程碑：一是复式账簿的产生，二是世界上成立第一个会计师协会——爱丁堡会计师公会。

现代会计是商品经济的产物。14、15 世纪，由于欧洲资本主义商品货币经济的迅速发展，促进了会计的发展。其主要标志：管理会计与财务会计分离、电子计算机在会计上的广泛应用。20 世纪以来，特别是第二次世界大战结束后，资本主义的生产社会化程度得到了空前的发展，现代科学技术与经济管理科学的发展突飞猛进，受社会政治、经济和技术环境的影响，传统的财务会计不断充实和完善，财务会计核算工作更加标准化、通用化和规范化。

二、会计职业的发展

经济越发展，会计越重要。经济社会发展需要会计改革与之相适应，会计职业全面发展又对经济社会发展具有重要的促进作用。中华人民共和国成立七十多年特别是改革开放以来的实践证明，各项重大改革几乎都离不开会计改革。这些改革都对会计职业不断提出新的要求，逐步形成会计职业的不同发展方向(如图 1-2 所示)。

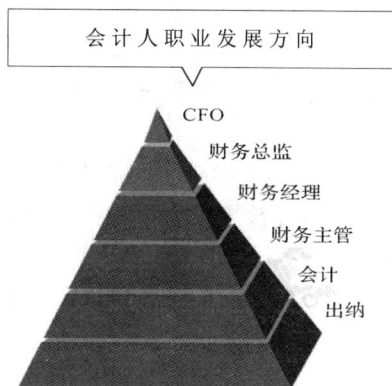

图 1-2　会计人职业发展方向

　　按核算主体及目的不同，会计可分为预算会计和财务会计。预算会计：以实现公共职能为目的，以公共资产为核算对象，以公共事务为核算依据，以公共业务成果为主要考核指标，具有"公共性""非营利性""财政性"的特点，是适用于各级政府部门、行政单位和各类非营利组织的会计体系。财务会计：以营利为目的，以经济实体为核算对象，反映企业的财务状况、经营成果和现金流量，为改善企业内部管理和提高经济效益服务，是适用于各类企业及营利性组织的会计体系。

　　按报告对象不同，会计可分为财务会计和管理会计。财务会计通过编制财务报表，为企业内部和外部用户提供信息；其重点在于报告财务状况和营运状况，主要对外部提供参考。管理会计主要是为企业的管理层提供信息，作为企业内部各部门进行决策的依据；没有标准的模式，也不受会计准则的控制。

　　按行业不同，会计可分为工业企业会计、商品流通会计、金融证券会计、保险企业会计、施工企业会计、房地产业会计、邮电通信会计、农业企业会计、旅游餐饮会计、医疗卫生会计、交通运输会计等。

　　按工作内容不同，会计可分为总账会计、往来会计、成本会计、材料会计等。

　　在经济社会发展过程中，会计人员肩负着依法维护国家财经秩序的神圣使命。会计人员是会计核算和会计监督的主体，是市场经济活动的特殊从业人员。其通过自身技能所生成并提供的会计信息，在引导社会资源配置、保障社会公众利益、维护国家经济安全和市场经济秩序等方面，发挥着重要的基础作用。

1.3　明确会计工作组织

一、我国会计工作管理体制

　　我国作为社会主义市场经济国家，公有制占主导地位，会计工作对维护社会主义市场经济秩序有其特殊的作用，即基层单位的会计工作在为本单位的经营管理和业务活动服务的同时，要为国家宏观调控服务。这就要求我国会计工作管理体制必须明确会计工作的主管部门、国家统一的会计制度的制定权限、对会计工作的监督检查部门和监督检查范围、对会计人员的管理等内容。根据《会计法》的规定，国务院财政部门主管全国的会计工作，县级以上地方各级人民政府财政部门管理本行政区域内的会计工作。这就明确了由财政部门主管会计工作的管理体制，即遵循"统一领导，分级管理"的原则。

企业会计工作组织形式一般可分为集中核算和非集中核算两种。

(1) 集中核算：指企业的主要会计核算工作集中在企业的财务会计部门来进行，企业内部的各个生产车间、分支机构、各职能部门一般不进行单独核算。

(2) 非集中核算：指企业的各个生产车间、各职能部门对自身所发生的各项经济业务进行比较全面的会计核算。

二、会计机构

会计机构是指各单位办理会计事务的职能部门。根据《会计法》的规定，各单位应当根据会计业务的需要设置会计机构，或者在有关机构中设置会计人员并指定会计主管人员；不具备设置条件的，应当委托经批准从事会计代理记账业务的中介机构代理记账。

会计机构设置应遵循以下基本原则：

(1) 合规合法原则。内部财务会计控制应当符合国家有关法律法规和会计基础工作规范以及单位的实际情况。

(2) 全员性原则。内部财务会计控制应当约束企业内部涉及会计工作的所有人员，任何个人都不得拥有超越内部会计控制的权力。企业经营者应当对企业的内部会计控制的建立健全及有效实施负责。

(3) 全面性与系统性结合原则。内部财务会计控制应当涵盖企业内部涉及会计工作的各项经济业务及岗位，并应针对业务处理过程中关键控制点，落实到决策、执行、监督、反馈等各个环节。

(4) 权责明确、相互制衡原则。内部会计控制应当保证企业内部涉及会计工作的机构、岗位的合理设置及其职责权限的合理划分，坚持不相容职务相互分离，确保不同机构和岗位之间权责分明、相互制约、相互监督。

(5) 成本效益原则。内部财务会计控制应当遵循成本效益原则，以合理的成本达到最佳的控制效果。

(6) 动态性原则。内部财务会计控制应随着外环境的变化、企业整体业务职能的调整和管理要求的提高，不断修改和完善。

会计机构应当完成的工作任务包括：有效地进行会计核算；进行合理的会计监督；制定本单位的会计制度、会计政策；参与本单位的各种计划的制定，并考核计划的执行情况。为保证顺利、有效地完成上述任务，达到预期的会计目标，会计机构内部应进行合理的分工，按照会计核算的流程设置责任岗位，配备会计人员。

三、会计人员

我国《会计法》规定，会计人员应具备必要的专业知识；总会计师由具有会计师以上专业技术任职资格的人员担任；国有企业、事业单位的会计机构负责人、会计主管人员的任免应当经过主管单位同意，不得任意调动或者撤换；会计人员应忠于职守、坚持原则，受到错误处理的，主管单位应当责成所在单位予以纠正；玩忽职守，丧失原则，不宜担任会计工作的，主管单位应当责成所在单位予以撤职或者免职。

会计人员应当具备从事会计工作所需要的专业能力。担任单位会计机构负责人(会计主管人员)的，应当具备会计师以上专业技术职务资格或者从事会计工作三年以上经历。

会计人员应当遵守职业道德，提高业务素质。对会计人员的教育和培训工作应当加强，原国务院总理朱镕基还曾为国家会计学院题写校训(如图1-3所示)。因有提供虚假财务会计报告，做假账，隐匿或者故意销毁会计凭证、会计账簿、财务会计报告，贪污，挪用公款，职务侵占等与会计职务有关的违法行为被依法追究刑事责任的人员，不得再从事会计工作。

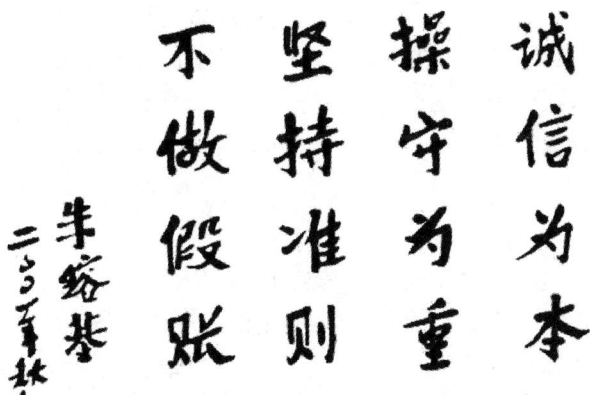

诚信为本
操守为重
坚持准则
不做假账
朱镕基
二〇〇一年秋

图1-3 朱镕基总理亲笔题写国家会计学院校训

会计人员调动工作或者离职，必须与接管人员办清交接手续。一般会计人员办理交接手续，由会计机构负责人(会计主管人员)监交；会计机构负责人(会计主管人员)办理交接手续，由单位负责人监交，必要时主管单位可以派人会同监交。

会计人员的职责，概括起来就是及时提供真实可靠的会计信息，认真贯彻执行和维护国家财经制度和财经纪律，积极参与经营管理，提高经济效益。根据《中华人民共和国会计法》的规定，会计人员的主要职责是：

(1) 进行会计核算。会计人员要以实际发生的经济业务为依据，记账、算账、报账，做到手续完备，内容真实，数字准确，账目清楚，日清月结，按期报账。如实反映财务状况、经营成果和财务收支情况，是会计人员最基本的职责。

(2) 实行会计监督。各单位的会计机构、会计人员对本单位实行会计监督。

(3) 拟订本单位办理会计事务的具体办法。

(4) 参与拟定经济计划、业务计划，考核、分析预算、财务计划的执行情况。

(5) 办理其他会计事务。

练习

项目 1　参考答案

一、单项选择题

1. 会计对经济活动的管理主要是(　　　)。

A. 实物管理与价值管理并重　　　　　B. 实物管理

C. 劳动管理　　　　　　　　　　　　D. 价值管理

2. 我国"会计"一词起源于(　　　)。

A. 春秋战国　　　B. 秦朝　　　　　　C. 西周王朝　　　　　D. 唐朝

3. 会计对象是指能够以(　　　)的经济活动。

A. 实物计量　　　　　　　　　　　　B. 货币计量

C. 劳动计量　　　　　　　　　　　　D. 时间计量

4. 按核算主体及目的不同,会计可分为(　　　)和财务会计。

A. 预算会计　　　　　　　　　　　　B. 管理会计

C. 税务会计　　　　　　　　　　　　D. 成本会计

5. 根据《会计法》的规定,我国会计工作管理体制的原则为(　　　)。

A. 统一领导,分级管理　　　　　　　B. 以公有制为主体

C. 统一管理,分级领导　　　　　　　D. 取之于民,用之于民

二、多项选择题

1. 按报告对象不同,会计可分为(　　　)和(　　　)。

A. 预算会计　　　B. 管理会计　　　　C. 财务会计　　　　　D. 成本会计

2. 担任单位会计机构负责人(会计主管人员)的,应当具备(　　　)或(　　　)。

A. 会计类专业大专毕业　　　　　　　B. 从事会计工作三年以上经历

C. 注册会计师职业资格　　　　　　　D. 会计师以上专业技术职务资格

3. 会计机构设置遵循的基本原则包括(　　　)。

A. 合规合法原则　　　　　　　　　　B. 权责明确、相互制衡原则

C. 成本效益原则　　　　　　　　　　D. 重要性原则

4. 会计人员的工作职责包括(　　　)。

A. 制定经济合同　　　　　　　　　　B. 实行会计监督

C. 参与预算分析　　　　　　　　　　D. 进行会计核算

5. 企业会计工作组织形式分为(　　　)。

A. 集中核算　　　　　　　　　　　　B. 非集中核算

C. 总分组织　　　　　　　　　　　　D. 垂直领导

拓展阅读

财务机器人来了,会计会失业吗?

财务机器人来了,会计会失业吗?会计要做大量繁复的工作,是否会首先面对人工智

能的冲击？财务机器人的面世，加剧了从业者的忧虑。

四大会计师事务所相继推出财务机器人。2016年3月，德勤宣布将人工智能引入会计、税务、审计等工作，并于2017年上半年推出产品。普华永道2016年开始为国内企业实施财务机器人计划，中化国际财务机器人项目2017年8月正式上线。

财务机器人可以做些什么？据普华永道和德勤介绍，财务机器人目前能做的主要是核对类、收集类等重复性高、技能要求低的工作。比如，与多家银行不同账号的对账，对周报月报数据的汇总梳理，利用内部财务系统、外部税务系统、进项税票管理系统、上个月申报的留底税额等数据源，进行增值税差额的核对。

简单的分录、记账和报销工作今后可能不需要人力了。财务机器人运算速度快，24小时不间断工作，可以大大提高工作效率。"由于上市时间较短，财务机器人仍处于客户匹配和应用磨合阶段，大量潜在用户还在观望。"上海国家会计学院副院长刘勤说。

目前的财务机器人称不上智能化，还处于流程自动化阶段。"数据标准化和流程自动化是财务智能化的前提。"刘勤介绍，尽管会计行业受准则制约，具有较强的政策性和规则性，但在数据标准化方面并不如意。另外，由于企业业务需求的差异，实现财务流程标准化也非易事。

"一些企业的财务流程往往根据经验，经验代表的规则到底是什么，需要抽象和梳理出来。"普华永道中国管理咨询高级经理庞胤杰认为，可用的数据和明确的流程规则，是财务机器人应用的第一阶段。

在数据和流程标准化方面，企业已经有了一些实践，金蝶、用友、浪潮等财务管理软件在会计行业广泛采用。近年来，一些大公司通过财务共享中心，将位于不同地区的会计业务集中到一起，统一记账和报告，强化了数据和流程的标准化。"企业财务共享中心是应用财务机器人的理想场所。"刘勤说。

面对财务机器人智能化的趋势，会计从业者要做什么准备呢？业界专家认为，人工智能可以取代人力进行重复性工作，新时代的会计不仅要能记账，还要了解生产、业务、物流、战略等多个领域。

资料来源：http://www.winhuanet.com/fortune/2014-12/13/c_1122106364.htm

项目 2　把握会计目标、会计信息质量要求和会计方法

职业能力目标

(1) 掌握会计的基本假设和会计信息质量的要求；

(2) 了解会计的确认、计量、记录和报告的程序和内容；

(3) 理解会计的目标和作用；

(4) 了解会计核算方法。

项目导入

会计基础工作薄弱　抚顺特钢被责令整改

1 月 31 日，抚顺特钢发布公告称，公司因存在内部控制不规范等问题被辽宁证监局出具行政监管措施决定书。

2017 年 12 月 7 日起，中国证监会辽宁证监局对抚顺特钢进行现场检查，经检查初步发现抚顺特钢存在内部控制不规范和会计基础工作薄弱的问题。具体包括：抚顺特钢在资产管理方面(主要包括存货、固定资产、在建工程)存在诸多薄弱环节，无法合理保证企业财务报告相关信息真实完整，及会计核算不规范、未按规定进行对账等问题。

抚顺特钢的上述行为违反了《企业内部控制基本规范》第三十一条第一款、第三十二条第一款，及《会计基础工作规范》第三十六条、第六十三条等规定。依据《上市公司现场检查办法》第二十一条，辽宁证监局决定对抚顺特钢采取责令改正的行政监管措施。

辽宁证监局要求抚顺特钢应高度重视上述问题，深入自查、举一反三，采取切实有效措施加强整改，完善公司内部控制，加强会计基础工作，严格按照《企业会计准则》进行会计核算，切实提高会计信息披露质量。并于 2018 年 2 月 28 日前向辽宁证监局提交书面整改报告。

资料来源：http://www.sohu.com/a/220025970_161623

工作任务与项目导图

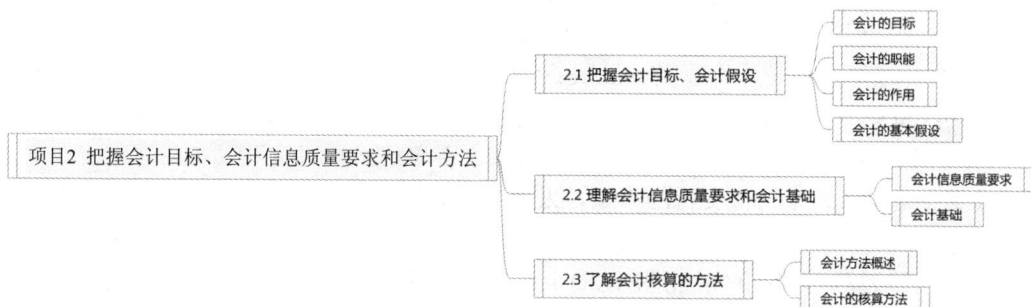

2.1　把握会计目标、会计假设

一、会计的目标

　　会计的目标是指在一定的历史条件下，人们因此通过会计所要实现的目的或达到的最终结果。由于会计是整个经济管理的重要组成部分，会计目标当然从属于经济管理的总目标，或者说会计目标是经济管理总目标下的子目标。在将提高经济效益作为会计终极目标的前提下，我们还需要研究会计核算的目标，即向谁提供信息、为何提供信息和提供何种信息。

　　根据会计定义，我们可以得知会计核算的目标是向有关各方提供会计信息，以帮助决策。会计的目标，决定于会计资料使用者的要求，也受到会计对象、会计职能的制约。我国《企业会计准则》中对于会计核算的目标作了明确规定：会计的目标是向财务会计报告使用者提供与企业财务状况、经营成果和现金流量等有关的会计信息，反映企业管理层受托责任履行情况，有助于财务会计报告使用者作出经济决策。

　　上述会计核算的目标，实质上是对会计信息质量提出的要求。它可以划分为两个方面：第一方面是满足于对企业管理层的监管需要；第二方面是满足于相关利益群体的决策需要。

　　会计的目标是会计管理运行的出发点和最终要求，决定和制约着会计管理活动的方向，在会计理论结构中处于最高层次；同时在会计实践活动中，会计目标又决定着会计管理活动的方向。随着社会生产力水平的提高，科学技术的进步，管理水平的改进及人们对会计认识的深化，会计目标会强烈地随着社会经济环境的变化而变化。

二、会计的职能

　　从会计定义中我们可以看出会计是随着生产的发展，逐步从企业各项经营活动中分离出来的一项提高经济效益的管理活动。会计在经济管理工作所具有的功能或能够发挥的作用，即会计的职能，包括核算、预测经济前景、参与经济决策、监督评价经营业绩等。随着经济的发展和管理要求的提高，会计职能是不断变化的并且彼此联系。会计的基本职能是进行核算、实行监督。

(一) 会计核算

会计核算是会计的首要职能，它是以货币计量为主要单位，对各种单位经济业务活动或者预算执行情况及其结果进行连续、系统、全面的记录和计量，并据以编制会计报表。它要求各单位必须根据实际发生的经济业务事项进行会计核算。其特点表现在如下的三个方面：

(1) 会计核算主要是从价值量上反映各经济主体的经济活动状况。会计核算是对各单位的一切经济业务，以货币计量为主，进行记录、计算，以保证会计记录和反映的完整性。

(2) 会计核算具有连续性、系统性和完整性。各单位必须对客观发生所有经济业务，即涉及资金运动或资金增减变化的事项，采用系统的核算方法体系，按时间顺序，无一遗漏的进行记录。

(3) 会计核算应对各单位经济活动的全过程进行反映。随着商品经济的发展，市场竞争日趋激烈，会计在对已经发生的经济活动进行事中和事后的记录、核算、分析，反映经济活动的现实状况及历史状况的同时，发展到事前核算、分析和预测经济前景。

(二) 会计监督

会计监督职能，是指会计具有按照一定的目的和要求，利用会计反映职能所提供的经济信息，对企业和行政事业单位的经济活动进行控制，使之达到预期目标的功能。会计的控制职能主要具有以下特点：

(1) 会计监督主要是通过价值量指标来进行监督工作的。由于基层单位进行的经济活动，同时都伴随着价值运动，表现为价值量的增减和价值形态的转化，因此，会计通过价值指标可以全面、及时、有效地控制各个单位的经济活动。

(2) 会计监督同样也包括事前、事中和事后的全过程的监督。会计监督的依据有合法性和合理性两种。合法性的依据是国家的各项法令及法规，合理性的依据是经济活动的客观规律及企业自身在经营管理方面的要求。

会计核算与会计监督是相互作用、相辅相成的。核算是监督的基础，没有核算，监督就无从谈起；而监督是会计核算质量的保证。随着会计理论的发展和会计实践的丰富，会计职能也不断发展，出现了预测、决策、控制和分析等新的职能，如图 2-1 所示。

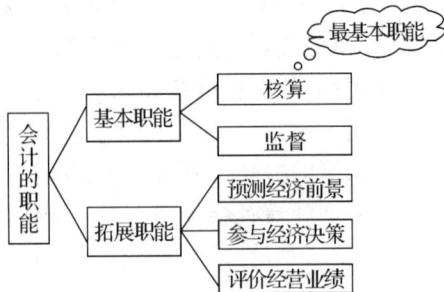

图 2-1　会计的职能

三、会计的作用

从会计的发展过程来看，会计最初只是很多人印象中的"记账先生"，这是当时经济活动的发展程度所决定的。但随着经济活动的进一步发展，会计在经济活动中所起的作用日益提高，会计不仅仅是记账，填开凭证，而已经成为经济管理活动的一部分。在资本运作市场上，会计通过对信息的收集、加工、总结，形成对经济决策、经济管理有效的信息系统，可见会计在资本市场上已经具有举足轻重的地位。

从不同的角度分析会计的作用，可以对会计的作用有更全面的认识：

(1) 会计信息是股东了解企业经营状况，评价企业经营业绩的重要依据。

(2) 会计信息是潜在的投资者了解企业发展状况，作出投资决策的重要依据。

(3) 会计信息是债权人评价其债权的安全程度，作出持有或收回债权决策的重要依据。

(4) 会计信息是供应商和客户评价企业经营风险，作出相应决策的重要依据。

(5) 会计是政府有关部门指导和监管企业，调整宏观经济的重要依据。

(6) 会计信息是企业内部管理者作出经营决策的重要依据。

四、会计的基本假设

会计核算的基本前提是对会计核算所处的时间、空间环境所作的合理设定。会计核算的基本前提，是为了保证会计工作的正常进行和会计信息的质量，对会计核算的范围、内容、基本程序和方法所作的假定，并在此基础上建立会计原则。国内外会计界多数人公认的会计核算的基本假设有以下四个，如图 2-2 所示。

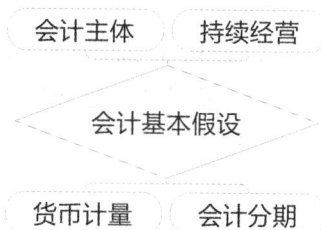

图 2-2　会计基本假设

(一) 会计主体

会计主体是指会计信息所反映的特定单位，也称为会计实体、会计个体。会计所要反映的总是特定的对象，只有明确规定会计核算的对象，将会计所要反映的对象与其他经济实体区别开来，才能保证会计核算工作的正常开展，实现会计的目标。

会计主体作为会计工作的基本前提之一，为日常的会计处理提供了空间依据。第一，明确会计主体，才能划定会计所要处理的经济业务事项的范围和立场。如把甲公司作为会计主体的话，只有那些影响甲公司经济利益的经济业务事项才能加以确认和计量。与甲公司经济业务无关的原材料资产增加、应付负债的增加等要素的变化，甲公司都不予以反映。对于甲公司来说，一方面一笔收入(所有者权益增加)，同时增加一笔应收账款增加(资产增加)，而不是相反。同时，对于乙公司来说，导致乙公司原材料资产增加(资产增加)，同时应付账款的增加(负债增加)。第二，明确会计主体，将会计主体的经济活动与会计主体所有者的经济活动区分开来。无论是会计主体的经济活动，还是会计主体所有者的经济活动，都最终影响所有者的经济利益。

会计主体不同于法律主体。一般来说，法律主体往往是一个会计主体，例如，一个企业作为一个法律主体，应当建立会计核算体系，独立反映其财务状况、经营成果和现金流量。但是，会计主体不一定是法律主体(如图 2-3 所示)，某企业集团由若干个具有法人资格的企业组成，各个企业是独立的会计主体，但为了反映整个集团的财务状况、经营成果、现金流量，则还应当编制该集团的合并会计报表，这里的企业集团是会计主体，但不是一个独立的法人。有时，为了内部管理需要，也对企业内部的部门单独加以核算，并编制出内部会计报表，企业内部划出的核算单位也可以视为一个会计主体，但它不是一个法律主体。

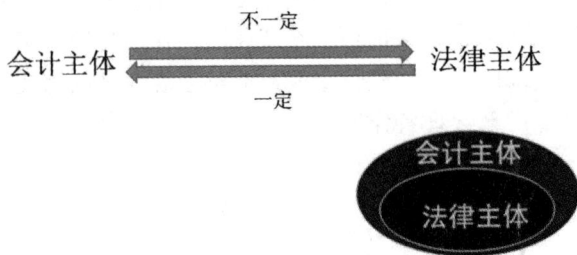

图 2-3　会计主体与法律主体

【项目演练 2-1 单选题】

关于会计主体说法不正确的是(　　)。

A. 可以是独立法人，也可以是非法人

B. 可以是一个企业，也可以是企业内部的某一个单位

项目 2-1　答案与解析

C. 可以是单一的子公司，也可以是由几个子公司组成的企业集团

D. 当企业与业主有经济往来时，应将企业与业主作为同一个会计主体处理

(二) 持续经营

持续经营是指会计主体的生产经营活动将无限期地延续下去，在可以预见的将来，企业不会面临清算、解散、倒闭而不复存在。

企业是否持续经营对会计政策的选择，正确确定和计量财产计价、收益影响很大。在持续经营的前提下，企业取得机器设备时候，能够确定这项资产在未来的生产加工活动中可以给企业带来经济利益，因此可以按支付的所有价款 10 万作为固定资产的账面成本，其磨损的价值，在 5 年内按一定折旧方法计提折旧，并将其磨损的价值计入成本费用。如果，企业面临清算，这固定资产，只能按当时的清算价值，进行抵偿债务了。

由于持续经营是根据企业发展的一般情况所作的设定，企业在生产经营过程中缩减经营规模乃至停业的可能性总是存在的。为此，往往要求定期对企业持续经营这一前提作出分析和判断。一旦判定企业不符合持续经营前提，就应当改变会计核算的方法。

【项目演练 2-2 多选题】

下列各项中，企业不能按照持续经营的会计基本假设进行会计确认、计量和报告的情形有(　　)。

A. 调整经营方针　　　　　　　　　　B. 解散

C. 破产　　　　　　　　　　　　　　D. 长期停业整顿

项目 2-2　答案

(三) 会计分期

会计分期这一前提是从第二个基本前提引申出来的，可以说是持续经营的客观要求。会计分期是指将一个企业持续经营的生产经营活动划分为连续、相等的期间，又称为会计期间。

会计分期的目的是，将持续经营的生产活动划分为连续、相等的期间，据以结算盈亏，按期编报财务报告，从而及时地向各方面提供有关企业财务状况、经营成果和现金流量信息。

根据持续经营前提，一个企业将要按当前的规模和状况继续经营下去。要最终确定企业的经营成果，只能等到一个企业在若干年后歇业的时候核算一次盈亏。但是，经营活动和财务经营决策要求及时得到有关信息，不能等到停止经营时一次性地核算盈亏。为此，就要将持续不断的经营活动划分为一个个相等的期间，分期核算和反映。会计分期对会计原则和会计政策的选择有着重要影响。由于会计分期，产生了当期与其他期间的差别，从而出现权责发生制和收付实现制的区别，进而出现了应收、应付、递延、预提、待摊这样的会计方法。

【学习提示】会计期间划分的长短会影响损益的确定，一般来说，会计期间划分得越短，反映经济活动的会计信息质量就越不可靠，当然，会计期间的划分也不可能太长，太长了会影响会计信息使用者及时使用会计信息的需要的满足程度，因此必须恰当地划分会计期间。在《企业会计准则》中，会计期间通常分为年度和中期，中期是短于一个完整会计年度的报告期间，又可以分成季度、月度、半年度，而我国企业的会计期间按年度划分，我国的会计年度为公历的 1 月 1 日至 12 月 31 日。

(四) 货币计量

货币计量是指采用货币作为计量单位，记录和反映企业的生产经营活动。

企业资产、负债和所有者权益，尤其是资产可以采取不同的计量属性，如数量计量(个、张、根等)、人工计量(工时等)、货币计量，而会计是对企业财务状况和经营成果全面系统的反映，为此，需要货币这样一个统一的量度。企业经济活动中凡是能够用货币这一尺度计量的，就可以进行会计反映，凡是不能用这一尺度计量的，则不必进行会计反映。当然，统一采用货币尺度，也有不利之处，许多影响企业财务状况和经营成果的一些因素，并不是都能用货币计量的，比如，企业经营战略，在消费者当中的信誉度，企业的地理位置，企业的技术开发能力等。为了弥补货币量度的局限性，要求企业采用一些非货币指标作为会计报表的补充。

在我国，一般要求采用人民币作为记账本位币，是对货币计量这一会计前提的具体化。考虑到一些企业的经营活动更多地涉及外币，因此规定业务收支以人民币以外的货币为主的单位，可以选定其中一种货币为记账本位币，但是提供给境内的会计报告使用者的应当折算为人民币。

【项目演练 2-3 单选题】

在中国境外设立的中国企业向国内报送的财务会计报告，应当以(　　)反映。

A. 所在国货币

项目 2-3　答案与解析

B. 人民币

C. 所在国货币或人民币二者选一

D. 所在国货币和人民币二者同时

2.2   理解会计信息质量要求和会计基础

一、会计信息质量要求

会计信息质量要求是对企业财务会计报告中所提供高质量会计信息的基本规范，是使财务会计报告中所提供会计信息对信息使用者决策有用所应具备的基本特征，归纳如图2-4 所示。

可靠性(最基本)	真实、可靠、内容完整
相关性	有用
可理解性	准确、清晰
可比性	统一、一致
实质重于形式	经济实质重于法律形式
重要性	全面、重要
谨慎性	稳健、谨慎
及时性	时效

图 2-4   会计信息质量要求

会计信息的使用者主要包括投资者、债权人、企业管理者、政府及其相关部门和社会公众等。

(一) 可靠性

可靠性要求企业应当以实际发生的交易或者事项为依据进行会计确认、计量和报告，如实反映符合确认和计量要求的各项会计要素及其他相关信息，保证会计信息真实可靠、内容完整。

可靠性要求具体体现：

1. 企业应当以实际发生的交易或者事项为依据进行会计确认、计量和报告，如实反映其所应反映的交易或者事项；

2. 企业应当在符合重要性和成本效益原则的前提下，保证会计信息的完整性；

3. 包括在财务报告中的会计信息应当是中立的、无偏的。

(二) 相关性

相关性要求企业提供的会计信息应当与财务报告使用者的经济决策需要相关，有助于财务报告使用者对企业过去、现在的情况作出评价，对未来的情况作出预测。

(三) 可理解性

可理解性要求企业提供的会计信息应当清晰明了、简明扼要，便于财务会计报告使用者理解和使用。

根据可理解性原则，会计记录应当准确、清晰，填制会计凭证、登记会计账簿必须做到依据合法、账户对应关系清楚、文字摘要完整；在编制会计报表时，项目钩稽关系清楚、项目完整、数字准确。

(四) 可比性

可比性要求企业提供的会计信息应当相互可比。这包括两个方面的质量要求：

一是信息的横向可比。即企业之间的会计信息口径一致，相互可比。企业可能处于不同行业、不同地区，经济业务发生在不同地点，为了保证会计信息能够满足经济决策的需要，便于比较不同企业的财务状况和经营成果，不同企业发生相同的或者相似的交易或事项，应当采用国家统一规定的相关会计方法和程序。

二是信息的纵向可比。即同一企业不同时期发生的相同或相似的交易或事项，应当采用一致的会计政策，不得随意改变，便于对不同时期的各项指标进行纵向比较。在此准则要求下，企业不得随意改变目前所使用的会计方法和程序。一旦作出变更，也要在会计报表附注中作出说明。如：存货的实际成本计算方法有先进先出法、加权平均法等。如果确有必要变更，应当将变更情况、变更原因及其对企业财务状况和经营成果的影响在财务会计报告附注中说明。

【项目演练 2-4 单选题】

会计核算应该按照规定的会计处理方法进行，会计指标应当口径一致，这是会计信息质量的(　　)要求。

A. 客观性　　　　　　　　　B. 相关性
C. 可比性　　　　　　　　　D. 稳健性

项目 2-4　答案

(五) 实质重于形式

实质重于形式要求企业应当按照交易或者事项的经济实质进行会计确认、计量和报告，不应仅以交易或者事项的法律形式为依据。这里所讲的形式是指法律形式，实质指经济实质。有时，经济业务的外在法律形式并不能真实反映其实质内容。为了真实反映企业的财务状况和经营成果，就不能仅仅根据经济业务的外在表现形式来进行核算，而要反映其经济实质。比如，法律可能写明商品的所有权已经转移给买方，但事实上卖方仍享有该资产的未来经济利益。如果不考虑经济实质，仅看其法律形式，就不能真实反映这笔业务对企业的影响。

【学习提示】　应注意一般情况下，经济实质和法律形式是一致的。实质重于形式的典型运用有：融资租赁、售后回购、售后回租、关联关系确定、合并报表的编制等。

(六) 重要性

重要性要求企业提供的会计信息应当反映与企业财务状况、经营成果和现金流量有关的所有重要交易或者事项。

对于重要会计事项，必须按照规定的会计方法和程序进行处理，并在财务报告中予以充分、准确地披露；对于次要的会计事项，在不影响会计信息真实性和不至于误导财务报告使用者作出正确判断的前提下，可适当简化处理。像实际业务当中，例如有一些公司会把年初一次性支付的不重要的费用(报刊费、保洁费等)视同第一个月的费用，因为这个金额非常小，不影响报告使用者作出正确判断。

(七) 谨慎性

谨慎性要求企业对交易或者事项进行会计确认、计量和报告时应当保持应有的谨慎，不应高估资产或者收益、不低估负债或者费用。

对于可能发生的损失和费用，应当加以合理估计。企业经营存在风险，实施谨慎性原则，对存在的风险加以合理估计，就能在风险实际发生之前化解风险，并防范风险，有利于企业作出正确的经营决策，有利于保护所有者和债权人的利益，有利于提高企业在市场上的竞争力。比如，在存货、有价证券等资产的市价低于成本时，相应的减记资产的账面价值，并将减记金额计入当期损益，体现了谨慎性原则，体现了谨慎性原则对历史成本原则的修正。当然，谨慎性原则并不意味着可以任意提取各种准备，否则，就属于谨慎性原则的滥用。

【项目演练 2-5 单选题】
对应收账款计提坏账准备体现的是会计信息质量要求中的
(   )。
A. 可靠性   B. 相关性
C. 实质重于形式   D. 谨慎性

项目 2-5 答案

(八) 及时性

及时性要求企业对于已经发生的交易或者事项，应当及时进行会计确认、计量和报告，不得提前或者延后。根据及时性原则，要求及时收集会计数据，在经济业务发生后，应及时取得有关凭证；对会计数据及时进行处理，及时编制财务报告；将会计信息及时传递，按规定的时限提供给有关方面。

【项目演练 2-6 多选题】
会计信息的使用者主要包括(   )。
A. 投资者   B. 债权人
C. 企业管理者   D. 政府及其相关部门

项目 2-6 答案

【项目演练 2-7 多选题】
下列属于会计信息质量要求的有(   )。
A. 货币计量   B. 谨慎性
C. 可比性   D. 权责发生制

项目 2-7 答案

二、会计基础

会计基础是指会计确认、计量和报告的基础，包括权责发生制和收付实现制。

企业与事业单位的依据不同：在我国，企业会计核算采用权责发生制。事业单位会计核算一般采用收付实现制；事业单位部分经济业务或者事项，以及部分行业事业单位的会计核算采用权责发生制核算的，由财政部在相关会计制度中具体规定。

(一) 权责发生制

权责发生制又称应收应付制、应计制，该原则要求企业的会计核算应当以权责发生制为基础。凡是当期已经实现的收入和已经发生或应当负担发生的费用，不论款项是否收付，都应作为本期的收入和费用；凡是不属于本期的收入和费用，即使款项已经在当期收付，也不应作为本期的收入和费用。

权责发生制是依据持续经营和会计分期两个基本前提来正确划分不同会计期间资产、负债、收入、费用等会计要素的归属。并运用一些诸如应收、应付、预提、待摊等项目来记录由此形成的资产和负债等会计要素。企业经营不是一次而是多次，而其损益的记录又要分期进行，每期的损益计算理应反映所有属于本期的真实经营业绩，收付实现制显然不能完全做到这一点。因此，权责发生制能更加准确地反映特定会计期间实际的财务状况和经营业绩。

(二) 收付实现制

收付实现制是以款项的实际收付为标准来处理经济业务，确定本期收入和费用，计算本期盈亏的会计处理基础。在现金收付的基础上，凡在本期实际以现款付出的费用，不论其应否在本期收入中获得补偿均应作为本期应计费用处理；凡在本期实际收到的现款收入，不论其是否属于本期均应作为本期应计的收入处理；反之，凡本期还没有以现款收到的收入和没有用现款支付的费用，即使它归属于本期，也不作为本期的收入和费用处理。

(三) 两种会计基础处理上的差异

权责发生制和收付实现制在处理收入和费用时的原则是不同的，所以同一会计事项按不同的会计处理基础进行处理，其结果可能是相同的，也可能是不同的。例如，本期销售一批产品价值 100 000 元，货款已收存银行，这项经济业务不管采用应计基础或现金收付基础，100 000 元货款均应作为本期收入，因为一方面它是本期获得的收入，应当作本期收入，另一方面现款也已收到，亦应当列作本期收入，这时就表现为两者的一致性。但在另外的情况下两者则是不一致的，例如，本期收到上月销售产品的货款存入银行，在这种情况下，如果采用现金收付基础，这笔货款应当作为本期的收入。因为现款是本期收到的，如果采用应计基础，则此项收入不能作为本期收入，因为它不是本期获得的。

采用应计基础和现金收付基础的不同：

① 因为在应计基础上存在费用的待摊和预提问题等，而在现金收付基础上不存在这些问题，所以在进行核算时他们所设置的会计科目不完全相同。

② 因为应计基础和现金收付基础确定收入和费用的原则不同，因此，它们即使是在同一时期同一业务计算的收入和费用总额也不可能相同。

③ 由于在应计基础上是以应收应付为标准来做收入和费用的归属、配比，因此，计算出来的盈亏较为准确。而在现金收付基础下是以款项的实际收付为标准来做收入和费用的归属、配比，因此，计算出来的盈亏不够准确。

④ 在应计基础上期末对账簿记录进行调整之后才能计算盈亏，所以手续比较麻烦，而在现金收付基础上期末不需要对账簿记录进行调整，即可计算盈亏，所以手续比较简单。

【项目演练 2-8 填空题】

吉祥公司 1 月份发生下表所示经济业务(如表 2-1 所示),请将金额分别填入不同的收付基础上。

项目 2-8 答案

表 2-1　吉祥公司 1 月份经济业务

吉祥公司 1 月份经济业务		权责发生制		收付实现制	
		收入	费用	收入	费用
1	本月预收下月销货款 5 000 元				
2	本月预付全年的水电费 2 400 元				
3	本月计算应收国债利息 2 000 元				
4	本月发放上月的职工工资 100 000 元				
5	本月收到银行扣款 20 000 元,实为上月应交所得税				
6	本月销售货物 8 000 元,实际收到货款 5 000 元,余款下月收到				
7	本月购入办公用品 1 000 元,款项尚未支付				

2.3　了解会计核算的方法

一、会计方法概述

会计方法是指用何种手段去实现会计的任务,完成会计核算和监督的职能。会计的方法包括会计核算、会计分析、会计考核、会计预测和会计决策方法等。其中,会计核算方法是最基本、最主要的方法。本项目只介绍会计核算的方法,它是初学者学习会计必须掌握的基础知识。至于会计预测、控制方法以及会计分析方法将在以后相关课程中,结合具体业务讲述。

二、会计的核算方法

会计核算的方法,是对会计对象进行连续、系统、全面地核算和监督所应用的方法。主要包括以下七种专门方法:设置会计科目及账户、复式记账、填制和审核凭证、登记账簿、成本计算、财产清查、编制会计报表。这七种方法相互联系共同组成会计核算的方法体系。

(一) 设置会计科目及账户

设置会计科目及账户,是对会计对象具体内容进行的分类反映和监督方法。会计对象包含的内容纷繁复杂,设置会计科目及账户就是根据会计对象具体内容的不同特点和经济管理的不同要求,选择一定的标准进行分类,并事先规定分类核算项目,在账簿中开设相应的账户,以取得所需要的核算指标。正确、科学地设置会计科目及账户，细化会计对象，提供会计核算的具体内容，是满足经营管理需要，完成会计核算任务的基础。

(二) 复式记账

复式记账是指对每一项经济业务都要在两个或两个以上的相互联系的账户中进行登记的一种方法。复式记账一方面能全面地、系统地反映经济业务引起资金运动增减变化的来龙去脉；另一方面通过账户之间的一种平衡关系，检查会计记录的正确性。例如，用银行存款 6 000 元购买材料，采用复式记账法就要同时在"原材料"账户和"银行存款"账户分别反映材料增加了 6 000 元，银行存款减少了 6 000 元。这样就能在账户中全面核算并监督会计对象。

(三) 填制和审核凭证

各单位发生的任何会计事项都必须取得原始凭证，证明其经济业务的发生或完成。原始凭证要送交会计进行审核，审核其填制内容是否完备、手续是否齐全、业务的发生是否合理合法等，经审核无误后，才能编制记账凭证。记账凭证是记账的依据，原始凭证和记账凭证统称为会计凭证。审核和填制会计凭证是会计核算的一种专门方法，它能保证会计记录的完整、可靠，提高会计核算质量。

(四) 登记账簿

账簿是具有一定格式，用来记账的簿籍。登记账簿就是根据会计凭证，采用复式记账法，把经济业务分门别类、内容连续地在有关账簿中进行登记的方法。借助于账簿，就能将分散的经济业务进行分类汇总，系统地提供每一类经济活动的完整资料，了解一类或全部经济活动发展变化的全过程，更加适应经济管理的需要。账簿记录的各种数据资料，也是编制财务报表的重要依据。所以，登记账簿是会计核算的主要方法。

(五) 成本计算

成本计算是按照一定对象归集和分配生产经营过程中发生的各种费用，以便确定各该对象的总成本和单位成本的一种专门方法。例如，工业企业要计算生产产品的成本，就要把企业进行生产活动所耗用的材料，支付的工资，以及发生的其他费用加以归集，并计算产品的总成本和单位成本。产品成本是综合反映企业生产经营活动的一项重要指标。正确地进行成本计算，可以考核生产经营过程的费用支出水平，同时又是确定企业盈亏和制定产品价格的基础。并为企业进行经营决策，提供重要数据。

(六) 财产清查

财产清查就是通过对各项财产物质、货币资金进行实物盘点，对往来款项进行核对，以查明实存数同账存数是否相符的一种专门方法。正财产清查中发现有财产、资金账面数额与实存数额不符的情况，应该及时调整账簿记录，使账存数与实存数一致，并查明账实不符的原因，明确责任。通过财产清查，可以查明各项财产物资、债权债务、所有者权益的情况，可以促进企业加强物资管理，保证财产的完整，并能为编制会计报表提供真实、准确的资料。

(七) 编制会计报表

编制会计报表是根据账簿记录的数据资料，采用一定的表格形式，概括、综合地反映各单位在一定时期内经济活动过程和结果的一种方法。编制会计报表是对日常核算工作的总结,是在账簿记录基础上对会计核算资料的进一步加工整理。会计报表提供的资料是进行会计分析、会计检查的重要依据。

从填制会计凭证到登记账簿、编制出会计报表,一个会计期间(一般指一个会计分期)的会计核算工作即告结束,然后按照上述程序进入新的会计期间,如此循环往复,持续不断地进行下去,这个过程也称为会计循环,如图2-5所示。

图2-5　会计核算方法(会计循环)

练习

一、单项选择题

1. 会计的基本职能包括( )。

A. 会计核算和会计管理　　　　　　B. 会计核算和会计决策

C. 会计核算和会计监督　　　　　　D. 会计核算和会计预测

2. 某企业2017年12月份发生下列支出:(1) 年初支付本年度保险费2 400元,本月摊销200元;(2) 支付下年第一季度房屋租金3 000元;(3) 支付本月办公开支800元。按照权责发生制要求,本月费用为( )元。

A. 1 000　　　　　　　　　　　　B. 800

C. 3 200　　　　　　　　　　　　D. 3 000

3. 股东(投资者)作为财务会计报告的使用者之一,其主要关注( )。

A. 企业财务状况好坏、经营业绩的大小以及现金的流动情况

B. 职工福利的好坏

C. 投资的内在风险和投资报酬

D. 企业的兴衰及其发展情况

4. 在权责发生制下,( )应作本期收入。

A. 本月销售产品货款尚未收回　　　B. 上月销售产品货款本月收回

C. 本月预收下月货款　　　　　　　D. 上月代垫销货运费本月收回

5. 本月销售一批产品货款16 000元,收回一半存入银行。又以银行存款支付水电费12 000元,其中属于上月应付水电费4 000元,本月应付4 000元,预付下月4 000元,在

权责发生制下本月的利润为(　　)。

A. 4 000

B. −4 000

C. 12 000

D. 8 000

二、多项选择题

1. 会计报表的使用者一般包括(　　)。

A. 企业管理当局

B. 政府有关部门

C. 企业职工和工会

D. 债权人

2. 会计核算方法主要包括(　　)。

A. 填制和审核会计凭证

B. 设置账户

C. 复式记账

D. 登记账簿

3. 会计基础是指会计确认、计量和报告的基础,包括(　　)。

A. 历史成本

B. 权责发生制

C. 重置成本

D. 收付实现制

4. 根据《企业会计制度》的规定,会计期间可以分为(　　)。

A. 年度

B. 半年

C. 季度

D. 月

5. 下列单位中可以作为会计主体进行会计核算的有(　　)。

A. 集团公司

B. 总公司

C. 分公司

D. 生产车间

三、判断题

1. 我国会计的目标是向财务报告使用者提供决策有用的信息,并反映企业管理层受托责任的履行情况。(　　)

2. 某企业 2017 年 6 月支付租入设备租金 15 万元,租入设备用于当年 7 月～12 月的生产过程,则 15 万元租金应计入当年 7 月～12 月的制造成本。(　　)

3. 会计工作需要先行设定一些基本前提,并在这些假设限定的情况下进行会计核算。(　　)

4. 纠正生产过程中材料支出的预算定额,属于事后监督。(　　)

5. 各单位必须按照国家统一的会计制度的要求设置会计科目和账户、复式记账、填制会计凭证、登记会计账簿、进行成本计算、财产清查和编制财务会计报告。(　　)

拓展阅读

中科院率先启动智能云财务服务试点应用

近日,中国科学院在人工智能引领财务管理、创新财务服务方面取得突破性进展,率先启动了智能云财务服务平台的试点应用,走在了中央级事业单位的前列。

为贯彻落实党中央提出的创新驱动发展战略和"规范财务管理、创新财务服务"要求,中科院高度重视完善信息化手段,积极推进人工智能在财务工作中的运用,并将其作为提高财务工作效率、提升服务质量的重要抓手。

12月7日，中科院条件保障与财务局在中科院自动化研究所组织召开了"智能云财务共享服务关键科学和技术问题研究"项目进展现场报告会，院相关部门有关负责人、项目承担单位和参研参试单位代表参加报告会。该项目由条财局、前沿科学与教育局共同组织，研发工作由自动化所和试点单位具体实施。目前，第一批试点单位为自动化所、动物研究所、过程工程研究所和空间应用工程与技术中心。

针对实际工作中基础财务信息采集和加工的质量参差不齐、效率低、人力成本高以及现有财务系统对于科研管理的支撑能力、支持效率和便利化程度不够等问题，该项目在财务票据的智能录入和智能会计核算等多项关键技术上取得了突破性进展，用户可以通过智能手机直接完成发票自动录入与记账、小额发票快速智能报销、移动审批等功能。这一方面减轻了财务人员的重复劳动，提高了相关财务信息的准确性和及时性，提升了财务工作效率；另一方面为科研人员提供了更为快捷方便的报销服务，进一步提升了财务服务质量。

2018 年，在完善示范应用的基础上，该项目将结合政府会计制度实施和新一代 ARP 部署向全院推广。推广实施后，将进一步确立中科院在财务智能化和科技管理创新方面的带动和引领地位，真正实现财务工作由"核算型""管理型"向"治理型"的转变。

资料来源：http://www.cas.cn/sygz/201712/t20171211_4626499.shtml

项目 3　划分会计要素，建立会计等式

职业能力目标

(1) 理解会计要素的概念；

(2) 掌握资产、负债、所有者权益、收入、费用和利润的概念和内容；

(3) 掌握会计等式的表现形式。

项目导入

22 家公司一年亏掉上市后所有利润　一些公司特别穷

22 家公司一年亏掉上市后所有利润！除了特能亏，还有特别穷，这些公司账上现金不足 10 万元。地雷股，奇葩事，最近特别多。22 家上市公司 N 年赚的，还不够 2017 年这一把亏的。有些公司上市，似乎就是为着亏损而来，不管你信不信，切切实实的财报数据摆在那儿。

昨夜注定无眠。这心情不仅属于上市公司，还属于背后默默持有其股票的散户大众。

赶在最后关口，一大波公司终于披露了 2017 年度业绩预告，结果却是"炸雷声"此起彼伏。

昨晚有 619 家上市公司赶着披露 2017 年报业绩预告，即便按照预告净利润上限计算，有 97 家公司将出现亏损，其中 15 家公司亏损 10 亿元以上。2 家预亏超过百亿元的公司：乐视网和石化油服也集中在这一天"见公婆"。

能亏？会亏？这些词语已不能充分形容 A 股部分公司 2017 年度的惨况。

累计净利润为负值为数不少，上市这么多年，这些公司不仅没赚到钱，反而亏掉不少钱。

统计数据显示，根据当前已披露的 2017 年业绩预告，至少有 22 家公司此前累计净利润为正值，但 2017 一个年度出现的亏损就将此前盈利全部吞噬掉。

这里面的预亏王乐视网(300104.SZ)2017 年预计亏损 116.05 亿元～116.10 亿元，但乐视网上市前 3 年至 2016 年的累计净利润只有 22.32 亿元(注：本文中统计累计净利润时，起始年度为公司挂牌上市之前的 3 个年度，此处乐视网的统计起始年度为其上市的 2010 年之前 3 年，即 2007 年，其他公司以此类推)，2017 年度这一把亏损不仅将此前年度实现的利润全部吞噬掉，这么多年来完全白干，还将使得公司出现近百亿的累计净亏损。

湖北宜化(000422.SZ)1996 年上市，上市 20 余年，累计实现净利润约 30 亿元，公司预计 2017 年度亏损 44 亿元～48 亿元，这意味着公司此前经营实现的净利润将大概率会完全抹掉，甚至出现倒亏。

资料来源：http://finance.ifeng.com/a/20180201/15961842_0.shtml

工作任务与项目导图

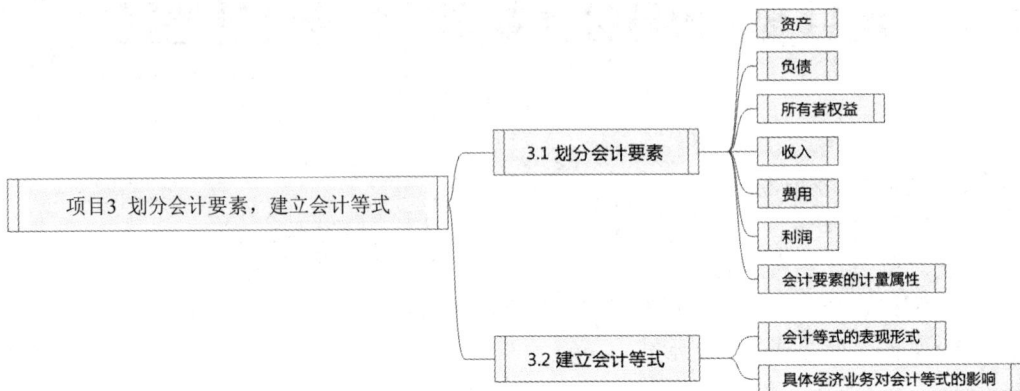

```
                                                   ┌─────────────────────┐
                                                   │        资产          │
                                                   ├─────────────────────┤
                                                   │        负债          │
                                                   ├─────────────────────┤
                                 ┌──────────────┐  │      所有者权益       │
                                 │ 3.1 划分会计要素 ├─┼─────────────────────┤
                                 │              │  │        收入          │
                                 └──────────────┘  ├─────────────────────┤
  ┌──────────────────────────┐                     │        费用          │
  │ 项目3 划分会计要素，建立会计等式 │                 ├─────────────────────┤
  └──────────────────────────┘                     │        利润          │
                                                   ├─────────────────────┤
                                                   │    会计要素的计量属性    │
                                                   └─────────────────────┘
                                 ┌──────────────┐  ┌─────────────────────┐
                                 │ 3.2 建立会计等式 ├─┤    会计等式的表现形式    │
                                 │              │  ├─────────────────────┤
                                 └──────────────┘  │ 具体经济业务对会计等式的影响 │
                                                   └─────────────────────┘
```

3.1　划分会计要素

会计要素是会计核算对象的基本分类，是设定会计报表结构和内容，也是进行确认和计量的依据。对会计要素加以严格定义，就能为会计核算奠定坚实的基础。会计要素包括资产、负债、所有者权益、收入、费用和利润。

一、资产

资产是指企业过去的交易或事项形成的、由企业拥有或控制的、预期会给企业带来经济利益的资源。

一个企业从事生产经营活动，必须具备一定的物质资源，或者说物质条件。在市场经济条件下，这些必需的物质条件表现为货币资金、厂房场地、机器设备、原料、材料等，统称为资产，它们是企业从事生产经营活动的物质基础。除以上的货币资金以及具有物质形态的资产以外，资产还包括那些不具备物质形态，但有助于生产经营活动的专利、商标等无形资产，也包括对其他单位的投资。

按照我国的企业会计准则，符合上述资产定义的资源，还要在同时满足以下条件时，才能确认为资产：

(一) 与该资源有关的经济利益很可能流入企业

从资产的定义可以看出，能否带来经济利益是资产的一个本质特征，但现实生活中，经济环境瞬息万变，与资源有关的经济利益能否流入企业或能够流入多少实际上带有不确定性。因此，资产的确认还应与经济利益流入的不确定性程度的判断结合起来，如果根据编制财务报表时所取得的证据，与资源有关的经济利益很可能流入企业，那么就应该将其作为资产予以确认。反之，不能确认为资产。

（二）该资源的成本或者价值能够可靠地计量

资产以各种具体形态分布或占用在生产经营过程的不同方面，按其流动性通常可分为流动资产、长期投资、固定资产、无形资产和其他资产。

对资产可以作多种分类，常见的是按流动性分类。按流动性进行分类，可以分为流动资产和非流动资产。流动资产是指那些在一年内变现的资产，如应收账款、存货等。有些企业经营活动比较特殊，其经营周期可能长于一年，比如：造船、大型机械制造，从购料到销售商品直到收回货款，周期比较长，往往超过一年，在这种情况下，就不能把一年内变现作为划分流动资产的标志，而是将经营周期作为划分流动资产的标志。

长期投资、固定资产、无形资产和其他资产的变现周期往往在一年以上，所以称为非流动资产，如表 3-1 所示。

表 3-1 资产的分类

```
        ┌── 流动资产——货币资金、交易性金融资产、存货和应收及预付款等
        ├── 长期资产——长期股权投资、长期债权投资
资产 ────┼── 固定资产——固定资产净额、在建工程、工程物资
        ├── 无形资产——无实物形态的资产。如：专利权、商标权、商誉等
        └── 其他资产——长期待摊费用、递延所得税资产
```

【学习提示】 按流动性对资产进行分类，有助于掌握企业资产的变现能力，从而进一步分析企业的偿债能力和支付能力。一般来说，流动资产所占比重越大，说明企业资产的变现能力越强。流动资产中，货币资金、短期投资比重越大，则支付能力越强。

【项目演练 3-1 多选题】
下列项目中，属于资产要素特征的有(　　)。
A. 预期能给企业带来经济利益的资源
B. 过去的交易或事项形成的
C. 必须拥有所有权
D. 必须是有形的

项目 3-1 答案与解析

【项目演练 3-2 多选题】
下列项目属于流动资产的有(　　)。
A. 应收账款　　　　B. 应付账款
C. 预付账款　　　　D. 固定资产

项目 3-2 答案与解析

二、负债

负债，是指企业过去的交易或者事项形成的，预期会导致经济利益流出企业的现时义务。将一项现时义务确认为负债，除应符合负债的定义外，还要同时满足两个条件：

（一）与该义务有关的经济利益很可能流出企业

从负债的定义可以看到，预期会导致经济利益流出企业，是负债的一个本质特征。在实务中，履行义务所需流出的经济利益带有不确定性，尤其是与推定义务相关的经济利益通常需要依赖于大量的估计。因此，负债的确认应当与经济利益流出的不确定性程度的判

断结合起来，如果有确凿证据表明，与现时义务有关的经济利益很可能流出企业，就应当将其作为负债予以确认；反之，如果企业承担了现时义务，但是导致企业经济利益流出的可能性很小，就不符合负债的确认条件，不应将其作为负债予以确认。

(二) 未来流出的经济利益的金额能够可靠地计量

负债的确认在考虑经济利益流出企业的同时，对于未来流出的经济利益的金额应当能够可靠计量。对于与法定义务有关的经济利益流出金额，通常可以根据合同或者法律规定的金额予以确定，考虑到经济利益流出的金额通常在未来期间，有时未来期间较长，有关金额的计量需要考虑货币时间价值等因素的影响。对于与推定义务有关的经济利益流出金额，企业应当根据履行相关义务所需支出的最佳估计数进行估计，并综合考虑有关货币时间价值、风险等因素的影响。

负债一般按其偿还速度或偿还时间的长短划分为流动负债和长期负债两类(如图 3-1 所示)：

(1) 流动负债是指将在 1 年或超过 1 年的一个营业周期内偿还的债务，主要包括短期借款、应付票据、应付账款、预收货款、应付职工薪酬、应交税费、应付利润、其他应付款等。

(2) 长期负债是指偿还期在 1 年或超过 1 年的一个营业周期以上的债务，包括长期借款、应付债券、长期应付款等。

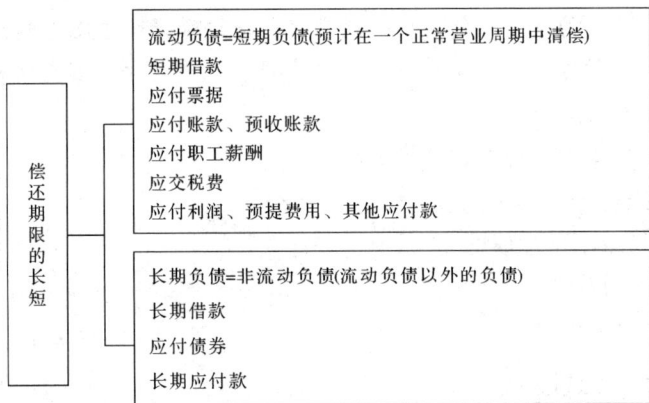

图 3-1　负债的分类

【项目演练 3-3 单选题】

下列各项中不属于流动负债的是(　　　)。

A. 应付账款　　　　　　　　　　　　　B. 应付票据

C. 应付职工薪酬　　　　　　　　　　　D. 应付债券

项目 3-3　答案与解析

【项目演练 3-4 多选题】

下列选项中属于流动负债的有(　　　)。

A. 应付账款　　　　B. 预付账款

C. 预收账款　　　　D. 应付职工薪酬

项目 3-4　答案与解析

三、所有者权益

所有者权益，是指企业资产扣除负债后，由所有者享有的剩余权益。公司的所有者权益又称为股东权益。所有者权益是所有者对企业资产的剩余索取权，它是企业的资产扣除债权人权益后应由所有者享有的部分，既可反映所有者投入资本的保值增值情况，又体现了保护债权人权益的理念。

所有者权益的来源包括所有者投入的资本、其他综合收益、留存收益等，通常由股本(或实收资本)、资本公积(含股本溢价或资本溢价、其他资本公积)、其他综合收益、盈余公积和未分配利润等构成(如图 3-2 所示)。

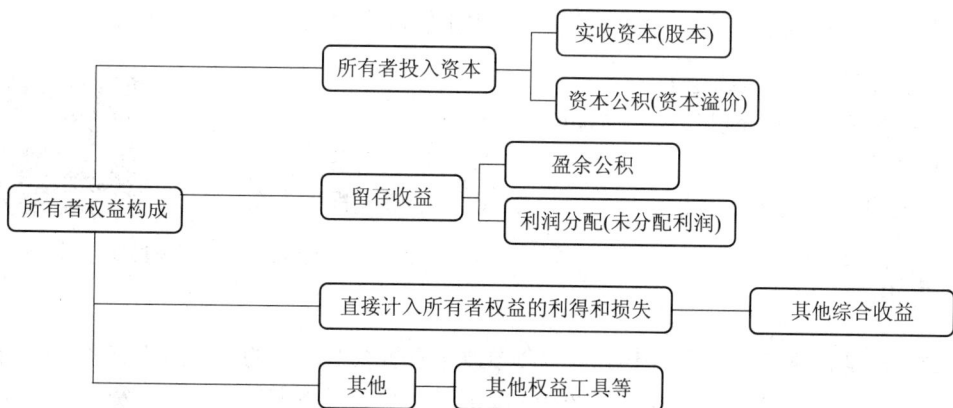

图 3-2 所有者权益的构成

所有者投入的资本，是指所有者投入企业的资本部分，它既包括构成企业注册资本或者股本的金额，也包括投入资本超过注册资本或股本部分的金额，即资本溢价或股本溢价，这部分投入资本作为资本公积(资本溢价)反映。

其他综合收益，是指企业根据会计准则规定未在当期损益中确认的各项利得和损失。

留存收益，是指企业从历年实现的利润中提取或形成的留存于企业的内部积累，包括盈余公积和未分配利润。

【项目演练 3-5 多选题】

下列各项中，影响所有者权益的有(   )。

A. 投资者投入的资本　　　　B. 企业的盈利水平

C. 资本溢价　　　　　　　　D. 借入的款项

项目 3-5 答案与解析

四、收入

收入是指企业在日常活动中形成的、会导致所有者权益增加的、与所有者投入资本无关的经济利益的总流入。

收入按企业从事日常活动的性质不同，分为销售商品收入、提供劳务收入和让渡资产使用权收入。收入按企业经营业务的主次不同，分为主营业务收入和其他业务收入。主营业务收入是指企业为完成其经营目标所从事的经常性活动所实现的收入。其他业务收入是指企业为完成其经营目标所从事的与经常性活动相关的活动实现的收入。

　　企业收入的来源渠道多种多样，一般而言，收入只有在经济利益很可能流入从而导致企业资产增加或者负债减少，且经济利益的流入额能够可靠计量时才能予以确认。收入的确认至少应当符合以下条件：一是与收入相关的经济利益应当很可能流入企业；二是经济利益流入企业的结果会导致资产的增加或者负债的减少；三是经济利益的流入额能够可靠计量。

【项目演练3-6 单选题】

下列各项中，不属于收入要素的是(　　)。

A. 提供劳务的收入　　　　　　　B. 销售材料的收入

C. 固定资产出售收入　　　　　　D. 固定资产出租收入

　　　　　　　　　　　　　　　　　　　　　　　项目 3-6　答案与解析

【项目演练3-7 多选题】

下列各项中，不会引起收入增加的有(　　)。

A. 罚款收入　　　　　　　　　　B. 变卖报废设备

C. 出售专有技术所有权　　　　　D. 取得投资人投入资金

　　　　　　　　　　　　　　　　　　　　　　　项目 3-7　答案与解析

五、费用

　　费用，是企业在日常活动中发生的会导致所有者权益减少的、与向所有者分配利润无关的经济利益的总流出。我国《企业会计准则》中对费用的定义表述为：费用是企业生产经营过程中发生的各项耗费。企业直接为生产商品和提供劳务等发生的直接材料、直接人工、商品进价和其他直接费用，直接计入生产经营成本；企业为生产商品和提供劳务而发生的各项间接费用，应当按一定标准分配计入生产经营成本。企业行政管理部门为组织和管理生产经营活动而发生的管理费用和财务费用，为销售和提供劳务而发生的进货费用、销售费用等，应当作为期间费用，直接计入当期损益。

　　费用的确认除了应当符合定义外，也应当满足严格的条件，即费用只有在经济利益很可能流出从而导致企业资产减少或者负债增加，经济利益的流出额能够可靠计量时才能予以确认。

　　因此，费用的确认至少应当符合以下条件：

　　一是与费用相关的经济利益应当很可能流出企业。

　　二是经济利益流出企业的结果会导致资产的减少或者负债的增加。

　　三是经济利益的流出额能够可靠计量。

六、利润

　　利润是企业在一定会计期间的经营成果。利润包括收入减去费用后的净额、直接计入当期利润的利得和损失等。直接计入当期利润的利得和损失是指应当计入当期损益，会导致所有者权益发生增减变化的、与所有者投入资本或向所有者分配利润无关的利得和损失。

　　利润为营业利润和营业外收支净额等两个项目的总额减去所得税费用之后的余额。营业利润是企业在销售商品、提供劳务等日常活动中产生的利润；营业外收支是与企业的日常经营活动没有直接关系的各项收入和支出，其中营业外收入项目主要有捐赠收入、固定资产盘盈、处置固定资产净收益、罚款收入等，营业外支出项目主要有固定资产盘亏、处置固定资产净损失等。其有关公式表示如下：

营业利润＝营业收入－营业成本－税金及附加－销售费用－管理费用

　　　　　－财务费用－资产减值损失＋公允价值变动净收益＋投资净收益

营业收入＝主营业务收入＋其他业务收入

营业成本＝主营业务成本＋其他业务成本

投资净收益＝投资收益－投资损失

公允价值变动净收益＝公允价值变动收益－公允价值变动损失

利润总额＝营业利润＋营业外收入－营外支出

净利润＝利润总额－所得税费用

　　所以利润的确认主要依赖于收入和费用，以及直接计入当期利润的利得和损失的确认，其金额的确定也主要取决于收入、费用、利得、损失金额的计量。

七、会计要素的计量属性

　　会计要素的计量属性就是对会计要素按货币量度进行量化的过程，即确定其金额的过程。其特点即会计计量是一种价值计量。所谓计量属性，是指被计量客体的特性或外在表现形式。如对一张桌子，可以分别从长度、宽度、高度、体积、重量等方面进行测量，也就有不同的计量属性。我国《企业会计准则—基本准则》提出了历史成本、重置成本、可变现净值、未来现金流量现值、公允价值五种计量属性。

(一) 历史成本

　　历史成本，亦称原始成本，是指原始的交易价格(金额)，是经由真实交易取得资产所实际支付的代价，代表取得资产当时的公允价格。财产、厂房和设备及大部分存货是按其历史成本报告的，历史成本就是取得一项资产时支出的现金数额或其他等值，在取得之后通常要以摊销或其他分配方式调整。

　　在历史成本计量下，资产按照购置时支付的现金或现金等价物的金额，或按照购置资产时所付出的对价的公允价值计量。负债按照因承担现时义务而实际收到的款项或者资产的金额，或者承担现时义务的合同金额，或者按照日常活动中为偿还负债预期需要支付的现金或现金等价物的金额计量。

　　长期以来，在日常核算中，按历史成本计量资产是一条重要的基本原则，历史成本原则成为会计计量中的最重要和最基本的属性。我国现行的会计核算都是遵循历史成本原则进行计量，但有时却不符合市场公允价值。比如说，当某项资产贬值了，以后尚可以计提减值准备，但是对增值的资产，通过评估以后，虽能以增值反映，但在历史成本的计量条件下，对增值的差额本企业仍无法调账，存在历史成本的计量有失公允。

(二) 重置成本

　　在重置成本计量下，资产按照现在购买相同或相似资产所需支付的现金或现金等价物的金额计量。负债按照偿付该项债务所需支付的现金或现金等价物的金额计量。重置成本就是按照购置或购置相同或相似的资产需要支付的现金进行计量，在资产评估工作中，大都采用重置成本的方法，因为它可以体现资产的现时价值，接近市场公允的价值。重置成本计量属性能避免价格变动的虚计收益，反映真实财务状况，客观评价企业的管理业绩。

(三) 可变现净值

可变现净值，又称预期脱手价值，是指资产按照其正常对外销售所能收到现金或者现金等价物的金额扣减该资产至完工时估计将要发生的成本、估计的销售费用以及相关税费后的金额计量。

可变现净值与现行市价一样，都是立足于销售的立场确定某项资产的变现价值。不同之处在于，可变现净值是预期的未来的未贴现的变现价值，因此需要扣除为继续加工所需要的现金支出。另外，可变现净值假设企业处于正常经营状态，符合持续经营假设。

可变现净值的特点是：体现了稳健性的原则，反映了资产预期的实现能力；但它仅用于计划将来销售的资产或未来清偿既定的负债，无法适用于企业全部资产。

(四) 未来现金流量现值

现值是企业持有资产通过生产经营，或者持有负债在正常的经营状态下可望实现的未来现金流量的折现值。资产是某一特定个体由于过去的交易或者事项，所取得或者控制的可能的未来经济利益；负债是某一特定个体由于过去的交易或者事项现时所承担的义务，需要向其他个体转移资产或提供劳务的可能的未来经济利益的牺牲。在所有可能的计量属性当中，只有现值考虑了现金流量的数额、时间分布和不确定性，真正体现了资产、负债作为"未来经济利益的获得或者牺牲"的本质属性。因此，现值提供的财务信息对于使用者也是最为相关的。

在现值计量下，资产按照预计从其持续使用和最终处理中所产生的未来净现金流入量的现值计量，负债按照预计期限内需要偿还的未来净现金流出量的现值计量。现值的优点表现为：第一，反映了资产的未来经济利益；第二，考虑了货币时间价值；第三，会计信息的决策相关性最强，最有利于财务决策。现值的缺点表现为对未来现金流量、折现率和收益期限的预计，存在一定的主观因素。

(五) 公允价值

公允价值是一种基于市场信息的评价，反映的是公平交易中双方交换资产或者清偿债务的一种依据。公允价值的金额不像历史成本、重置成本、现值和可变现净值那样可以直接通过观察市场价格来确定，对于公允价值金额确定的特殊性，可以概括为市场参与者在计量日发生的有序交易中，出售一项资产所能收到或者转移一项负债所需支付的价格。

【项目演练 3-8 多选题】
下列反映的是资产或者负债的现时成本或者现时价值的计量属性有(　　)。

A. 重置成本　　　　　B. 可变现净值
C. 公允价值　　　　　D. 实际成本

项目 3-8　答案与解析

企业在对会计要素进行计量时，一般应当采用(　　)。

A. 重置成本　　　　　B. 历史成本

C. 可变净现值　　　　D. 公允价值

项目 3-9　答案

3.2　建立会计等式

一、会计等式的表现形式

(一) 财务状况等式

任何企业要从事生产经营活动，必定有一定数量的资产。而每一项资产，如果一分为二地看就不难发现，一方面，任何资产只不过是经济资源的一种实际存在或表现形式，或为机器设备，或为现金、银行存款等。另一方面，这些资产都是按照一定的渠道进入企业的，或由投资者投入，或通过银行借入等，即必定有其提供者，显然，一般人们不会无偿地将经济资源(即资产)让渡出去，也就是说，企业中任何资产都有其相应的权益要求，谁提供了资产谁就对资产拥有索偿权，这种索偿权在会计上称为权益。这样就形成了最初的会计等式：

资产＝权益

这一等式表明，会计等式之所以成立就是因为资产和权益是同一事物的两个方面：一方面是归企业所有的一系列财产(资产)；另一方面是对这些财产的一系列所有权(权益)。而且，由于权益要求表明资产的来源，而全部来源又必与全部资产相等，所以全部资产必须等于全部权益。

而权益通常分为两种：

一是以投资者的身份向企业投入资产而形成的权益，称为所有者权益；

二是以债权人的身份向企业提供资产而形成的权益，称为债权人权益或负债。

这样，上述等式又可表达成：

资产＝负债＋所有者权益

这就是基本的会计等式。

然而上述等式仍存在不足。

一方面，企业一旦进入正常的经营活动循环，其资产就会不断地变换形态。这时，再试图区分哪部分资产是业主投入形成的，哪部分资产是通过借款等渠道形成的，相当困难。对规模较大的企业来说，几乎是不可能的。

另一方面，从性质上看，债权人和投资者对企业的要求权(权益)也是不同的。债权人希望借款人到期能顺利偿还本金，并能支付预定的利息；投资者则希望通过有效的经营等活动，尽可能多地赚取利润。另一方面，企业赚得再多，债权人也只能得到约定的本息，多余的就归所有者了，这样，上述资产负债表等式也可以表述为：

资产－负债＝所有者权益

这一等式一方面表明，负债的求偿能力高于所有者权益，另一方面，表明所有者权益是企业全部资产抵减全部负债后的剩余部分，因此，所有者权益也被称为"剩余权益"。这一术语，形象、贴切地说明了企业所有者对企业所享有的权益和风险：当企业经营成功、不断实现利润时，剩余权益就越来越大；反之，如果企业经营失败，不断出现亏损，剩余权益就会越来越小；当企业资不抵债时，剩余权益就为零或负数。

综上所述，财务状况等式，或称基本会计等式和静态会计等式，是用以反映企业某一特定时点资产、负债和所有者权益三者之间平衡关系的会计等式。即

$$资产＝负债＋所有者权益 \tag{1}$$

$$资产＝债权人权益＋所有者权益$$

$$资产＝权益$$

这一等式是复式记账法的理论基础，也是编制资产负债表的依据。

权益是资产的来源，资产是权益的存在形态，两者之间必然相等。

(二) 经营成果等式

利润是各项所得与所费的差额，这里的收入是广义的收入，包括营业收入、补贴收入、投资收益、营业外收入；这里的费用是广义的耗费，它包括各项费用和损失。收入与费用的配比应包括以下三种方式：

(1) 直接配比：是将那些与具体某项收入有直接因果关系的费用，与其相对应的收入直接匹配，以确定利润的配比方式。如将直接材料、直接人工直接计入该完工产品的成本，将销售成本直接转入所实现的销售收入的费用等。

(2) 间接配比：是将几个对象共同耗用的费用，按一定比例或系数分配到各个具体对象中去，使之与相应的财务成果相联系，如制造费用就是用间接配比方式进行分配的。

(3) 期间配比：对不与任何具体的产品或劳务有因果关系的费用，因为它只是与一定的期间相联系，因此这些费用被视为与该期间所实现的全部收入有关系。需要与该期间的收入进行配比，这些费用有管理费用、销售费用、财务费用、营业外支出等。有些销售费用可能与特定的销售收入有因果关系，但多数情况下，销售费用很难与特定的销售收入相联系，而且当期发生的销售费用一般都与当期的销售收入相关，很少有跨期处理的情况，为了核算方便，也视同期间费用。

根据以上三种配比方式，将企业一定期间的所得与所费相配比即为利润，形成经营成果等式，亦称动态会计等式，就是用以反映企业一定时期收入、费用和利润之间恒等关系的会计等式。即

$$收入－费用＝利润 \tag{2}$$

这一等式反映了利润的实现过程，是编制利润表的依据。

(三) 动静结合的等式

等式(1)反映的是企业某一时点的全部资产及其相应的来源情况，是反映资金运动的静态公式。等式(2)反映的是某企业某一时期的盈利或亏损情况，是反映资金运动的动态公式。但仅从这两个等式还不能完整反映会计六大要素之间的关系。

等式(1)与等式(2)可合并为：

$$资产＝负债＋所有者权益＋(收入－费用)$$

或 　　　　　　　　费用＋资产＝负债＋所有者权益＋收入 　　　　　　　　(3)

企业定期结算并计算出取得的利润，取得的利润在按规定分配给投资者(股东)之后，余下的部分归投资者共同享有，也是所有者权益的组成部分。因此上述等式又回复到：

资产＝负债＋所有者权益

由此可见，

等式(1)是会计的基本等式，通常称之为基本会计等式或会计恒等式。

等式(2)和等式(3)虽不是基本会计等式，但等式(2)是对基本会计等式的补充；

等式(3)是基本会计等式的发展，它将财务状况要素(即资产、负债和所有者权益)和经营成果要素(即收入、费用和利润)进行有机结合，完整地反映了企业财务状况和经营成果的内在联系(如图 3-3 所示)。

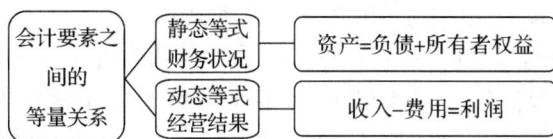

图 3-3　会计等式

二、具体经济业务对会计等式的影响

经济业务，又称会计事项，是指在经济活动中使会计要素发生增减变动的交易或者事项。

企业经济业务按其对财务状况等式的影响不同可以分为以下九种基本类型：

(1) 一项资产增加、另一项资产等额减少的经济业务；

(2) 一项资产增加、一项负债等额增加的经济业务；

(3) 一项资产增加、一项所有者权益等额增加的经济业务；

(4) 一项资产减少、一项负债等额减少的经济业务；

(5) 一项资产减少、一项所有者权益等额减少的经济业务；

(6) 一项负债增加、另一项负债等额减少的经济业务；

(7) 一项负债增加、一项所有者权益等额减少的经济业务；

(8) 一项所有者权益增加、一项负债等额减少的经济业务；

(9) 一项所有者权益增加、另一项所有者权益等额减少的经济业务。

上述九类基本经济业务的发生均不影响财务状况等式的平衡关系，具体分为三种情形：

基本经济业务(1)、(6)、(7)、(8)、(9)使财务状况等式左右两边的金额保持不变；基本经济业务(2)、(3)使财务状况等式左右两边的金额等额增加；基本经济业务(4)、(5)使财务状况等式左右两边的金额等额减少。

【例 3-1】 吉祥公司 2017 年 12 月 31 日的资产、负债和所有者权益的数量关系如下所示：

资产	=	负债	+	所有者权益
200 000	=	100 000	+	100 000

(1) 一项资产增加、另一项资产等额减少的经济业务。

2018 年 1 月 6 日, 吉祥公司用银行存款 60 000 元购买一台生产设备, 设备已交付使用。这项经济业务使吉祥公司的资产(固定资产)增加了 60 000 元, 但同时另一项资产(银行存款)减少了 60 000 元, 也就是说企业的资产一项增加一项减少, 增减金额相同, 因此资产的总额不变, 会计等式如下所示依然保持不变。

资产	=	负债	+	所有者权益
200 000	=	100 000	+	100 000
+60 000				
−60 000				
200 000	=	100 000	+	100 000

(2) 一项资产增加、一项负债等额增加的经济业务。

2018 年 1 月 10 日, 吉祥公司从银行取得了 5 年期的借款 100 000 元。这项经济业务使企业的资产(银行存款)增加了 100 000 元, 同时负债(长期借款)也增加了 100 000 元, 也就是说企业的一项资产增加了同时一项负债也增加了, 增加的金额相同。因此会计等式如下所示依然保持不变。

资产	=	负债	+	所有者权益
200 000	=	100 000	+	100 000
+100 000		+100 000		
300 000	=	200 000	+	100 000

(3) 一项资产增加、一项所有者权益等额增加的经济业务。

2018 年 1 月 12 日, 吉祥公司收到如意公司追加的投资 80 000 元, 款项存入银行。这项经济业务使资产(银行存款)增加了 80 000 元, 即等式左边资产增加了 80 000 元, 同时等式右边的所有者权益(实收资本)也增加 80 000 元, 因此会计等式如下所示依然保持不变。

资产	=	负债	+	所有者权益
300 000	=	100 000	+	100 000
+80 000				+80 000
380 000	=	200 000	+	180 000

(4) 一项资产减少、一项负债等额减少的经济业务。

2018 年 1 月 15 日, 吉祥公司用银行存款归还所欠的福云公司的货款 40 000 元。这项经济业务使企业的资产(银行存款)减少了 40 000 元, 同时负债(应付账款)也减少了 40 000 元, 也就是说等式两边同时减少 40 000 元, 会计等式如下所示依然保持不变。

资产	=	负债	+	所有者权益
380 000	=	200 000		180 000
−40 000		−40 000		
340 000	=	160 000	+	180 000

(5) 一项资产减少、一项所有者权益等额减少的经济业务。

2018 年 1 月 18 日，吉祥公司的某一位股东请求减少出资，经股东会同意后，以现金方式退还 50 000 元。这项经济业务使企业的资产(库存现金)减少了 50 000 元，同时所有者权益(实收资本)减少了 50 000 元，也就是等式两边同时减少 50 000 元，会计等式如下所示依然保持不变。

资产	=	负债	+	所有者权益
340 000	=	160 000	+	180 000
−50 000				−50 000
290 000	=	160 000	+	130 000

(6) 一项负债增加、另一项负债等额减少的经济业务。

2018 年 1 月 20 日，吉祥公司将已到期但无力支付的应付票据 300 000 元转入应付账款。这项经济业务使企业的负债(应付票据)减少了 70 000 元，同时另一项负债(应付账款)增加了 70 000 元，即企业的负债一项减少一项增加，增减金额相同，负债总额不变，会计等式如下所示仍然保持不变。

资产	=	负债	+	所有者权益
290 000	=	160 000	+	130 000
		+70 000		
		−70 000		
290 000	=	160 000	+	130 000

(7) 一项负债增加、一项所有者权益等额减少的经济业务。

2018 年 1 月 25 日，吉祥公司的某一位投资人将 30 000 元投资转为对企业的长期借款。这项经济业务使企业的负债(长期借款)增加 30 000 元，同时所有者权益(实收资本)减少 30 000 元，即企业负债一项增加一项减少，增减金额相等，会计等式如下所示仍然保持不变。

资产	=	负债	+	所有者权益
290 000	=	160 000	+	130 000
		+30 000		−30 000
290 000	=	190 000	+	100 000

(8) 一项所有者权益增加、一项负债等额减少的经济业务。

2018 年 1 月 28 日，吉祥公司通过为银行提供劳务服务，将实现的收入偿还短期借款 70 000 元。这项经济业务使企业所有者权益(本年利润)增加 70 000 元，同时负债(短期借款)减少 70 000 元，增减金额相等，会计等式如下所示依然保持不变。

资产	=	负债	+	所有者权益
290 000	=	190 000	+	100 000
		−70 000		+70 000
290 000	=	120 000	+	170 000

(9) 一项所有者权益增加、另一项所有者权益等额减少的经济业务。

2018 年 1 月 28 日，吉祥公司将资本公积 60 000 元转为实收资本。这项经济业务使所有者权益(实收资本)增加了 60 000 元，同时另一项所有者权益(资本公积)又减少了 60 000 元，所有者权益一增一减，且金额相等，会计等如下所示仍然保持不变。

资产	=	负债	+	所有者权益
290 000	=	120 000	+	170 000
				+60 000
				−60 000
290 000	=	120 000	+	170 000

【项目演练 3-10 单选题】

企业用银行存款购入原材料，原材料入库，表现为(　　)。

A. 一项资产增加，另一项资产减少，资产总额不变

B. 一项资产增加，另一项资产减少，资产总额增加

C. 一项资产增加，另一项负债增加

D. 一项资产减少，另一项负债减少

项目 3-10　答案与解析

【项目演练 3-11 单选题】

下列会计业务中会使企业月末资产总额发生变化的是(　　)。

A. 从银行提取现金　　　　B. 购买原材料，货款未付

C. 购买原材料，货款已付　　D. 预付货款

项目 3-11　答案与解析

【项目演练 3-12 填空题】

如意公司 2018 年 1 月份发生以下经济业务，请将其填入表 3-2 对应的变化关系中：

(1) 向银行提取现金。

(2) 将无法支付的应付票据转为应付账款。

(3) 用盈余公积金转作资本。

(4) 向银行借入长期借款，存入银行。

(5) 收到股东投入的固定资产。

项目 3-12　答案

(6) 用银行存款支付前欠福云公司货款。

(7) 经批准，用银行存款归还广源公司股金。

(8) 将长期借款转为投入资本。

(9) 宣告用税后利润发放股东现金红利。

(10) 用银行存款缴纳所欠税款。

(11) 存款账户收到投资分配回的债券利息。

(12) 与华盛公司达成协议，用专利技术换取办公楼。

(13) 用存款向百利公司购买材料。

(14) 支付上月职工工资。

(15) 用现金支付本月水电费。

表 3-2

会计要素变动情况	经济业务序号
1. 一项资产增加，另一项资产减少	
2. 一项负债增加，另一项负债减少	
3. 一项所有者权益增加，另一项所有者权益减少	
4. 一项资产增加，一项负债增加	
5. 一项资产增加，一项所有者权益增加	
6. 一项资产减少，一项负债减少	
7. 一项资产减少，一项所有者权益减少	
8. 一项所有者权益增加，一项负债减少，	
9. 一项负债增加，一项所有者权益减少	

练习

一、单项选择题

1. 下列属于动态会计等式的是(　　　)。

A. 收入－费用＝利润

B. 资产＝负债＋所有者权益

C. 资产＝负债＋所有者权益＋利润

D. 资产＝负债＋所有者者权益＋(收入－费用)

项目 3　答案

2. 下列经济业务中，会引起企业的资产和所有者权益总额变化的是(　　　)。

A. 企业以银行存款购买存货(不考虑增值税)

B. 企业以银行存款支付现金股利

C. 投资者以银行存款对企业进行投资

D. 企业将资本公积转增资本

3. 银行将短期借款 20 万元转为对本公司的投资，则本公司的(　　　)。

A. 负债减少，资产增加

B. 负债减少，所有者权益增加

C. 资产减少，所有者权益增加

D. 所有者权益内部一增一减

4. 某企业 2018 年 6 月初资产总额为 600 万元，6 月份发生以下经济业务：向银行借款 50 万元，归还 80 万元的欠款；用银行存款购买 40 万元的原材料。假定不考虑其他因素，6 月 30 日，该企业资产总额为(　　　)万元。

A. 470 　　　　B. 500 　　　　C. 510 　　　　D. 570

5. 下列表述中，正确反映了"收入－费用＝利润"等式的是(　　　)。

A. 企业现金的绝对运动形式

B. 资金运动在两个动态要素之间的内在联系

C. 企业在某一时期的经营成果

D. 构成资产负债表的三个基本要素

二、多项选择题

1. 下列属于会计等式的是( )。

A. 本期借方发生额合计＝本期贷方发生额合计

B. 资产＝负债＋所有者权益

C. 本期借方余额合计＝本期贷方余额合计

D. 收入－费用＝利润

2. 下列经济业务中，能引起资产和负债总额发生变化的有( )。

A. 取得银行贷款　　　　　　　　B. 偿还到期借款

C. 购进商品，货款未付　　　　　D. 支付所欠税款

3. 下列各项中，仅引起资产项目一增一减的经济业务有( )。

A. 从银行借款 10 万元

B. 将现金 500 元存入银行

C. 以现金 10 万元支付职工工资

D. 以银行存款 2000 元购入固定资产(假定不考虑增值税)

4. 可变现净值，是指在正常生产经营过程中，以预计售价减去( )后的净值。

A. 进一步加工成本　　　　　　　B. 销售所必需的预计税金

C. 销售所必需的费用　　　　　　D. 最终处置收入

5. 下列会计要素中，称为动态会计要素的有( )。

A. 资产　　　　B. 负债　　　　C. 收入　　　　D. 费用

三、判断题

1. 企业银行存款提现，该业务会引起资产与负债的同时减少。( )

2. 资产和负债偶尔会发生一增一减的变化，但不会影响会计等式的恒等关系。( )

3. 企业收到某企业支付的欠款，该项经济业务会引起会计等式左右两边会计要素发生同时增加的变化。( )

4. 现值，是指对未来现金流量以恰当的折现率进行折现后的价值，是考虑资金时间价值的一种计量属性。( )

5. 收入减去费用后的净额反映企业非日常活动的经营业绩，直接计入当期损益的利得和损失反映企业日常活动的业绩。( )

拓展阅读

万物生灵皆资产

生物资产讲的就是生灵万物。会计准则将生物资产划分为消耗性生物资产、生产性生物资产和公益性生物资产。这些生物资产均在《西游记》中得到了体现，让我们来一一分析。

一、消耗性生物资产

会计准则里面，是这样定义消耗性生物资产的：为出售而持有的、或在将来收获为农产品的生物资产，包括生长中的大田作物、蔬菜、用材林以及存栏待售的牲畜等。

《西游记》中，王母娘娘有一个蟠桃园，蟠桃园中的蟠桃，共有三千六百株，前面一千二百株，花微果小，三千年一熟，人吃了成仙了道，体健身轻。中间一千二百株，层花甘实，六千年一熟，人吃了霞举飞升，长生不老。后面一千二百株，紫纹缃核，九千年一熟，人吃了与天地齐寿，日月同庚。可见王母娘娘的蟠桃是很稀罕的，但不管如何稀罕，这些桃子可不是为出售而持有的，按生物资产的分类，这些桃子应该是在将来收获为农产品的生物资产，它应该属于生长于大田的果树，所以当为消耗性生物资产。

还有比王母娘娘的蟠桃更金贵的。《西游记》第二十四回"万寿山大仙留故友，五庄观行者窃人生"中，西牛贺洲万寿山五庄观中，有一颗人生果树，唤名"草还丹"，又名"人生果"。三千年一开花，三千年一结果，再三千年才得熟，短头一万年方得吃。虽然这千年人生果难得，但也是消耗品，只不过属于消耗品中的奢侈品而已。当然也应该划入到消耗性生物资产之列。

说了金贵的，稀罕的，再说一下普通的。《西游记》第七回"八卦炉中逃大圣，五行山下定心猿"中，如来佛祖降了孙悟空，将他压在五行山下后，玉帝请客，办了个"安天大会"，吃的喝的是什么呢，书中的原文是"安排龙肝凤髓，玉液蟠桃"。这龙肝凤髓，肯定得从龙凤身上来。也就是这龙凤养来，都是吃的，消耗的。毫无疑问，这龙凤都是消耗性的生物资产了。

二、生产性生物资产

生产性生物资产，是指为产出农产品、提供劳务或出租等目的而持有的生物资产，包括经济林、薪炭林、产畜和役畜等。这是会计准则里面对生产性生物资产的定义。

《西游记》中，弼马温是孙悟空在天庭当的一个管马的小官之官名。他这个弼马温所管的马，可不是吃的，消耗的，而是力畜、役畜之类，是为提供劳务而持有的，自然应该划入到生产性的生物资产之列。

为唐僧取经上立下汗马功劳的白龙马，就是典型的生物资产。唐僧持有白龙马的目的，就是让它提供劳务，充当力畜或役畜，自然白龙马应划归为生产性生物资产。

三、公益性生物资产

公益性生物资产，是指以防护、环境保护为主要目的的生物资产，包括防风固沙林、水土保持林和水源涵养林等。这是会计准则关于公益性生物资产的定义，这个定义里面，也包括了公益性生物资产的范围。

从生物资产的分类及各个分类的范围来看，有些生物资产不好划分到哪一类中，比如我们的国宝大熊猫，它既不是消耗性的，也不是生产性的，能不能将它划分到公益性之列呢？从定义和范围上看，好像也不在此之列。但笔者认为，还是应该将其划分到公益性的生物资产之列。大熊猫是一种古老的动物，被动物学家们称为"活化石"，与它同一时代的动物如剑齿虎等，早已灭绝并成化石。人类持有和保护它的目的，是为了更好地研究远古时期的动物是如何生存到现代的，同时也是为了保护这一濒危物种。它的存在，对整个人类来说，都是有意义的。所以我认为，应该将其列入公益性生物资产之列。

　　通天河中的老鼋，不能算是生产性生物资产，它既不是力畜，也不是役畜，它不属于哪个所有者所有，它只属于它自己；同时它渡唐僧过通天河，完全是自愿的，是做的公益事业，虽然带有一点点的私心，想让唐僧代它在佛祖那里询问，它还有多少年寿。

　　那么能不能将它划归到消耗性生物资产中呢？显然是不合适的，它可不是存栏待售的牲畜，不是给人吃的。

　　所以如果要分类的话，按照排他法，排除了消耗性和生产性这两个分类外，这只老鼋，就只能划归到公益性生物资产类中了。

资料来源：http://shuo.news.esnai.com/article/201802/169548.shtml

项目 4　开设会计账户，运用借贷记账法

职业能力目标

(1) 理解会计科目的概念；

(2) 掌握借贷记账法的记账符号、账户结构、记账规则和试算平衡；

(3) 理解会计科目的分类、会计账户的含义和账户结构，以及会计科目与账户之间的关系；

(4) 掌握复式记账法的含义、特点及其种类；

(5) 了解会计科目的设置原则。

项目导入

"账"与"帐"

现在一些会计税收方面的专业刊物和文献中常把"账户"写成"帐户"，到底对不对呢？"审计"一番可知：前些年这样"作帐"还马马虎虎。后来有了新规范，这样"作帐"就不妥了。

据国家语言文字工作委员会(以下简称国家语委)有关资料，由于古人常把账目记于布帛上悬挂起来以利保存，故称日用的账目为"帐"；后来为了与帷帐分开，另造形声字"账"，表示与钱财有关。

教育部、国家语委发布的《第一批异形词整理表》(2002 年 3 月 31 日试行)的注释中说，"账""帐"二字分工如下："账"用于货币和货物出入的记载、债务等，如"账本、报账、借账、还账"等；"帐"专表用布、纱、绸子等制成的遮蔽物，如"蚊帐、帐篷、青纱帐(比喻用法)"等。

《现代汉语词典》(2002 年增补本)只有"账户"词条而再无"帐户"词条，对"账户"的解释是：会计上指账簿中对各种资金运用、来源和周转过程等设置的分类。

经国家语委等修改而成的《图书编校质量差错认定细则》中的第七条列举了"常见的较难界定的别字"，其中有"欠账(帐)、账(帐)簿"等，并特别说明"括号里的字是错的"。

新华社 2002 年印发的《新华社采编人员手册》"新闻报道中容易用错的字词"这部分内容中也明确说明，表示"财物出入的记载"和"债"的义项时，不能写作"帐"。

"账"字误为"帐"字，本小事一桩，何须费这等笔墨？皆因其错得特殊：作为会计税收方面严谨的专业文献，如果一错再错不用重锤敲击，则不足以振聋发聩。

资料来源：http://www.360doc.com/content/17/0411/16/32035664_644712252.shtml

✎ **工作任务与项目导图**

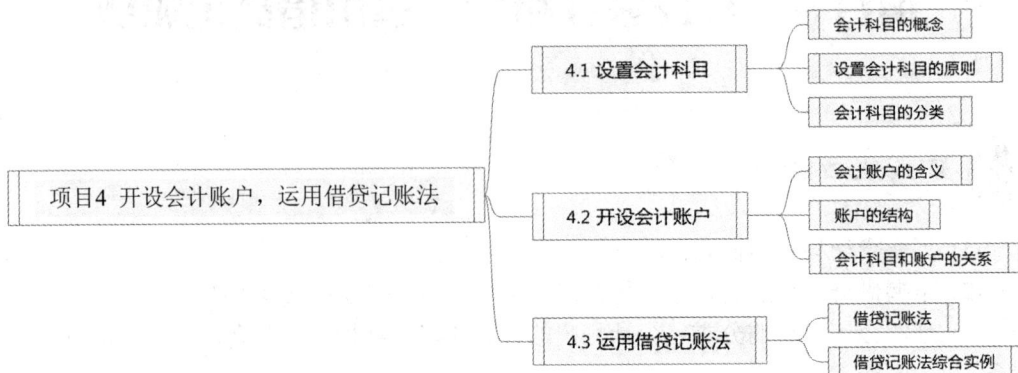

```
                                        ┌──────────────┐        ┌──────────────┐
                                        │ 4.1 设置会计科目 │────────│ 会计科目的概念  │
                                        │              │        ├──────────────┤
                                        │              │────────│ 设置会计科目的原则│
                                        │              │        ├──────────────┤
                                        │              │────────│ 会计科目的分类  │
                                        └──────────────┘        └──────────────┘
┌────────────────────────┐              ┌──────────────┐        ┌──────────────┐
│ 项目4 开设会计账户，运用借贷记账法 │──────│ 4.2 开设会计账户 │────────│ 会计账户的含义  │
│                        │              │              │        ├──────────────┤
└────────────────────────┘              │              │────────│ 账户的结构    │
                                        │              │        ├──────────────┤
                                        │              │────────│ 会计科目和账户的关系│
                                        └──────────────┘        └──────────────┘
                                        ┌──────────────┐        ┌──────────────┐
                                        │ 4.3 运用借贷记账法 │──────│ 借贷记账法     │
                                        │              │        ├──────────────┤
                                        │              │────────│ 借贷记账法综合实例│
                                        └──────────────┘        └──────────────┘
```

4.1　设置会计科目

一、会计科目的概念

会计科目是对会计要素对象的具体内容进行分类核算的类目。会计对象的具体内容各有不同，管理要求也各不相同，为了全面、系统、分类地核算与监督各项经济业务的发生情况，以及由此而引起的各项资产、负债、所有者权益和各项损益的增减变动，有必要按照各项会计对象分别设置会计科目。设置会计科目是对会计对象的具体内容加以科学归类，是进行分类核算与监督的一种方法。

会计科目是会计制度的重要组成部分，它是对会计要素的内容按照经济管理的要求进行具体分类核算和监督的项目，是编制会计凭证、设置账簿、编制财务报表的依据，如表4-1 所示。完成会计科目的设计，对保证会计制度设计质量及会计工作的完成质量并充分发挥会计的职能作用具有重要意义。2006 年 10 月 30 日财政部制定了《企业会计准则—应用指南》(以下简称《指南》)，在附录中依据企业会计准则中确认和计量的规定制定了涵盖各类企业的主要交易或事项的会计科目和主要账务处理，要求各企业在不违反会计准则中确认、计量和报告规定的前提下，可以根据本单位的实际情况自行增设、分拆、合并会计科目。企业不存在的交易或者事项，可不设置相关会计科目。对于明细科目，企业可以比照该附录中的规定自行设置。会计科目编号供企业填制会计凭证、登记会计账簿、查阅会计账目、采用会计软件系统参考，企业可结合实际情况自行确定会计科目编号。

表 4-1　企业会计常用科目表

科目编码	科目名称	类别	科目编码	科目名称	类别
1001	库存现金	资产类	1702	累计摊销	资产类
1002	银行存款	资产类	1703	无形资产减值准备	资产类
1012	其他货币资金	资产类	1711	商誉	资产类
1101	交易性金融资产	资产类	1801	长期待摊费用	资产类
1121	应收票据	资产类	1811	递延所得税资产	资产类
1122	应收账款	资产类	1901	待处理财产损溢	资产类
1123	预付账款	资产类	2001	短期借款	负债类
1131	应收股利	资产类	2011	吸收存款	负债类
1132	应收利息	资产类	2101	交易性金融负债	负债类
1221	其他应收款	资产类	2201	应付票据	负债类
1231	坏账准备	资产类	2202	应付账款	负债类
1401	材料采购	资产类	2203	预收账款	负债类
1402	在途物资	资产类	2211	应付职工薪酬	负债类
1403	原材料	资产类	2221	应交税费	负债类
1404	材料成本差异	资产类	2231	应付利息	负债类
1405	库存商品	资产类	2232	应付股利	负债类
1406	发出商品	资产类	2241	其他应付款	负债类
1407	商品进销差价	资产类	2401	递延收益	负债类
1408	委托加工物资	资产类	2501	长期借款	负债类
1411	周转材料	资产类	2502	应付债券	负债类
1471	存货跌价准备	资产类	2701	长期应付款	负债类
1511	长期股权投资	资产类	2801	预计负债	负债类
1512	长期股权投资减值准备	资产类	2901	递延所得税负债	负债类
1521	投资性房地产	资产类	3001	清算资金往来	共同类
1531	长期应收款	资产类	3002	货币兑换	共同类
1601	固定资产	资产类	3101	衍生工具	共同类
1602	累计折旧	资产类	3201	套期工具	共同类
1603	固定资产减值准备	资产类	3202	被套期项目	共同类
1604	在建工程	资产类	4001	实收资本	权益类
1605	工程物资	资产类	4002	资本公积	权益类
1606	固定资产清理	资产类	4003	其他权益工具	权益类
1701	无形资产	资产类	4004	其他综合收益	权益类

续表

科目编码	科目名称	类别	科目编码	科目名称	类别
4101	盈余公积	权益类	6301	营业外收入	损益类
4103	本年利润	权益类	6401	主营业务成本	损益类
4104	利润分配	权益类	6402	其他业务成本	损益类
4201	库存股	权益类	6403	税金及附加	损益类
5001	生产成本	成本类	6411	利息支出	损益类
5101	制造费用	成本类	6601	销售费用	损益类
5201	劳务成本	成本类	6602	管理费用	损益类
5301	研发支出	成本类	6603	财务费用	损益类
6001	主营业务收入	损益类	6701	资产减值损失	损益类
6051	其他业务收入	损益类	6711	营业外支出	损益类
6101	公允价值变动损益	损益类	6801	所得税费用	损益类
6111	投资收益	损益类	6901	以前年度损益调整	损益类

二、设置会计科目的原则

各单位由于经济业务活动的具体内容、规模大小与业务繁简程度等情况不尽相同，在具体设置会计科目时，应考虑其自身特点和具体情况。会计科目作为向投资者、债权人、企业经营管理者等提供会计信息的重要手段，在其设置过程中努力做到科学、合理、适用，并遵循下列原则：

(一) 全面性原则

会计科目作为对会计要素具体内容进行分类核算的项目，其设置应能保证对各会计要素作全面地反映，形成一个完整的体系。

(二) 合法性原则

合法性原则是指所设置的会计科目应当符合国家统一的会计制度的规定。中国现行的统一会计制度中均对企业设置的会计科目作出规定，以保证不同企业对外提供的会计信息的可比性。企业应当参照会计制度中的统一规定的会计科目，根据自身的实际情况设置会计科目，但其设置的会计科目不得违反现行会计制度的规定。对于国家统一会计制度规定的会计科目，企业可以根据自身的生产经营特点，在不影响统一会计核算要求以及对外提供统一的财务报表的前提下，自行增设、减少或合并某些会计科目。

(三) 相关性原则

相关性原则是指所设置的会计科目应当为提供有关各方所需要的会计信息服务，满足对外报告与对内管理的要求。根据企业会计准则的规定，企业财务报告提供的信息必须满足对内对外各方面的需要，而设置会计科目必须服务于会计信息的提供，必须与财务报告的编制相协调、相关联。

(四) 清晰性原则

会计科目作为对会计要素分类核算的项目，要求简单明确，字义相符，通俗易懂。同时，企业对每个会计科目所反映的经济内容也必须做到界限明确，既要避免不同会计科目所反映的内容重叠的现象，也要防止全部会计科目未能涵盖企业某些经济内容的现象。

(五) 简要实用性原则

在合法性的基础上，企业应当根据组织形式、所处行业、经营内容、业务种类等自身特点，设置符合企业需要的会计科目。会计科目设置应该简单明了、通俗易懂、突出重点，对不重要的信息进行合并或删减。

三、会计科目的分类

为明确会计科目之间的相互关系，充分理解会计科目的性质和作用，进而更加科学规范地设置会计科目，以便更好地进行会计核算和会计监督，有必要对会计科目按一定的标准进行分类。对会计科目进行分类的标准主要有三个：一是会计科目归属的会计要素；二是会计科目核算信息的详略程度；三是会计科目的经济用途。

(一) 按归属的会计要素分类

(1) 资产类科目：按资产的流动性分为反映流动资产的科目和反映非流动资产的科目。

(2) 负债类科目：按负债的偿还期限分为反映流动负债的科目和反映长期负债的科目。

(3) 共同类科目：其特点是需要从其期末余额所在方向界定其性质。

(4) 所有者权益类科目：按权益的形成和性质可分为反映资本的科目和反映留存收益的科目。

(5) 成本类科目：包括"生产成本""劳务成本""制造费用"等科目。

(6) 损益类科目：分为收入性科目和费用支出性科目。收入性科目包括"主营业务收入""其他业务收入""投资收益""营业外收入"等科目。费用支出性科目包括"主营业务成本""其他业务成本""税金及附加""销售费用""管理费用"，"财务费用""所得税费用"等科目。

按照会计科目的经济内容进行分类，遵循了会计要素的基本特征，它将各项会计要素的增减变化分门别类地进行归集，清晰地反映了企业的财务状况和经营成果。

(二) 按核算信息的详略程度分类

为了使企业提供的会计信息更好地满足各会计信息使用者的不同要求，必须对会计科目按照其核算信息的详略程度进行级次划分。一般情况下，可以将会计科目分为总分类科目和明细分类科目(如图 4-1 所示)。

总分类科目又称一级科目或总账科目，是对会计要素具体内容所作的总括分类，它提供总括性的核算指标，如"固定资产""原材料""应收账款""应付账款"等。

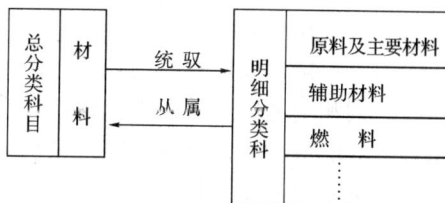

图 4-1　总账科目和明细科目

明细分类科目又称二级科目或明细科目，是对总分类科目所含内容所作的更为详细的分类，它能提供更为详细、具体的核算指标，如"应收账款"总分类科目下按照具体单位名称分设的明细科目，具体反映应向该单位收取的货款金额。如果有必要，还可以在二级科目下分设三级科目、四级科目等进行会计核算，每往下设置一级都是对上一级科目的进一步分类。

在我国，总分类科目一般由财政部统一制定，各单位可以根据自身特点自行增设、删减或合并某些会计科目，以保证会计科目的要求。

(三) 按经济用途分类

经济用途指的是会计科目能够提供什么经济指标。会计科目按照经济用途可以分为盘存类科目、结算类科目、跨期摊配类科目、资本类科目、调整类科目、集合分配类科目、成本计算类科目、损益计算类科目和财务成果类科目等。

【项目演练4-1 单选题】
下列属于损益类科目的是(　　　)。
A. 长期待摊费用
B. 主营业务成本
C. 制造费用
D. 本年利润

项目4-1　答案与解析

【项目演练4-2 多选题】
下列关于总分类科目与明细分类科目关系的表述中，正确的有
(　　　)。
A. 总分类科目与明细分类科目所反映的经济业务是相同的
B. 总分类科目与明细分类科目所反映的经济业务的详细程度是相同的
C. 明细分类科目对所属的总分类科目起统驭控制作用
D. 明细分类科目对有关总分类科目起补充说明作用

项目4-2　答案与解析

4.2　开设会计账户

一、会计账户的含义

会计账户是根据会计科目开设的，具有一定的结构，用来系统、连续地记载各项经济业务的一种手段。每一个账户都有一个简明的名称，用以说明该账户的经济内容。会计科目就是会计账户的名称。

为了正确地设置和运用账户，需要从理论上进一步了解和认识各个账户的核算对象、具体结构和用途以及其在整个账户体系中的地位和作用，在此基础上掌握它们在提供核算指标方面的规律性，这就是账户进行分类的意义所在。

所谓账户分类是指对账户按性质、核算内容、用途和结构进行的归类。账户分类的主要方法有三种，即：按经济内容分类、按用途和结构分类、按会计信息的详细程度分类。

其中，按经济内容分类是账户分类的基础。

(一) 按经济内容分类

账户按经济内容分类的实质是按照会计对象的具体内容进行的分类。如前所述，经济组织的会计对象就其具体内容而言，可以归结为资产、负债、所有者权益、收入、费用和利润六个会计要素。由于利润一般隐含在收入与费用的配比中，因此从满足管理和会计信息使用者需要的角度考虑，账户按其经济内容可以分为资产类账户、负债类账户、所有者权益类账户、成本类账户和损益类账户等五类。

(二) 按用途和结构分类

账户按用途和结构分类的实质是按照账户在会计核算中所起的作用和账户在使用中能够反映的经济指标进行的分类。账户按照用途和结构可以分为盘存类账户、结算类账户、跨期摊配类账户、资本类账户、调整类账户、集合分配类账户、成本计算类账户、集合配比类账户和财务成果类账户等九类。

(三) 按会计信息的详细程度分类

账户按提供指标的详细程度不同，分为总分类账户和明细分类账户。

总分类账户是指根据总分类科目设置的、用于对会计要素具体内容进行总括分类核算的账户，简称总账账户或总账。

明细分类账户是根据明细分类科目设置的、用来对会计要素具体内容进行明细分类核算的账户，简称明细账。

二、账户的结构

账户分为左方(记账符号为"借")和右方(记账符号为"贷")两个方向，一方登记增加，另一方登记减少。账户中登记本期增加的金额，称为本期增加发生额；登记本期减少的金额，称为本期减少发生额；增减相抵后的差额，称为余额，余额按照时间不同，分为期初余额和期末余额。其基本关系如下：

期末余额＝期初余额＋本期增加发生额－本期减少发生额

账户的内容具体包括账户名称、日期、凭证编号、摘要和金额等。

1. 基本结构

(1) 账户名称(会计科目)；

(2) 日期(所依据记账凭证中注明的日期)；

(3) 凭证编号(所依据记账凭证的编号)；

(4) 摘要(经济业务的简要说明)；

(5) 金额(增加额、减少额和余额)。

账户的基本结构如图 4-2(a)所示：

2. 简化结构

"T"型账户又称"丁"字账户，如图 4-2(b)所示。

a. 基本结构

账户名称（会计科目）

年		记账凭证号数	摘要	对方科目	借方									贷方									借或贷	余额								
月	日				千	百	十	万	千	百	十	元	角	分	千	百	十	万	千	百	十	元	角	分		千	百	十	万	千	百	十	元	角	分

b. 简化结构

借方　　　　账户名称　　　　贷方

图 4-2　账户的基本结构

三、会计科目和账户的关系

从理论上讲，会计科目与账户是两个不同的概念，二者既有联系，又有区别。

(一) 联系

(1) 账户是根据会计科目设置的，会计科目是账户的名称。

(2) 二者开设的目的一致，都是为了对经济业务进行分类、整理，以提供管理所需要的会计信息。

(3) 二者的内容相同。

(二) 区别

(1) 会计科目和账户的具体作用不同。

会计科目的具体作用主要表现为将会计对象的具体内容分为若干个相对独立的项目；而账户则是在会计科目的基础上，再赋予一定的结构，能指明记账的方向，以核算各会计要素的增减变动和余额。

(2) 会计科目和账户制定或设置的方法不同。

会计科目由国家统一制定，是会计制度的组成部分；而账户则是由各单位根据会计科目的要求，结合本单位的实际情况开设的。实际工作中，先有会计科目，后有会计账户。

【项目演练4-3 单选题】

下列各项表述正确的是(　　)。

A. 与会计科目的分类相对应，账户也分为总分类账户和明细分类账户

B. 明细分类科目是对会计要素的具体内容进行总括分类，提供总括信息的会计科目

C. 营业外支出不属于损益类账户

D. 账户是对会计要素的具体内容进行分类核算的项目

项目 4-3　答案与解析

【项目演练 4-4 单选题】

关于账户与会计科目的联系和区别，下列表述中不正确的是（ ）。

A. 没有会计科目，账户就缺少了设置的依据

B. 会计科目与账户两者口径一致，性质相同

C. 账户是会计科目的具体运用

D. 会计科目可以记录经济业务的增减变化及其结果

项目 4-4 答案与解析

4.3 运用借贷记账法

记账方法是根据一定的原理、记账符号、记账规则，采用一定的计量单位，利用文字和数字在账簿中登记经济业务的方法。按记录方式的不同，记账方法可分为单式记账法和复式记账法两大类。

单式记账法是一种比较简单的记账方法，它是指在会计核算中，对每一项经济业务只进行单方面的、不完整的记载，也就是只在一个账户中记一笔账。

复式记账法是从单式记账法发展起来的一种比较完善的记账方法，也称复式记账凭证。在我国，复式记账法曾有借贷记账法、增减记账法、收付记账法三种，但规定使用的只有借贷记账法一种。

复式记账法的特点如下：

(1) 对于每一项经济业务，都在两个或两个以上相互关联的账户中进行记录，不仅可以了解每一项经济业务的来龙去脉，而且在全部经济业务都登记入账以后，可以通过账户记录全面、系统地反映经济活动的过程和结果。

(2) 由于每项经济业务发生后，都是以相等的金额在有关账户中进行记录，因而可据以进行试算平衡，以检查账户记录是否正确。

一、借贷记账法

(一) 借贷记账法的内容

借贷记账法指的是以会计等式作为记账原理，以借、贷作为记账符号，来反映经济业务增减变化的一种复式记账方法。随着商品经济的发展，借贷记账法得到了广泛的应用，记账对象不再局限于债权、债务关系，而是扩大到要记录财产物资增减变化和计算经营损益。原来仅限于记录债权、债务的"借""贷"二字已不能概括经济活动的全部内容，它表示的内容应该包括全部经济活动资金运动变化的来龙去脉，它们逐渐失去了原来字面上的涵义而转为一种单纯的记账符号，只表明记账的方向，成为了一种专门的会计术语。

借贷记账法的记账规则可以概括为：有借必有贷，借贷必相等。

第一，在运用借贷记账法记账时，对每项经济业务，既要记录一个(或几个)账户的借方，又要记录另一个(或几个)账户的贷方，即"有借必有贷"；账户借方记录的金额必然等于账户贷方记录的金额，即"借贷必相等"。

第二，所记录的账户可以是同类账户，也可以是不同类账户，但必须是两个记账方向，既不能都记入借方，也不能都记入贷方。

第三，记入借方的金额必须等于记入贷方的金额。

(二) 借贷记账法下账户的结构

借贷记账法下所有账户的结构都是左方为借方，右方为贷方，但借方、贷方反映会计要素数量变化的增减性质是不固定的。不同性质的账户，借、贷方所登记的内容不同。下面分别说明各类账户的结构。

1. 资产类账户的结构

在资产类账户中，它的借方记录资产的增加额，贷方记录资产的减少额。在同一会计期间(年、月)，借方记录的合计数额称作本期借方发生额，贷方记录的合计数额称作本期贷方发生额，在每一会计期间的期末将借、贷方发生额相比较，其差额称作期末余额。资产类账户的期末余额一般在借方。资产类账户的结构如图 4-3 所示。

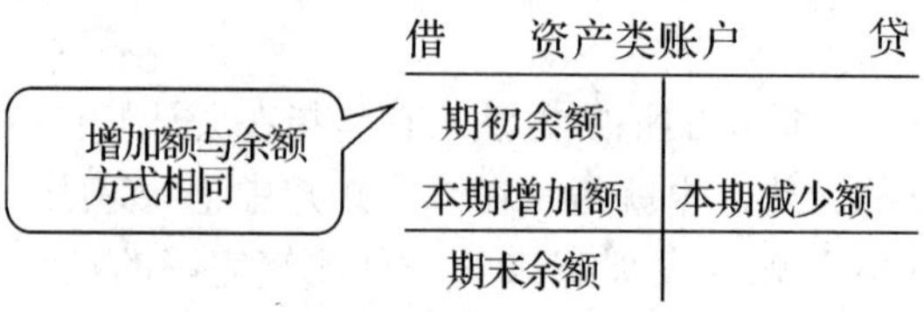

图 4-3 资产类账户的结构

资产类账户的期末余额可根据下列公式计算：

期末余额(借方)＝期初余额＋本期借方发生额－本期贷方发生额

2. 负债类账户和所有者权益类账户的结构

负债类账户和所有者权益类账户的结构与资产类账户的正好相反，其贷方记录负债和所有者权益的增加额，借方记录负债和所有者权益的减少额，期末余额一般在贷方。负债类账户和所有权益类账户如图 4-4 所示。

借方　负债类账户和所有者权益账户　贷方

	期初余额
本期减少额 ×××	本期增加额 ×××
×××	
本期借方发生额 ×××	本期贷方发生额 ×××
	期末余额 ×××

图 4-4 负债类账户和所有者权益类账户的结构

负债类账户和所有者权益类账户的期末余额可根据下列公式计算：

期末余额(贷方)＝期初余额＋本期贷方发生额－本期借方发生额

3. 费用类账户的结构

费用类账户的结构与资产类账户的结构基本相同，账户的借方记录费用成本的增加额，账户的贷方记录费用成本转入抵销收益类账户(减少)的数额，由于借方记录的费用成本的增加额一般都要通过贷方转出，所以账户通常没有余额。如果有余额，也表现为借方余额。费用类账户的结构如图 4-5 所示。

借方	费用类账户	贷方
本期增加额 ×××	本期减少额 ×××	
×××	本期转出额 ×××	
本期借方发生额 ×××	本期贷方发生额 ×××	

图 4-5 费用类账户的结构

4. 收入类账户的结构

收入类账户的结构与负债类账户和所有者权益类账户的结构基本相同，收入的增加额记入账户的贷方，收入转出(减少额)则记入账户的借方，由于贷方记录的收入增加额一般要通过借方转出，所以账户通常也没有期末余额。如果有余额，同样也表现为贷方余额。收入类账户的结构如图 4-6 所示

借方	收入类账户	贷方
本期减少额 ×××	本期增加额 ×××	
本期转出额 ×××	×××	
本期借方发生额 ×××	本期贷方发生额 ×××	

图 4-6 收入类账户的结构

(二) 会计分录

会计分录是指预先确定每笔经济业务所涉及的账户名称，以及计入账户的方向和金额的一种记录。会计分录由应借应贷方向、对应账户(科目)名称及应记金额三要素构成。按照所涉及账户的多少，会计分录分为简单会计分录和复合会计分录两类。简单会计分录指只涉及一个账户借方和另一个账户贷方的会计分录，即一借一贷的会计分录；复合会计分录指由两个以上(不含两个)对应账户所组成的会计分录，即一借多贷、一贷多借或多借多贷的会计分录，如图 4-7 所示。

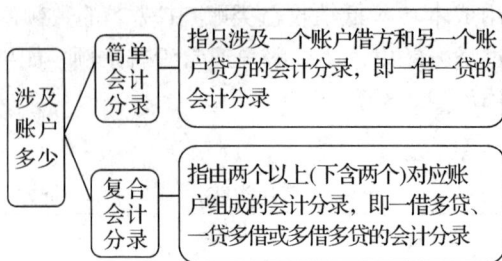

图 4-7　会计分录的类型

会计分录书写时需要注意的格式要求如下：

第一，应先借后贷，借贷分行，借方在上，贷方在下；

第二，贷方记账符号、账户、金额都要比借方退后一格，表明借方在左，贷方在右。

需要指出的是，为了清楚地保持账户的对应关系，一般不宜把不同经济业务合并在一起，编制多借多贷的会计分录。但在某些特殊情况下为了反映经济业务的全貌，也可以编制多借多贷的会计分录。

会计分录在实际工作中是通过填制记账凭证来实现的，它是保证会计记录正确可靠的重要环节。会计核算中，不论发生什么样的经济业务，都需要在登记账户以前按照记账规则，通过填制记账凭证来确定经济业务的会计分录，以便正确地进行账户记录和事后检查。

(三) 借贷记账法下的试算平衡

试算平衡是指根据借贷记账法的记账规则和资产与权益的恒等关系，通过对所有账户的发生额和余额的汇总计算和比较，来检查记录是否正确的一种方法。

借贷记账法下试算平衡的基本公式是：

全部账户的借方期初余额合计＝全部账户的贷方期初余额合计

全部账户的借方发生额合计＝全部账户的贷方发生额合计

全部账户的借方期末余额合计＝全部账户的贷方期末余额合计

如果上述三个方面都能保持平衡，则说明记账工作基本上是正确的，否则说明记账工作发生了差错。在实际工作中，这种试算平衡通常是通过编制试算平衡表来进行的。

试算平衡表(如图 4-8 所示)通常是在期末结出各账户的本期发生额合计和期末余额后编制的。试算平衡表中一般应设置"期初余额""本期发生额"和"期末余额"三大栏目，其下分设"借方"和"贷方"两个小栏。各大栏中的借方合计与贷方合计应该平衡相等，否则，便存在记账错误。为了简化表格，试算平衡表也可只根据各个账户的本期发生额编制，不填列各账户的期初余额和期末余额。

试算平衡只是通过借贷金额是否平衡来检查账户记录是否正确的一种方法。如果借贷双方发生额或余额相等，则表示账户记录基本正确，但有些错误并不影响借贷双方的平衡，因此，试算不平衡表示记账一定有错误，但试算平衡不能表示记账一定正确。

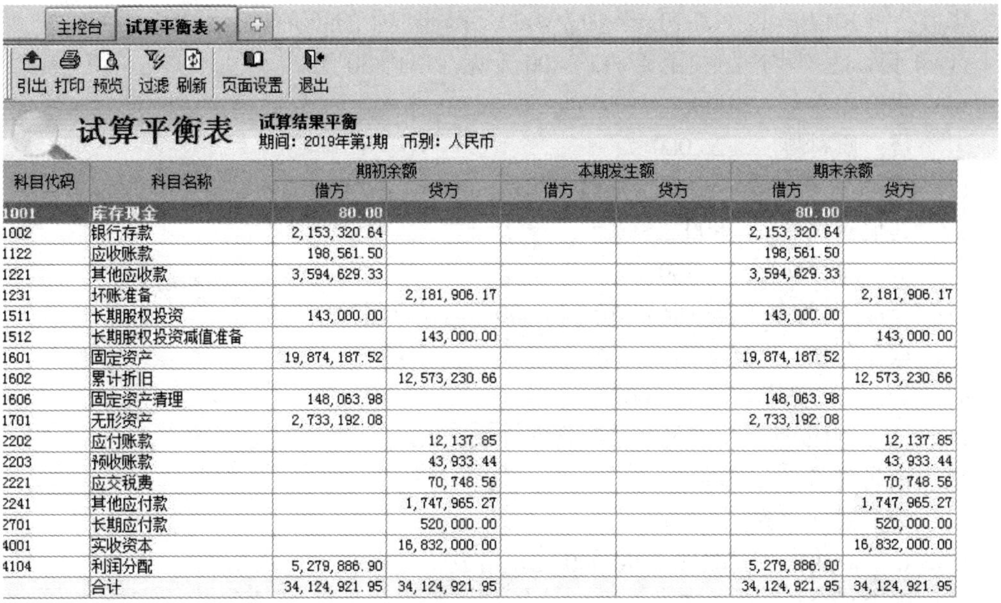

科目代码	科目名称	期初余额		本期发生额		期末余额	
		借方	贷方	借方	贷方	借方	贷方
1001	库存现金	80.00				80.00	
1002	银行存款	2,153,320.64				2,153,320.64	
1122	应收账款	198,561.50				198,561.50	
1221	其他应收款	3,594,629.33				3,594,629.33	
1231	坏账准备		2,181,906.17				2,181,906.17
1511	长期股权投资	143,000.00				143,000.00	
1512	长期股权投资减值准备		143,000.00				143,000.00
1601	固定资产	19,874,187.52				19,874,187.52	
1602	累计折旧		12,573,230.66				12,573,230.66
1606	固定资产清理	148,063.98				148,063.98	
1701	无形资产	2,733,192.08				2,733,192.08	
2202	应付账款		12,137.85				12,137.85
2203	预收账款		43,933.44				43,933.44
2221	应交税费		70,748.56				70,748.56
2241	其他应付款		1,747,965.27				1,747,965.27
2701	长期应付款		520,000.00				520,000.00
4001	实收资本		16,832,000.00				16,832,000.00
4104	利润分配	5,279,886.90				5,279,886.90	
	合计	34,124,921.95	34,124,921.95			34,124,921.95	34,124,921.95

图 4-8　试算平衡表

不影响借贷双方平衡关系的错误通常有：

(1) 漏记某项经济业务，使本期借贷双方的发生额等额减少，借贷仍然平衡；

(2) 重记某项经济业务，使本期借贷双方的发生额等额虚增，借贷仍然平衡；

(3) 某项经济业务记录的应借、应贷科目正确，但借贷双方发生额时多记或少记，且金额一致，借贷仍然平衡；

(4) 某项经济业务记错有关账户，借贷仍然平衡；

(5) 某项经济业务在账户记录中颠倒了记账方向，借贷仍然平衡；

(6) 某借方或贷方发生额中，偶然发生多记和少记并相互抵销，借贷仍然平衡。

由于账户记录可能存在这些不能由试算平衡表发现的错误，所以需要对一切会计记录进行日常或定期的复核，以保证账户记录的正确性。

二、借贷记账法综合实例

表 4-2　华盛公司期初余额表

2017 年 12 月 1 日			
账户名称	借方金额	账户名称	贷方金额
库存现金	6 000	应付职工薪酬	80 000
银行存款	600 000	应付账款	65 000
应收账款	78 000	实收资本	800 000
原材料	20 000	本年利润	29 000
生产成本	150 000	利润分配	60 000
库存商品	180 000		
合计	1 034 000		1 034 000

华盛公司 2017 年 12 月期初余额如表 4-2 所示,当发生的经济业务(不考虑相关税费)如下:

(1) 1 日,生产甲产品领用 A 材料 800 千克,单价 30 元。

借：生产成本　　24 000

　　贷：原材料　　24 000

(2) 4 日,采购员李洋出差,预借差旅费 800 元,用现金支付。

借：其他应收款　　800

　　贷：库存现金　　800

(3) 4 日,收到吉祥公司前欠货款 46 800 元,存入银行。

借：银行存款　　46 800

　　贷：应收账款　　46 800

(4) 8 日,用银行存款支付产品广告费 5 000 元。

借：销售费用　　5 000

　　贷：银行存款　　5 000

(5) 10 日,从银行提取现金 90 000 元,备发工资。

借：库存现金　　90 000

　　贷：银行存款　　90 000

(6) 12 日,用现金 90 000 元发放工资。

借：应付职工薪酬　　90 000

　　贷：库存现金　　90 000

(7) 15 日,用现金支付管理部门办公用品费 2 000 元。

借：管理费用　　2 000

　　贷：库存现金　　2 000

(8) 17 日,销售给如意公司甲产品 400 件,单位售价 500 元,款项已收存银行存款户。

借：银行存款　　200 000

　　贷：主营业务收入　　200 000

(9) 20 日,从顺峰加工厂购入 B 材料 4 000 千克,买价 80 000 元,款项尚未支付,材料已验收入库。

借：原材料　　80 000

　　贷：应付账款　　80 000

(10) 20 日,从银行取得期限为两年的借款 500 000 元,存入银行存款户。

借：银行存款　　500 000

　　贷：长期借款　　500 000

根据以上业务编制发生额及余额试算平衡表,如表 4-3 所示,

表 4-3　试算平衡表

账户名称	期初余额		本期发生额		期末余额	
	借方	贷方	借方	贷方	借方	贷方
库存现金	60 000		90 000	92 800	57 200	
银行存款	600 000		746 800	95 000	1 251 800	

续表

账户名称	期初余额		本期发生额		期末余额	
	借方	贷方	借方	贷方	借方	贷方
应收账款	78 000			46 800	31 200	
原材料	20 000		80 000	24 000	76 000	
生产成本	150 000		24 000		174 000	
库存商品	180 000				180 000	
应付职工薪酬		80 000	90 000		10 000	
应付账款		65 000		80 000		145 000
实收资本		800 000				800 000
本年利润		29 000				29 000
利润分配		60 000				60 000
其他应收款			800		800	
销售费用			5 000		5 000	
管理费用			2 000		2 000	
主营业务收入				200 000		200 000
长期借款				500 000		500 000
合计	1 034 000	1 034 000	1 038 600	1 038 600	1 734 000	1 734 000

【项目演练 4-5 业务处理题】

如意公司 2018 年 1 月 31 日有关账户的资料如表 4-4 所示，请将空白信息填写完整。

项目 4-5 答案与解析

表 4-4 试算平衡表

账户名称	期初余额		本期发生额		期末余额	
	借方	贷方	借方	贷方	借方	贷方
库存现金	（ ）			72 000	8 000	
银行存款	500 000		200 000	99 200	（ ）	
应收账款	60 000		20 000	（ ）	10 000	
原材料	50 000		45 000	67 000	（ ）	
生产成本	20 000		（ ）	47 000	33 000	
库存商品	100 000		70 000	（ ）	92 000	
应付职工薪酬		40 000	40 000			（ ）
应付账款		30 000	（ ）	26 000		26 000
本年利润		15 000	64 000	69 800		（ ）
利润分配		（ ）				25 000

练习

一、单项选择题

1. 下列关于试算平衡法的表述中，不正确的是(   )。

项目4 答案

A. 包括发生额试算平衡法和余额试算平衡法

B. 试算不平衡，表明账户记录肯定有错误

C. 试算平衡，说明账户记录一定正确

D. 发生额试算平衡法的理论依据是"有借必有贷，借贷必相等"

2. 在试算平衡表中，如果试算平衡，则下列表述中，正确的是(   )。

A. 说明每一个账户的借方数一定等于贷方数

B. 不一定说明账簿记录正确

C. 说明本期增加数一定等于本期减少数

D. 说明期初余额一定等于期末余额

3. 下列错误中能通过试算平衡发现的是(   )。

A. 某项经济业务未入账　　　　　　　　B. 某项经济业务重复记账

C. 借贷方向颠倒　　　　　　　　　　　D. 借贷金额不等

4. 甲公司月末编制的试算平衡表中，全部科目的本月贷方发生额合计为120万元，除银行存款外的本月借方发生额合计为104万元，则银行存款科目(   )。

A. 本月借方余额为16万元　　　　　　B. 本月贷方余额为16万元

C. 本月贷方发生额为16万元　　　　　D. 本月借方发生额为16万元

5. 企业使用银行存款2 000元支付水电费，该项经济业务中与"银行存款"存在对应关系的是(   )。

A. 销售费用　　　　B. 财务费用　　　　C. 管理费用　　　　D. 生产成本

二、多项选择题

1. 借贷记账法的试算平衡方法包括(   )。

A. 增加额试算平衡法　　　　　　　　　B. 减少额试算平衡法

C. 发生额试算平衡法　　　　　　　　　D. 余额试算平衡法

2. 关于借贷记账法的试算平衡，下列表述中正确的有(   )。

A. 试算平衡包括发生额试算平衡和余额试算平衡

B. 编制试算平衡表时，必须保证所有账户的余额或发生额均列入试算平衡表内

C. 试算平衡表借贷不相等，则账户记录肯定有错误

D. 试算平衡表是平衡的，并不能肯定账户记录绝对正确

3. 下列等式中，(   )正确反映了试算平衡关系。

A. 全部科目本期借方发生额合计＝全部科目本期贷方发生额合计

B. 全部科目借方期末余额合计＝全部科目贷方期末余额合计

C. 负债类科目借方发生额合计＝负债类科目贷方发生额合计

D. 资产类科目借方发生额合计＝资产类科目贷方发生额合计

4. 关于会计分录的表述中，正确的有(　　)。

A. 借贷方向、账户名称和金额构成会计分录的三要素

B. 会计分录可以分为简单分录和复合分录

C. 多借多贷会计分录，除特殊情况外，一般不使用

D. 在实际工作中，编制会计分录是通过填制原始凭证来完成的

5. 下列关于会计分录的说法，正确的有(　　)。

A. 既允许一借一贷，也允许一借多贷、多借一贷或多借多贷

B. 必须既有借方科目又有贷方科目，且借贷金额合计相等

C. 既允许一借一贷，也允许一借多贷或多借一贷，但不允许多借多贷

D. 必须既有借方科目又有贷方科目，但借贷方科目合计金额不一定相等

三、判断题

1. 发生额及余额试算平衡中本期借方发生额合计等于本期贷方发生额合计，说明账户发生额记录肯定没有错误。(　　)

2. 若企业所有总分类科目期初余额是平衡的，即使本期发生额试算不平衡，期末余额试算也有可能会平衡。(　　)

3. 如果试算平衡表借贷不平衡，则可以肯定记账有错误。(　　)

4. 在我国，会计分录记载于会计账簿中。(　　)

5. 会计科目之间的对应关系是固定不变的。(　　)

拓展阅读

借贷记账法的起源

借贷记账法起源于 1211 年的意大利北部城邦佛罗伦萨，当时佛罗伦萨商业比较发达，银钱借贷十分频繁，钱庄业主为了记清楚账目，他们把整个账簿分为应收账款和应付账款，并为每一个债权人和债务人开设一个账户，即应收账款和应付账款。不过那时的记账方法基本还是单式记账法，复式记账法还处于萌芽阶段，账户也只是叙述式的，后来传到了热那亚，热那亚人对该方法进行了改进，将每个账户都分为左和右对照式，分别用借方和贷方表示。在应收账款和商品及现金账户下，账户借方登记"别人欠我的"，贷方登记"别人还我的"，借方减去贷方后的差额表示还有多少未收回的款项；在应付账款科目下，贷方登记"我欠别人的"，借方登记"我还别人的"，贷方减去借方后的差额表示还有多少未归回的款项，并在保留债权、债务的基础上又加入了商品和现金账户，并且采用复式记账法。凡购买商品和收回现金都记于账户的借方，卖出商品或支付现金都记于账户的贷方。

之后该方法又传到意大利名城威尼斯，威尼斯商人在此基础上进行了进一步的改进，又加入了收入、费用等损益账户和资本(权益)账户，出售商品不再直接减少商品账户，而是先记入收入账户的贷方，待月末再贷记商品账户，一笔汇总出库转入商品成本账户；收入要从借方定期转入利润的贷方，费用支出也不再直接减少利润，而是先记入费用的借方，月末也要从贷方一笔转入利润的借方，收入和成本、费用，具有归集或汇总和过渡性质，被称为暂记性账户，最终结果都要转入利润账户，利润的贷方减去利润的借方就是经营所

得。利润账户也具有汇总和过渡性质,最终要归属于资本(权益)账户。资本账户是用来登记投资人权益的,其主要功能就是用来反映资本的增值。美国著名会计学家认为收入、费用和资本是复式记账的基础,称它为"经济账户"。

增加了收入、成本、费用和资本账户,复式记账法就完善起来,从而适应了商人的需要,当时称该记账法为意大利式借贷记账法,也称威尼斯记账法。1494年意大利数学家巴其阿勒在他的《算术、几何与比例概要》一书详细、全面系统地介绍了威尼斯记账法,并从理论上给予了必要的阐述,使它的优点及方法为世人所接受,是现代会计的开端。

18世纪,借贷记账法传到了英国,琼斯首英式记账法增加了分录簿,上面载有摘要、会计科目、借方金额和贷方金额几个栏次,当经济业务发生和结束时,要求在分录簿上确定应借、应贷的账户和应借、应贷的金额,即在借方和贷方两个方面对经济业务进行对照登记,并简明扼要地说明经济业务,被称为复式簿记,相当于今天的记账凭证,是会计记账的依据。从此正式命名为复式簿记。以后人们所说的复式簿记,就是指借贷记账法。

历史上许多名家对复式记账法都给予了很高评价。歌德在《威廉·迈斯德》中写道:"他从复式簿记制度中得到了多大的好处!这是人类智慧最好的发明之一。"19世纪的数学家阿瑟·凯利说:"复式记账原理像欧几里得比率理论一样,是绝对完善的。"德国经济史学者沃纳·松巴特则说:"创造复式簿记的精神,也就是创造伽利略和牛顿系统精神。"他又说:"很难设想会存在没有复式簿记的资本主义。它们是形式和内容的关系。但是很难决定,到底是资本主义在复式簿记中为自己找到了使它更为有效的工具,还是资本主义是从复式簿记的'精髓'中推导出来的。"

资料来源:马慧雯. 借贷记账法的历史演变与教学方法[J]. 中外企业家,2013,(7): 154-155.

项目 5　核算企业主要经营过程的经济业务和成本计算

职业能力目标

(1) 掌握资金筹集、生产准备、生产过程、销售过程、利润形成及分配、资产调整与退出等业务的会计核算方法；

(2) 了解主要会计账户的设置和使用；

(3) 熟悉企业经营活动的基本流程以及资金在企业经营活动过程中的循环过程。

项目导入

制造企业主要经济业务

企业是指按照市场经济要求，自主经营、自负盈亏、自我发展、自我约束，专门从事生产、流通、运输、建筑、房地产等经济活动的部门和单位。企业包括制造企业(亦称工业企业)、商品流通企业、金融企业、建筑企业、房地产企业、服务企业、公共企业、农业企业和其他企业等多种类型。在这些企业中，制造企业是最原始、最完善、最典型的产品生产和经营单位，所以本项目仅以制造企业的主要经济业务为例，来说明账户的设置和复式记账的运用。

制造企业主要是指按照社会主义市场经济的要求独立核算、自负盈亏、自我发展，并从事制造产品的生产经营企业。它的基本任务是生产出一定数量、一定质量的产品以满足市场需求，同时应加强企业经营管理，降低成本费用，增加盈利能力，提高经济效益。任何企业为了进行生产经营活动，首先必须拥有一定的财产物资，这些财产物资的货币表现称之为资金。资金的来源有两方面：其一是投资者投入资金；其二是债权人投入资金。这两方面均表现为企业的资金筹集。资金进入制造企业以后，随着企业生产经营活动的不断进行，资金以货币资金——储备资金——生产资金——成品资金——货币资金的形式不断运动，依次经过生产准备、生产过程和销售过程三个阶段。周而复始，形成资金的循环和周转。在生产准备过程中，制造企业用货币资金购买生产经营活动所必需的各种材料物资，包括各种原材料、机器设备、房屋建筑物等，形成必要的生产储备。这时，企业资金的形态由货币资金转化为储备资金。生产准备过程是制造企业生产经营的准备阶段。在生产过程中，企业劳动者借助于劳动资料对劳动对象进行加工，生产出各种为社会所需的产品。因此，在产品生产过程中就会发生各种材料费用、工资费用、固定资产折旧费用和其他费用等生产费用，通过对这些生产费用的归集和分配，进而计算出产品成本。这时资金就从储备资金形态转变为生产资金形态，随着产成品的完工入库，资金又从生产资金形态转变为成品资金形态。生产过程是制造企业生产经营的主要阶段。

在销售过程中，企业通过产品的销售，一方面获取货币资金及其他的资产，另一方面，也会发生一些与产品销售业务相关的各种成本、费用和税金等。这时，企业的资金形态又由产成品资金转化为货币资金。销售过程的完成，标志着企业一个生产经营过程的结束，新一轮生产经营过程的开始。销售过程是制造企业产品价值实现的阶段。

在财务成果的形成与分配阶段，制造企业应将企业在一定期间内所取得的收入与各种成本、费用进行配比，及时计算出一定期间内的财务成果，确定企业在该时期所实现的利润或发生的亏损，缴纳所得税，并按国家规定进行利润的分配。通过利润分配，一部分资金退出企业，一部分重新投入生产周转，开始新一轮的资金循环和周转过程。制造企业除了上述主要的生产经营活动之外，还需对企业生产经营活动中发生的其他经济业务进行核算。例如，资金退出企业、对外投资业务、债权债务业务等。本项目以制造型企业为例，介绍一般企业在经营过程中出现的主要经济业务和成本计算，如下图5-1所示。

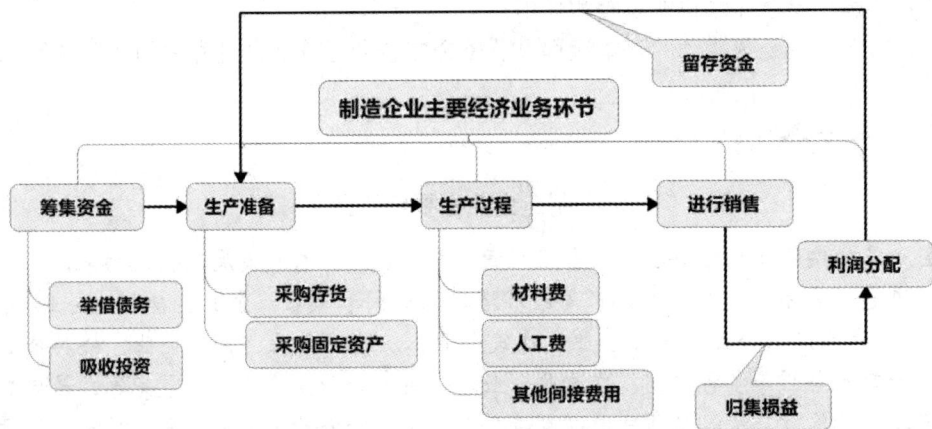

图 5-1 制造企业主要经济业务环节

工作任务与项目导图

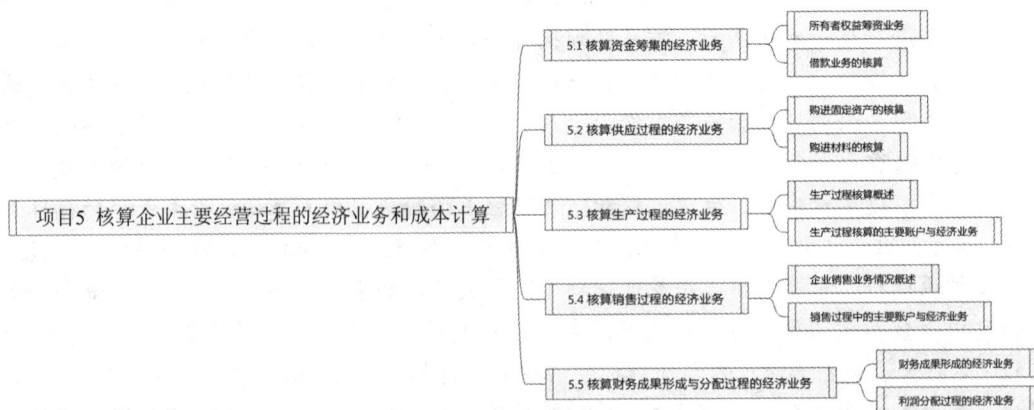

5.1 核算资金筹集的经济业务

一、所有者权益筹资业务

　　企业的成立，首先必须筹集到所需要的资金。企业筹集资金的方式可以分为权益筹资和债务筹资。其中，通过权益筹资方式筹集资金就是这里所指的吸收投资者的投资。投资者将资金投入企业，并成为企业的股东(或称为投资者)，进而可以参与企业的经营决策、并获得企业盈利分配。企业吸收投资者的投资后，企业的资金增加了，同时投资者在企业中所享有的权益也增加了。为了核算企业接受的投资者投资额的变化，企业应设置"实收资本"科目，并按投资者的不同进行明细核算。

　　所有者投入的资本主要包括实收资本(或股本)和资本公积。

　　实收资本(或股本)是指企业的投资者按照企业章程、合同或协议的约定，实际投入企业的资本金以及按照有关规定由资本公积、盈余公积等转增资本的资金。

　　资本公积企业收到投资者投入的超出其在企业注册资本(或股本)中所占份额的投资，以及直接计入所有者权益的利得和损失等。资本公积作为企业所有者权益的重要组成部分，主要用于转增资本。

　　"实收资本"是所有者权益类科目，用来核算企业接受投资者投入企业的资本额。其贷方核算企业实收资本的增加，借方核算企业实收资本的减少，期末贷方余额表示企业接受投资者投入资本(或股本)的余额，如下图 5-2 所示。

借方	实收资本	贷方
	期初余额	
注销资本的金额	所有者投资或追加投资	
	期末余额：投入资本的实际数额	

图 5-2 实收资本账户

　　"资本公积"是所有者权益类账户，核算企业收到投资者出资额超出其在注册资本或股本中所占份额的部分，以及直接计入所有者权益的利得和损失(现行已不属于资本公积)等。按资本公积的来源不同，分别按"资本溢价(或股本溢价)""其他资本公积"进行明细核算，如下图 5-3 所示。

借方	资本公积	贷方
	期初余额	
资本公积的减少	资本公积的增加	
	期末余额：资本公积的实际数额	

图 5-3 资本公积账户

　　"银行存款"账户，属于资产类账户，用以核算企业存入银行或其他金融机构的各种款项的增减变动情况。该账户应当按照开户银行、存款种类等分别进行明细核算。借方登记存入的款项；贷方登记提取或支出的存款。期末余额在借方，反映企业存在银行或其他金融机构的各种款项，如下图 5-4 所示。

借方	银行存款	贷方
期初余额		
银行存款的增加	银行存款的减少	
期末余额：银行存款的实际数额		

图 5-4　银行存款账户

"其他货币资金"账户，属于资产类账户，银行汇票存款、银行本票存款、信用卡存款、信用证保证金存款、存出投资款、外埠存款等，通过"其他货币资金"账户核算，如下图 5-5 所示。

借方	其他货币资金	贷方
期初余额		
其他货币资金的增加	其他货币资金的减少	
期末余额：其他货币资金的实际数额		

图 5-5　其他货币资金账户

【例 5-1】吉祥公司注册成立，接受如意公司投入现金 100 万元，款项已通过银行转入。吉祥公司接受投资者投入资金，获得一笔银行存款，故"银行存款"增加，记借方；同时，吉祥公司接受投资者投入的资本增加，即"实收资本"增加，记贷方。吉祥公司会计人员应根据业务内容编制会计分录如下：

借：银行存款　　　　　1 000 000
　　贷：实收资本——如意公司　　　　1 000 000

【例 5-2】假设吉祥公司按法定程序报经批准，减少注册资本 300 000 元(其中如意公司拥有 40%的股份，福云公司拥有 60%的股份)，款项已通过银行存款支付。吉祥公司减少注册资本的方式是向企业投资者支付一定金额的银行存款，所以吉祥公司"银行存款"减少，记贷方；同时，企业接受投资者投资的金额相应减少，投资人在吉祥公司的权益相应减少，故应记"实收资本"的借方。吉祥公司会计人员应根据上述业务内容编制会计分录如下：

借：实收资本——如意公司　　　　120 000
　　　　　　——福云公司　　　　180 000
　　贷：银行存款　　　　　　　　300 000

【例 5-3】吉祥公司于设立时收到华盛公司作为资本投入的不需要安装的机器设备一台，合同约定该机器设备的价值为 200 000 元(假设不考虑增值税)。合同约定的固定资产价值与公允价值相符，不考虑其他因素，甲有限责任公司进行会计处理时，编制的会计分录如下：

借：固定资产　　　　　　　200 000

　　　　贷：实收资本——华盛公司　　　　　　　　200 000

　　【例5-4】　承例5-2因扩大经营规模需要，经批准吉祥公司按原出资比例将资本公积100 000元转增资本，吉祥公司在进行会计处理时，编制的会计分录如下：

　　　借：资本公积　　　　　　　　　　　100 000
　　　　　贷：实收资本——如意公司　　　　　　　　40 000
　　　　　　　　　　　——福云公司　　　　　　　　60 000

　　【例5-5】同德股份有限公司由两位投资者投资12 000 000元设立,每人各出资6 000 000元。一年后，为扩大经营规模，经批准，同德股份有限公司注册资本增加到18 000 000元，并引入第三位投资者金碧公司加入。按照投资协议，新投资者需转入存款8 000 000元，同时享有该公司三分之一的股份。同德股份有限责任公司收到该投资进行会计处理时,编制的会计分录如下：

　　　借：银行存款　　　　　　　　　　8 000 000
　　　　　贷：股本——金碧公司　　　　　　　　6 000 000
　　　　　　　资本公积　　　　　　　　　　2 000 000

　　【项目演练5-1多选题】
　　企业实际收到的投资者投入的资本，有可能计入(　　)。
　　A. 实收资本　　　　　　　B. 负债
　　C. 资本公积　　　　　　　D. 收入

项目 5-1　答案与解析

　　【项目演练5-2账务处理题】
　　A公司为股份有限公司，甲公司为有限责任公司，两公司都是增值税一般纳税人，适用的增值税税率为13%。2018年发生下列交易事项：
　　(1) 1月10日，A公司接收B公司投资的银行存款1 000 000元，A公司本次增资的注册资本为1 000 000元。
　　(2) 2月10日，A公司接收C公司投资的商标使用权，价值2 200 000元，A公司本次增资的注册资本为2 000 000元。
　　(3) 3月10日，甲公司接受乙公司作为资本投入的专用设备一台，合同约定该设备的价值为300万元(假定合同约定的固定资产价值与公允价值相符、不考虑增值税)，经约定甲公司接受乙公司的投入资本为320万元。

项目 5-2　答案与解析

　　要求：
　　(1) 编制A公司接受B公司投资的会计分录；
　　(2) 编制A公司接受C公司投资的会计分录；
　　(3) 编制甲公司接受乙企业投资的会计分录。

二、借款业务的核算

　　企业白有资金不足以满足企业经营运转需要时，可以通过从银行或其他金融机构借款的方式筹集资金，并按借款协议约定的利率承担支付利息及到期归还借款本金的义务。企业借入资金时，一方面银行存款增加，另一方面负债也相应增加。为核算企业因借款而形成的负债，企业应设置"短期借款"和"长期借款"两个科目。

(一) 短期借款业务

"短期借款",负债类科目,核算企业向银行或其他金融机构等借入的期限在 1 年以下(含 1 年)的各种借款。企业从银行或其他金融机构借款时,应贷记本科目;企业归还借款时,借记本科目;本科目期末贷方余额反映企业尚未偿还的短期借款的本金。企业应当按照借款种类、贷款人和币种进行明细核算,如下图 5-6 所示。

借方	短期借款	贷方
	期初余额	
归还短期借款	借入短期借款	
	期末余额:尚未归还的短期借款	

图 5-6　短期借款账户

【例 5-6】2017 年 1 月 1 日吉祥公司从 H 银行借入一年期借款 10 万元,年利率 12%,每半年付息一次,到期一次还本。吉祥公司从 H 银行借入资金后,银行存款增加,故借记"银行存款";同时,吉祥公司增加了一项负债,即"短期借款"增加,故应贷记"短期借款"。吉祥公司会计人员应根据上述业务内容编制会计分录如下:

借:银行存款　　　　100 000

　　贷:短期借款——H 银行　　　　100 000

企业借入上述短期借款后,必须承担支付利息的义务。例如,在 2017 年 6 月 30 日,吉祥公司应确认当年 1~6 月的利息费用。对于企业发生的利息费用,应通过"财务费用"科目进行核算。

"财务费用",损益类(费用)科目,用来核算企业为筹集生产经营所需资金等而发生的筹资费用,包括利息支出(减利息收入)、汇兑差额以及相关的手续费等。企业确认发生筹资费用时,记本科目的借方;发生利息收入时贷记本科目;期末,企业应将本科目余额转入"本年利润"科目,结转后本科目应无余额(如下图 5-7 所示)。

借方	财务费用	贷方
本期发生的财务费用	本期结转的财务费用	

图 5-7　财务费用账户

【例 5-7】　2017 年 6 月 30 日,吉祥公司以存款支付银行上半年短期借款利息(100 000×12%×6÷12=6 000 元)。企业在期末确认发生的利息费用时,费用增加,应记"财务费用"的借方;同时,以银行存款支付利息,故银行存款减少,应贷记"银行存款"。吉祥公司会计人员根据上述业务内容编制会计分录如下:

借:财务费用　　　　6 000

　　贷:银行存款　　　　6 000

【例 5-8】　2017 年 12 月 31 日,吉祥公司以银行存款归还 H 银行短期借款本金 10 万元及下半年利息 6 000 元。企业归还借款,则企业负债减少,故应借记"短期借款";同时,企业还应确认并支付下半年的借款利息,所以还应借记"财务费用"、贷记"银行存款"

等科目。吉祥公司会计人员根据上述业务内容编制会计分录如下：

借：财务费用　　　　　　6 000
　　　短期借款——H 银行　　　　　100 000
　　　贷：银行存款　　　　106 000

(二) 长期借款业务

"长期借款"，负债类科目，用来核算企业向银行或其他金融机构借入的期限在 1 年以上(不含 1 年)的各项借款(含本金及计提的借款利息)。企业借入长期借款及计提借款利息时，贷记本科目；归还长期借款本金及利息时，借记本科目；本科目期末贷方余额，反映企业尚未偿还的长期借款本金及利息的余额。企业还应当按照贷款单位进行明细核算如下图 5-8 所示。

借方	长期借款	贷方
	期初余额	
归还长期借款本息	借入长期借款本金和计提利息	
	期末余额：尚未归还的长期借款本息	

图 5-8　长期借款账户

【例 5-9】2017 年 1 月 1 日吉祥公司从 P 银行借入两年期借款 50 万元，年利率 12%，到期一次还本付息。企业借入资金，则银行存款增加，应借记"银行存款"；同时，企业也增加了一笔负债，故应贷记"长期借款"。吉祥公司会计人员应根据上述业务内容编制会计分录如下：

借：银行存款　　　　　500 000
　　　贷：长期借款——本金(P 银行)　　　　500 000

【例 5-10】2017 年 12 月 31 日，吉祥公司确认本年长期借款的应计利息 60 000 元。企业借入款项后，必须承担支付利息的义务。虽然借款约定到期一次付息，但借款的受益期是整个借款期。因此，如果借款受益期跨了两个或两个以上的会计期间，应于每个会计期末确认应归属当期的利息费用及当期应承担、但未支付的利息债务。吉祥公司会计人员根据上述业务内容编制会计分录如下：

借：财务费用　　　　　60 000
　　　贷：长期借款——应计利息(P 银行)　　　　60 000

【学习提示】　对于长期借款利息支出去向如表 5-1 所示：

表 5-1　长期借款利息去向

筹建期间	符合资本化条件		在建工程
	不符合资本化条件		管理费用
生产经营期间	符合资本化条件	购建固定资产	在建工程
		生产产品	制造费用
		研发无形资产	研发支出
	不符合资本化条件(即生产经营活动)		财务费用

(三) 应付利息业务

应付利息核算企业按照合同约定应支付的利息，包括分期付息到期还本的长期借款、企业债券等应支付的利息。企业应当设置"应付利息"科目，按照债权人设置明细科目进行明细核算，该科目期末贷方余额反映企业按照合同约定应支付但尚未支付的利息。

企业采用合同约定的名义利率计算确定利息费用时，应按合同约定的名义利率计算确定的应付利息的金额，记入"应付利息"科目；实际支付利息时，借记"应付利息"科目，贷记"银行存款"等科目，如图 5-9 所示。

借方	应付利息	贷方
	期初余额	
支付应付利息	计提应付利息	
	期末余额：尚未归还的应付利息	

图 5-9　应付利息账户

【例 5-11】 吉祥公司于 2018 年 1 月 1 日向银行借入一笔生产经营用短期借款，共计 120 000 元，期限为 9 个月，年利率为 4%。根据与银行签署的借款协议，该项借款的本金到期后一次归还，利息分月预提，按季支付。

(1) 1 月 1 日借入短期借款：

借：银行存款　　　120 000
　　贷：短期借款　　　120 000

(2) 1 月计提：

借：财务费用　　　400
　　贷：应付利息　　　400

(3) 2 月计提：

借：财务费用　　　400
　　贷：应付利息　　　400

(4) 3 月末支付：

借：应付利息　　　800
　　贷：银行存款　　　800
借：财务费用　　　400
　　贷：银行存款　　　400

或：

借：应付利息　　　800
　　财务费用　　　400
　　贷：银行存款　　　1 200

2018 年 4～9 月的业务同(2)至(4)

(5) 10 月 1 日偿还银行借款本金：

借：短期借款　　　120 000
　　贷：银行存款　　　120 000

【项目演练 5-3 多选题】

下列表述中正确的有(　　)。

A. 计提的短期借款利息通过"应付利息"核算，计提的长期借款利息通过"应付利息"或"长期借款"核算

B. 日常生产经营活动费用化的长期借款利息计入财务费用

C. 为购建固定资产而借入的长期借款的利息应全部计入固定资产的成本

D. 筹建期间不符合资本化条件的借款利息计入管理费用

项目 5-3　答案与解析

【项目演练 5-4 账务处理题】

2018 年 4 月 1 日，A 公司因急需流动资金，从银行取得 6 个月期限的借款 200 000 元，年利率为 6%，利息按月计提，按季支付；到期偿还本金，假定不考虑其他因素。同时又从银行借入 3 年期借款 800 000 元。

项目 5-4　答案与解析

(1) 编制 A 公司取得短期借款时的会计分录；

(2) 编制 A 公司 4 月末计提利息时的会计分录；

(3) 编制 A 公司 6 月末支付第二季度银行借款利息时的会计分录；

(4) 编制 A 公司到期归还本金时的会计分录；

(5) 编制 A 公司取得长期借款时的会计分录。

5.2　核算供应过程的经济业务

一、购进固定资产的核算

固定资产作为重要的劳动资料，是企业进行生产经营的物质基础。固定资产是指企业使用期限超过一年，单位价值较高的有形资产，如房屋、建筑物、机器机械、运输工具等。

对企业购进固定资产进行核算的关键是正确确定固定资产入账价值问题。按照企业会计准则规定：固定资产应按取得时的成本入账。取得时的成本是指为使固定资产达到预定可使用状态前发生的一切合理的、必要的支出。包括买价、税费(不包括可抵扣的增值税)、运输费、保险和安装等相关费用。

(一) 主要账户设置

企业购入固定资产，需要设置"固定资产""在建工程"等账户进行核算。

1. "固定资产"账户

"固定资产"账户属于资产类账户，是用来核算企业固定资产的增减变动情况和结果的账户。固定资产是指企业为生产经营所拥有的、使用年限在一年以上、单位价值较高的有形资产，在使用过程中固定资产的外表形态保持不变。固定资产账户，借方登记增加数，贷方登记减少数，余额在借方，表示企业拥有的固定资产的原值。按固定资产类别设置明细账户，进行明细分类核算，如图 5-10 所示。

借方	固定资产	贷方
期初余额		
增加的固定资产原值	减少的固定资产原值	
期末余额：持有的固定资产原值		

图 5-10　固定资产账户

2. "在建工程" 账户

"在建工程" 账户属于资产类账户，是核算企业正在建设中的工程项目投资及完工情况的账户。其借方记录企业在建工程投资的增加，包括领用工程物资、发生有关工程人工费用等，贷方反映工程完工时，转入到 "固定资产" 账户的价值。账户的余额在借方，表示尚未完工的在建工程。按在建工程项目设置明细账户，进行明细分类核算，如图 5-11 所示。

借方	在建工程	贷方
期初余额		
增加的在建工程价值	完工的在建工程价值	
期末余额：尚未完工的在建工程价值		

图 5-11　在建工程账户

(二) 购进固定资产的核算

1. 购入不需安装的固定资产

企业购置的不需要安装即可使用的固定资产，应按实际支付的买价、包装费、运输费、安装成本、交纳的有关税金等，作为入账价值。

【例 5-12】　吉祥公司购入一台不需要安装的设备，价值 100 000 元，所支付的增值税为 13 000 元。另支付运杂费、保险费 1 000 元，全部款项已通过银行存款支付。

企业购入不需要安装的设备，可按其购入时的实际成本直接记入 "固定资产" 账户。该项经济业务的发生，引起了企业资产总额内部的增减变化。一方面，设备的购入使企业固定资产增加了；另一方面，支付购入设备款使银行存款减少了。这项经济业务的发生，企业应编制会计分录如下：

借：固定资产　　　　　　　　　　　　　　101 000

　　应交税费——应交增值税(进项税额)　　13 000

　　贷：银行存款　　　　　　　　　　　　　　114 000

【学习提示】　购进固定资产所支付的增值税，在我国的会计处理是购进固定资产所支付的增值税不是作为固定资产的成本，而是记入 "应交税费——应交增值税" 的借方，抵扣销售的应交增值税。

2. 购入需要安装的固定资产

企业购入需安装的固定资产，应先通过 "在建工程" 账户进行核算，待在建工程达到预定使用状态时再转入 "固定资产" 账户。

【例 5-13】　假定购入的设备需安装，以现金支付安装成本 1 500 元。

该项经济业务的发生，引起了企业资产的增减变化。一方面，在建工程的增加，应记录在"在建工程"账户的借方；另一方面，企业银行存款的减少，应记录在"银行存款"账户的贷方。这项经济业务的发生，企业应按如下程序进行账务处理。

购入设备交付安装时：

借：在建工程　　　　　　　　　　　　　101 000

　　应交税费——应交增值税(进项税额)　　13 000

　　　贷：银行存款　　　　　　　　　　　　　　114 000

支付设备安装费时：

借：在建工程　　　　　　1 500

　　贷：库存现金　　　　　　1 500

设备达到预定可使用状态时：

借：固定资产　　　　　　102 500

　　贷：在建工程　　　　　　　102 500

【项目演练 5-5 账务处理题】

某企业 2018 年 8 月购入不需要安装的生产设备一台，价款 10 000 元，支付的增值税为 1 300 元(符合增值税抵扣条件)，运费增值税专用发票上注明运费 500 元，增值税税额 45 元，包装费 300 元。款项以银行存款支付。

要求：计算该固定资产的入账价值，并编制会计分录。

项目 5-5　答案与解析

二、购进材料的核算

(一) 材料采购成本计算

材料采购成本计算是将供应过程中发生的材料买价、采购费用按各种材料进行归集和分配，以确定该种材料的采购成本。

1. 材料采购成本构成

外购材料物资成本的确定应依据实际成本计价的原则。外购材料物资的实际成本是指在材料物资采购过程中一切必要的、合理的支出，材料采购成本它由材料的买价和采购费用构成，具体内容包括：

(1) 买价：其数额为所购材料物资的数量与其单价的乘积，需要注意的是，这里的买价是不包含增值税进项税额。

(2) 运杂费：指企业自外地购入材料物资过程中，由本企业支付的途中运输费、装卸费、保险费等相关费用。

(3) 运输途中的合理损耗：指外购材料物资在运输途中所发生的正常范围内的损耗，这种损耗会减少外购材料物资的数量，从而使外购存货的单位成本增加。

(4) 入库前的加工、挑选和整理费用。

(5) 购入材料负担的税金(如进口关税等)和其他费用。

2. 采购费用分配

一般来说，外购材料物资的成本应按其品种或名称分别进行确定。如果在同时购入两种或两种以上的材料物资时，就可能发生共同性采购费用。这些共同性采购费用需在外购的几种材料物资中采用一定的方法进行分配，以分别确定各材料物资的采购成本。

共同性采购费用的分配其关键在于分配标准的选择。一般来说，为保证分配结果的公正与正确，应选择与分配对象有密切关系的分配标准。在外购材料物资发生共同性采购费用时，一般采用材料物资的重量、买价等分配标准分配共同性采购费用。其基本公式为：

共同性采购费用的分配率＝待分配的共同性采购费用总额/分配标准之和

某一分配对象应负担的采购费用＝该对象的分配标准×共同性采购费用分配率

下面举例说明外购材料物资的成本的确定方法。

【例 5-14】 吉祥公司向外地某单位同时购入 A、B、C 三种材料，其中 A 材料 1 000 千克，单价为每千克 2 元，B 材料 2 000 千克，单价为每千克 4 元，C 材料 5 000 千克，单价为每千克 6 元，为 A、B、C 三种材料共同发生运杂费 9 600 元，试分别计算 A、B、C 三种材料的成本。

(1) 以材料的重量作为分配标准进行分配：

运杂费的分配率＝9 600/(1 000＋2 000＋5 000)＝1.20(元/千克)

A 材料应负担的运杂费＝1 000×1.20＝1 200 元

B 材料应负担的运杂费＝2 000×1.20＝2 400 元

C 材料应负担的运杂费＝9 600－1 200－2 400＝6 000 元

A 材料的成本＝1 000×2＋1 200＝3 200 元

B 材料的成本＝2 000×4＋2 400＝10 400 元

C 材料的成本＝5 000×6＋6 000＝36 000 元

(2) 以材料的买价作为分配标准进行分配：

运杂费的分配率＝9 600/(1 000×2＋2 000×4＋5 000×6)＝0.24

A 材料应负担的运杂费＝1 000×2×0.24＝480 元

B 材料应负担的运杂费＝2 000×4×0.24＝1 920 元

C 材料应负担的运杂费＝9 600－480－1 920＝7 200 元

A 材料的成本＝1 000×2＋480＝2 480 元

B 材料的成本＝2 000×4＋1 920＝9 920 元

C 材料的成本＝5 000×6＋7 200＝37 200 元

【项目演练 5-6 单选题】

企业为增值税一般纳税人，购入材料一批，增值税专用发票上标明的价款为 25 万元，增值税为 3.25 万元，另支付材料的保险费 2 万元、采购人员差旅费 0.2 万元。该批材料的采购成本为(　　)万元。

A. 27　　　　　　　　B. 29

C. 29.25　　　　　　D. 31.25

项目 5-6　答案与解析

(二) 主要账户设置

为核算在供应过程发生的相关业务，计算材料采购成本，考核材料储备物资的占用以及监督采购货款的结算，一般应设置以下账户。

1. "在途物资"账户

"在途物资"账户属于资产类账户，主要用来核算和监督各类材料的采购成本和费用。该账户的借方登记增加数，反映购入材料发生的买价和采购费用；贷方登记减少数，表示已验收入库材料的实际采购成本。期末借方余额表示外购尚未入库的在途材料的实际成本。该账户应根据材料的类别、品种、规格设置明细分类账户并进行明细分类核算，如图5-12 所示。

借方	在途物资	贷方
期初余额		
未入库的材料买价和采购费用	入库材料的实际采购成本	
期末余额：尚未入库的材料成本		

图 5-12　在途物资账户

2. "原材料"账户

"原材料"账户属于资产类账户，主要用来核算和监督企业库存各种材料物资(包括各种原料及主要材料、辅助材料、外购半成品及外购件、修理用备品备件、包装材料、燃料等)的增减变动和结存情况。该账户借方登记增加数，表示已验收入库材料的实际成本；贷方登记减少数，表示发出材料的实际成本。期末借方余额表示库存材料的实际成本。该账户需按材料类别、品种及规格设置明细账户并进行明细分类核算，如图5-13 所示。

借方	原材料	贷方
期初余额		
入库材料的实际成本	领用材料的实际成本	
期末余额：结存材料的实际成本		

图 5-13　原材料账户

3. "应付账款"账户

"应付账款"账户属于负债类账户，主要用来核算和监督企业因采购材料与供货单位发生的结算债务和偿付情况。该账户借方登记减少数，表示已偿还供货商的款项，贷方登记增加数，表示企业购入材料尚未支付的货款数额。期末余额在贷方，表示尚未支付的应付款项。该账户应根据供货商设置明细账户并进行明细分类核算，如图5-14 所示。

借方	应付账款	贷方
	期初余额	
偿付应付的货款	发生的应付供应商货款	
	期末余额：应付未付的货款	

图 5-14　应付账款账户

4. "应付票据"账户

"应付票据"账户属于负债类账户，主要是用来反映企业在商品交易过程中，通过商业汇票结算方式来进行款项结算时所设置的账户。该账户贷方登记增加数，表示付款企业应付的商业汇票的票面金额；借方登记减少数，表示到期支付(或已贴现)的商业汇票的金额；余额在贷方，表示应付的尚未到期的票面金额。该账户应根据供货商设置明细账户并进行明细分类核算，如图 5-15 所示。

借方	应付票据	贷方
	期初余额	
偿付应付的商业汇票	开出的商业汇票	
	期末余额：应付未付的商业汇票款	

图 5-15　应付票据账户

5. "预付账款"账户

"预付账款"账户属于资产类账户，主要用来核算和监督企业向供货单位预付购买各种材料物资等款项的情况。该账户借方登记增加数，表示企业向供货单位预付货款数额；贷方登记减少数，表示收到供货单位货物冲销预付款的数额。期末借方余额表示尚未结算的预付款项。该账户应按供应单位设置明细账户并进行明细分类核算，如图 5-16 所示。

借方	预付账款	贷方
期初余额		
预付及补付的款项	购买货物应付的款项和退回的多余款项	
期末余额：企业实际预付的款项		

图 5-16　预付账款账户

6. "应交税费"账户

"应交税费"账户属于负债类账户，主要用来核算和监督企业与税务机关之间有关各种税金和费用的应交和实交情况，用以核算企业按照税法等规定计算应交纳的各种税费，包括增值税、消费税、所得税、资源税、土地增值税、城市维护建设税、房产税、土地使用税、车船税、教育费附加、矿产资源补偿费等，企业代扣代交的个人所得税等，也通过本账户核算。该账户借方登记减少数，表示实际上交的各种税金费用数额；贷方登记增加数，表示应交纳的各种税金费用数额。期末贷方余额为未交的税金费用，借方余额为多交的税金费用。该账户应按税种或费种设置明细账户并进行明细核算，如图 5-17 所示。

借方	应交税费	贷方
	期初余额	
缴纳税款	计算应交的税款	
	期末余额：尚未缴纳的税额	

图 5-17　应交税费账户

对于一般纳税人，应在"应交税费"科目下设置"应交增值税"明细科目，并在"应交增值税"明细账内设置"进项税额""销项税额""进项税额转出"等专栏。

【学习提示】 增值税

增值税是以商品(含应税劳务)、服务、不动产或无形资产在流转过程中产生的增值额作为计税依据而征收的一种流转税。从计税原理上说,增值税是对商品生产、流通、劳务服务中多个环节的新增价值或商品的附加值征收的一种流转税。实行价外税,也就是由消费者负担,有增值才征税没增值不征税。由于增值税实行凭增值税专用发票抵扣税款的制度,因此对纳税人的会计核算水平要求较高,要求能够准确核算销项税额、进项税额和应纳税额。但实际情况是有众多的纳税人达不到这一要求,因此《中华人民共和国增值税暂行条例》将纳税人按其经营规模大小以及会计核算是否健全划分为一般纳税人和小规模纳税人。

(三) 采购材料业务

1. 货款已经支付,同时材料入库

【例 5-15】 吉祥公司(一般纳税人)从金碧公司购入 A 材料一批,增值税专用发票上记载的货款为 60 000 元,增值税 7 800 元,金碧公司代垫运费 200 元,增值税专用发票注明税款 18 元,全部货款已用转账支票支付,材料已验收入库。

借:原材料——A 材料　　　　　　　　 60 200
　　应交税费——应交增值税(进项税额)　 7 818
　　　贷:银行存款　　　　　　　　　　　　　　68 018

【例 5-16】 吉祥公司从金碧公司购入 A 材料一批,专用发票(指增值税专用发票,下同)上记载的货款为 60 000 元,增值税 7 800 元,金碧公司为甲企业代垫运杂费 200 元(代垫运杂费没有取得增值税专用发票,不能抵扣进项税额),全部货款已用转账支票支付,材料已验收入库。

甲企业应编制会计分录如下:

借:原材料——A 材料　　　　　　　　 60 200
　　应交税费——应交增值税(进项税额)　 7 800
　　　贷:银行存款　　　　　　　　　　　　　　68 000

2. 货款已经支付,材料尚未入库

【例 5-17】 吉祥公司采用汇兑结算方式向华盛公司购入 B 材料一批,发票及账单已收到。货款 50 000 元,增值税 6 500 元,装卸费 500 元,全部款项已支付,材料尚未到达。

借:在途物资——B 材料　　　　　　　 50 500
　　应交税费——应交增值税(进项税额)　 6 500
　　　贷:银行存款　　　　　　　　　　　　　　57 000

【例 5-18】 支付 B 材料采购费用 1 000 元。

借:在途物资——B 材料　　　　1 000
　　　贷:银行存款　　　　　　　　　1 000

【例 5-19】 吉祥公司购入的 B 材料已收到,并验收入库。

借:原材料——B 材料　　　　51 500
　　　贷:在途物资——B 材料　　　　51 500

3. 货款尚未支付，材料入库

(1) 发票账单已到。

【例 5-20】 吉祥公司采用托收承付结算方式从广博公司购入 C 材料一批，货款 460 000 元，增值税 59 800 元，对方代垫运费 1 800 元，运费专用发票增值税 162 元。银行转来的结算凭证已到，材料已验收入库，款项尚未支付。

借：原材料——C 材料　　　　　　　　 461 800
　　应交税费——应交增值税(进项税额)　 59 962
　　　贷：应付账款——广博公司　　　　　　　　 521 762

(2) 发票账单未到。

【例 5-21】 吉祥公司从嘉齐公司购入 D 材料一批，材料已验收入库，月末发票账单尚未收到，货款尚未支付，暂估价为 110 000 元。

借：原材料——D 材料　　　　　　　 110 000
　　贷：应付账款——暂估应付账款　　　　　　 110 000

下月初作相反的会计分录予以冲回：

借：应付账款——暂估应付账款　　　 110 000
　　贷：原材料——D 材料　　　　　　　　　　 110 000

4. 预付货款方式采购

预付款项情况不多的，也可以不设置该账户，将预付的款项直接记入"应付账款"账户。

【学习提示】 小规模纳税人采购材料时的增值税进项税额计入材料成本。

如意公司(小规模纳税人)从华盛企业购入 A 材料一批，发票上记载的货款为 60 000 元，增值税 7 800 元，全部货款已用转账支票支付，材料已验收入库。

借：原材料——A 材料　 67 800
　　贷：银行存款　　　　　 67 800

【项目演练 5-7 账务处理题】

甲有限公司是一般纳税人，采用实际成本法核算材料。2015 年发生以下经济业务(原税率为 16%)：

(1) 从 A 公司购入生产用 A 材料 2 000 千克，不含税单价为 80 元，增值税专用发票上注明的价款为 160 000 元，增值税税额为 25 600 元；对方代垫运费，运费增值税专用发票上注明运费为 5 000 元，增值税税额为 500 元；材料已验收入库，所有款项以转账支票支付。

(2) 从 B 公司购入 B 材料、C 材料，B 材料 6 000 千克、单价 10 元，C 材料 3 000 千克、单价 20 元，增值税专用发票上的货款金额为 120 000 元，增值税税额为 19 200 元；所有款项尚未支付。

(3) 用银行存款支付 B、C 材料的装卸费和保险费 9 000 元，按 B、C 材料的采购数量将其分配计入 B、C 材料成本。

(4) 上述 B、C 材料验收入库。

要求：

项目 5-7　答案与解析

(1) 编制甲公司采购 A 材料的会计分录；

(2) 编制甲公司采购 B、C 材料的会计分录；

(3) 编制甲公司支付 B、C 材料的装卸费和保险费的会计分录；

(4) 编制 B、C 材料入库的会计分录。

(四) 发出材料业务

1. 发出材料的计价方法

(1) 个别计价法(个别认定法)，采用这一方法假设存货的成本流转与实物流转相一致，逐一辨认各批发出存货和期末存货所属的购进批别或生产批别，分别按其购入或生产时所确定的单位成本计算各批发出存货和期末存货成本。

(2) 先进先出法是假定先收到的存货先发出(销售或耗用)，以此计算发出存货成本和期末结存存货成本的方法。

(3) 月末一次加权平均法是指以月初结存存货和本月购入存货的数量为权数，于月末一次计算存货平均单价，据以计算当月发出存货成本和月末结存存货成本的一种方法。

(4) 移动加权平均法是指在每次进货以后，立即根据库存存货数量和总成本，计算出新的平均单位成本，作为下次进货前发出存货的单位成本的一种方法。

2. 发出材料的账务处理

发出材料的账务处理如表 5-2 所示：

表 5-2　发出材料的账务处理

生产车间生产产品领用	生产成本
生产车间一般耗用	制造费用
行政管理部门	管理费用
销售部门耗用	销售费用
销售多余材料	其他业务成本
在建的工程领料	在建工程
研发无形资产	研发支出(无形资产成本)

【例 5-22】　根据"发料凭证汇总表"的记录，5 月份车间生产 A 产品领用 B 材料 500 000 元，车间一般消耗 B 材料 40 000 元，企业行政管理部门领用 B 材料 9 000 元。

　借：生产成本——A 产品　　　500 000

　　　制造费用　　　　　　　　 40 000

　　　管理费用　　　　　　　　　9 000

　　　贷：原材料——B 材料　　　　　　　　549 000

5.3　核算生产过程的经济业务

一、生产过程核算概述

企业的生产阶段是企业供、产、销三个阶段中最为重要的阶段。它既涉及产品质量的好坏，又决定着产品成本的高低。其核算内容既有流动资产耗费的核算，又有固定资产和计提折旧的核算；既有直接费用的核算，又有间接和期间费用的核算；既有当期费用的核算，又有跨期分摊费用的核算等。因此需要设置"生产成本""制造费用""管理费用""销售费用""财务费用""累计折旧""应付职工薪酬"等账户。

(一) 生产过程的核算业务

(1) 原材料的领用消耗，投入生产，形成材料费用；

(2) 生产工人及管理人员的劳动消耗，形成工资及福利费用；

(3) 机器设备等固定资产的消耗，形成折旧费用；

(4) 其他费用开支，如办公费、水电费、差旅费、保险费、劳保费等；

(5) 结转完工产品生产成本。

(二) 生产费用的划分

(1) 直接费用：为生产某种产品而发生的各种费用，包括直接材料、直接人工、其他直接支出，这些费用发生时，直接计入产品成本。

(2) 间接费用：又称制造费用，指为生产某种产品而共同发生的费用，即生产部门的组织管理费用。平时按车间、分厂等进行归集，期末时分配计入各产品生产成本。

(3) 期间费用：指与生产无直接关系不计入产品成本，而计入发生的期间，由该期间负担的费用。

二、生产过程核算的主要账户与经济业务

(一) 主要账户的设置

1. "生产成本"账户

"生产成本"账户是一个成本类账户，用来核算企业在生产过程中生产成本归集、结转及其结果。该账户的期初余额在借方。本期的增加额登记在借方，本期的减少额登记在贷方。期末余额在借方，表示生产过程尚未完工的在产品的实际数额，如图 5-18 所示。

借方	生产成本	贷方
期初余额 本期发生的生产费用	完成入库的产品成本	
期末余额：在产品成本		

图 5-18　生产成本账户

2. "制造费用"账户

"制造费用"账户是一个成本类的账户，用来核算企业在生产过程中制造费用的归集、分配及其结转。该账户无期初余额。本期发生的增加额登记在借方，本期发生的减少额登记在贷方。期末要将本月在借方归集的制造费用，全部从贷方转到相关生产成本中去，因此，期末无余额，如图 5-19 所示。

借方	制造费用	贷方
归集的本期各种间接费用	转入生产成本的本期费用	

图 5-19 制造费用账户

3. "管理费用"账户

"管理费用"账户是一个损益类账户中的期间费用账户,用来核算企业在生产经营过程中管理费用的归集、结转及其结果。该账户无期初余额。本期发生的增加额登记在借方,本期发生的减少额登记在贷方。期末要将本月在借方归集的管理费用,全部从贷方转入"本年利润"账户的借方,因此,该账户期末无余额,如图 5-20 所示。

借方	管理费用	贷方
本期发生的管理费用	本期结转的管理费用	

图 5-20 管理费用账户

4. "销售费用"账户

"销售费用"账户是一个损益类账户中的期间费用账户,用来核算企业在销售过程中销售费用的归集、结转及其结果。该账户无期初余额。本期发生的增加额登记在借方,本期发生的减少额登记在贷方。期末要将本月在借方归集的销售费用,全部从贷方转入"本年利润"账户的借方,因此,该账户期末无余额,如图 5-21 所示。

借方	销售费用	贷方
本期发生的销售费用	本期结转的销售费用	

图 5-21 销售费用账户

5. "应付职工薪酬"账户

"应付职工薪酬"账户是一个负债类账户中流动负债账户,用来核算企业职工的工资、奖金、津贴和福利费等的应付、已付及其结果。该账户一般无期初余额。本期应付未付数登记在该账户的贷方,本期应付已付数登记在该账户的借方。期末一般无余额,若有余额则在贷方表示应付职工薪酬的实际数额,如图 5-22 所示。

借方	应付职工薪酬	贷方
本期发放的职工薪酬	期初余额	
	应支付的职工薪酬	
	期末余额:尚未支付的职工薪酬	

图 5-22 应付职工薪酬账户

(二) 材料费用的归集与分配

在确定材料费用时，应根据领料凭证区分车间、部门和不同用途后，按照确定的结果将发出材料的成本借记"生产成本""制造费用""管理费用"等科目，贷记"原材料"等科目。

对于直接用于某种产品生产的材料费用，应直接计入该产品生产成本明细账中的直接材料费用项目；对于由多种产品共同耗用、应由这些产品共同负担的材料费用，应选择适当的标准在这些产品之间进行分配，按分担的金额计入相应的成本计算对象(生产产品的品种、类别等)；对于为提供生产条件等间接消耗的各种材料费用，应先通过"制造费用"科目进行归集，期末再同其他间接费用一起按照一定的标准分配计入有关产品成本；对于行政管理部门领用的材料费用，应记入"管理费用"科目。

【例 5-23】　吉祥公司 2017 年 10 月份发出 A 材料总额 100 000 元，其中生产车间生产 A、B 产品共领用 60 000 元(按产品数量比例分摊，A 产品 200 件，B 产品 100 件)，一般耗用 10 000 元，管理部门领用 20 000 元，销售部门领用 10 000 元。

按照数量比例分配，每件产品分摊 60 000/(200＋100)＝200(元/件)；

A 产品分配 200×200＝40 000(元)；

B 产品分配 100×200＝20 000(元)；

借：生产成本——A 产品　　40 000

　　　　　　——B 产品　　20 000

　　制造费用　　　　　　　10 000

　　管理费用　　　　　　　20 000

　　销售费用　　　　　　　10 000

　　贷：原材料　　　　　　　　　　　100 000

(三) 职工薪酬的归集与分配

(1) 应由生产产品、提供劳务负担的短期职工薪酬，计入产品成本或劳务成本。其中，生产工人的短期职工薪酬应借记"生产成本"科目，贷记"应付职工薪酬"科目；生产车间管理人员的短期职工薪酬属于间接费用，应借记"制造费用"科目，贷记"应付职工薪酬"科目。

当企业采用计件工资制时，生产工人的短期职工薪酬属于直接费用，应直接计入有关产品的成本。当企业采用计时工资制时，对于只生产一种产品的生产工人的短期职工薪酬也属于直接费用，应直接计入产品成本；对于同时生产多种产品的生产工人的短期职工薪酬，则需采用一定的分配标准(实际生产工时或定额生产工时等)分配计入产品成本。

(2) 应由在建工程、无形资产负担的短期职工薪酬，计入建造固定资产或无形资产成本。

(3) 除上述两种情况之外的其他短期职工薪酬应计入当期损益。如企业行政管理部门人员和专设销售机构销售人员的短期职工薪酬均属于期间费用，应分别借记"管理费用""销售费用"等科目，贷记"应付职工薪酬"科目。

【例 5-24】　吉祥公司本月应付职工薪酬总额 482 000 元，工资费用分配汇总表中列示 A 产品生产工人工资 200 000 元，B 产品生产工人工资 120 000 元，车间管理人员工资为 70 000 元，为在建固定资产项目发生的人员工资为 20 000 元，企业行政管理人员工资为 60 400 元，销售人员工资为 11 600 元。

(1) 计算本期公司费用时：

```
借：生产成本——A 产品    200 000
        ——B 产品    120 000
    制造费用              70 000
    在建工程              20 000
    管理费用              60 400
    销售费用              11 600
    贷：应付职工薪酬                 482 000
```

(2) 以银行存款支付工资薪酬 480 000 元：

```
借：应付职工薪酬           480 000
    贷：银行存款                    480 000
```

(3) 从本月应付工资中代扣个人所得税 2 000 元：

```
借：应付职工薪酬             2 000
    贷：应交税费——应交个人所得税    2 000
```

(四) 制造费用的归集与分配

企业发生的制造费用，应当按照合理的分配标准按月分配计入各成本核算对象的生产成本。企业可以采取的分配标准包括机器工时、人工工时、计划分配率等。

企业发生制造费用时，借记"制造费用"科目，贷记"累计折旧""银行存款""应付职工薪酬"等科目；结转或分摊时，借记"生产成本"等科目，贷记"制造费用"科目。

【例 5-25】吉祥公司的生产车间本月发生水电费 30 000 元，均以银行存款支付。则甲企业应做的会计分录如下：

```
借：制造费用      30 000
    贷：银行存款      30 000
```

【例 5-26】本月生产 A 产品耗用机器工时 120 小时，生产 B 产品耗用机器工时 180 小时。本月发生制造费用 120 000 元。该企业按机器工时比例分配制造费用。

制造费用分配率＝制造费用总额÷机器运转总时数＝120 000÷(120＋180)＝400
A 产品应负担的制造费用＝400×120＝48 000 元
B 产品应负担的制造费用＝400×180＝72 000 元

分配(结转)制造费用的会计分录如下：

```
借：生产成本——A 产品     48 000
        ——B 产品     72 000
    贷：制造费用                  120 000
```

(五) 完工产品生产成本的计算与结转

产品生产成本计算是指将企业生产过程中为制造产品所发生的各种费用按照成本计算对象进行归集和分配，以便计算各种产品的总成本和单位成本。有关产品成本信息是进行库存商品计价和确定销售成本的依据，产品生产成本计算是会计核算的一项重要内容。

企业应设置产品生产成本明细账，用来归集应计入各种产品的生产费用。通过对材料费用、职工薪酬和制造费用的归集和分配，企业各月生产产品所发生的生产费用已记入"生产成本"科目中。

如果月末某种产品全部完工，该种产品生产成本明细账所归集的费用总额，就是该种完工产品的总成本，用完工产品总成本除以该种产品的完工总产量即可计算出该种产品的单位成本。如果月末某种产品全部未完工，该种产品生产成本明细账所归集的费用总额就是该种产品在产品的总成本。

如果月末某种产品一部分完工，一部分未完工，这时归集在产品成本明细账中的费用总额还要采取适当的分配方法在完工产品和在产品之间进行分配，然后才能计算出完工产品的总成本和单位成本。完工产品成本的基本计算公式为

完工产品生产成本＝期初在产品成本＋本期发生的生产费用－期末在产品成本

当产品生产完成并验收入库时，借记"库存商品"科目，贷记"生产成本"科目。

【例 5-27】 本月 A 产品全部完工入库，B 产品全部未完工。结转本月完工入库产品成本 288 000 元。

则甲企业应该做的会计分录如下：

借：库存商品——A 产品　　　　288 000

　　贷：生产成本——A 产品　　　　　　288 000

【项目演练 5-8 单选题】

下列各项中，表述错误的是(　　)。

A. 结转或分摊制造费用时，借记"制造费用"等科目，贷记"生产成本"科目

B. 企业发生的制造费用，应当按照合理的分配标准按月分配计入各成本核算对象的生产成本

项目 5-8　答案与解析

C. 制造费用是指企业为生产产品和提供劳务发生的各项间接费用

D. 如果月末某种产品全部完工，该种产品生产成本明细账所归集的费用总额就是该种完工产品的总成本

【项目演练 5-9 计算分析题】

2018 年 5 月，甲公司某生产车间生产完工 A 产品 200 件和 B 产品 300 件，月末完工产品全部入库，有关生产资料如下：

(1) 生产车间生产产品领用原材料 6 000 吨，其中 A 产品耗用 4 000 吨，B 产品耗用 2 000 吨，车间一般耗用 100 吨，该原材料单价为每吨 150 元；

项目 5-9　答案与解析

(2) 根据工资费用分配汇总表，生产 A 产品发生的直接生产人员工时为 5 000 小时，B 产品为 3 000 小时，每小时的标准工资为 20 元 ；车间管理人员工资 4 000 元；

(3) 支付车间水电费 10 000 元；

(4) 车间本月仅生产了 A 和 B 两种产品，甲公司采用生产工人工时比例法对制造费用进行分配；

(5) 本月产品全部完工，假定月初、月末均不存在任何在产品。

要求：

(1) 计算 A 产品、B 产品应分配的制造费用；

(2) 计算 A 产品、B 产品当月生产成本;

(3) 编制分配工资费用的会计分录;

(4) 编制结转制造费用的会计分录;

(5) 编制产品完工入库的会计分录。

【学习提示】　期间费用的分类

期间费用包括管理费用、销售费用、财务费用。具体如下:

管理费用是指企业行政管理部门为组织和管理生产经营活动而发生的各种费用。包括的具体项目有企业董事会和行政管理部门在企业经营管理中发生的,或者应当由企业统一负担的公司经费、工会经费、待业保险费、劳动保险费、董事会费、聘请中介机构费、咨询费、诉讼费、业务招待费、办公费、差旅费、邮电费、绿化费、管理人员工资及福利费等。

销售费用是指企业在销售商品过程中发生的费用,包括运输费、装卸费、包装费、保险费、代销手续费、产品质量保证金、展览费和广告费,以及为销售本企业商品而专设销售机构(含销售网点、售后服务网点等)的职工工资及福利费、类似工资性质的费用、业务费等经营费用。

财务费用是指企业为筹集生产经营所需资金等而发生的费用,包括利息支出(减利息收入)、现金折扣、汇兑损失(减汇兑收益)以及相关的交易手续费等。

5.4　核算销售过程的经济业务

一、企业销售业务情况概述

企业生产出的产品,主要用途是用于销售。企业通过产品销售最终实现收入,获得相应的货款或债权。获得销售收入的代价就是转让的商品所有权,即企业将库存商品转让给了客户,这种为取得销售收入而让渡的商品生产成本就构成了收入的代价就产生了企业的一项费用。企业收入与费用的差额就形成了企业的利润,并用于股东的分配或留存于企业继续用于生产经营。企业在销售产品的过程中,还会发生其他的相关费用,如销售税金、销售运杂费、产品广告费、销售机构的办公费等。

二、销售过程中的主要账户与经济业务

(一) 销售商品收入的确认条件

销售商品收入同时满足下列条件的,才能予以确认:

(1) 企业已将商品所有权上的主要风险和报酬转移给购货方;

(2) 企业既没有保留通常与所有权相联系的继续管理权,也没有对已售出的商品实施有效控制;

(3) 收入的金额能够可靠地计量;

(4) 相关的经济利益很可能流入企业;

(5) 相关的已发生或将发生的成本能够可靠地计量。

这里所指的主要风险是指商品可能发生减值或毁损等形式的损失，报酬是指商品价值增值或通过使用商品等产生的经济利益。

(二) 销售过程中的主要账户设置

1. "主营业务收入" 账户

"主营业务收入" 账户是一个损益类账户，用来核算企业在日常活动中主营业务产生的销售收入及其结转情况。该账户无期初余额。本期的增加额登记在贷方，本期的结转额登记在借方。期末无余额，如图 5-23 所示。

借方	主营业务收入	贷方
本期结转的主营业务收入	本期发生的主营业务收入	

图 5-23　主营业务收入账户

2. "主营业务成本" 账户

"主营业务成本" 账户是一个损益类账户，用来核算企业与本期实现销售收入相配比销售成本的发生及其结转情况。该账户无期初余额。本期的增加额登记在借方，本期的结转额登记在贷方。期末无余额，如图 5-24 所示。

借方	主营业务成本	贷方
本期发生的主营业务成本	本期结转的主营业务成本	

图 5-24　主营业务成本账户

3. "税金及附加" 账户

"税金及附加" 账户是一个损益类的账户，用来核算企业在日常活动中应负担的相关税金及其教育附加等相关税费的发生及其结转情况。该账户无期初余额。本期的增加额登记在借方，本期的结转额登记在贷方。期末无余额，如图 5-25 所示。

借方	税金及附加	贷方
本期发生的税金及附加	本期结转的税金及附加	

图 5-25　税金及附加账户

4. "应收账款" 账户

"应收账款" 账户是一个资产类账户，用来核算企业在日常活动中因销售商品或提供劳务等应向购货单位或接受劳务单位应收款项的增减及其结果情况。该账户若有期初余额在借方。本期发生的增加额登记在借方，本期发生的减少额登记在贷方。期末余额在借方，表示应收账款的实际数，如图 5-26 所示。

借方	应收账款	贷方
期初余额		
本期销售商品应收的款项	本期收回的销售款项	
期末余额：尚未收回的账款		

图 5-26　应收账款账户

5."应收票据"账户

"应收票据"账户是一个资产类账户，用来核算企业在日常活动中因销售商品或提供劳务等收到的商业汇票及其到期收款情况。该账户若有期初余额在借方。本期发生的增加额登记在借方，票据到期收回款项时登记在贷方。若有期末余额则在借方，表示应收票据的实际数，如图 5-27 所示。

借方	应收票据	贷方
期初余额		
本期销售商品应收的商业汇票	本期收回的商业汇票款	
期末余额：尚未收回的商业汇票款		

图 5-27　应收票据账户

6."预收账款"账户

"预收账款"账户是一个负债类账户，用来核算企业在日常活动中因销售商品或提供劳务等按照合同或协议规定，向购货单位或接受劳务单位预先收取的款项及其结算情况。该账户若有余额在贷方，本期预收的款项登记在贷方，本期结算的预收款项登记在借方。期末若有余额在贷方，表示预收账款的实际数，如图 5-28 所示。

借方	预收账款	贷方
	期初余额	
实现的销售收入和退还的多余货款	预收的货款及客户补付的款项	
	期末余额：收到的预收款项	

图 5-28　预收账款账户

7."其他业务收入"账户

"其他业务收入"账户是一个损益类账户，用来核算企业在日常活动中因销售材料和提供非工业性劳务或出租资产等取得的收入及其结转情况。该账户无期初余额。本期的收入额登记在贷方，本期的结转额登记在借方，期末无余额，如图 5-29 所示。

借方	其他业务收入	贷方
本期结转的其他业务收入	本期发生的其他业务收入	

图 5-29　其他业务收入账户

8. "其他业务成本"账户

"其他业务成本"账户是一个损益类账户，用来核算企业与本期已实现的其他业务收入相匹配成本的发生及其结转情况。该账户无期初余额。本期发生的增加额登记在借方，本期的结转额登记在贷方，期末无余额，如图 5-30 所示。

借方	其他业务成本	贷方
本期发生的其他业务成本	本期结转的其他业务成本	

图 5-30　其他业务成本账户

【学习提示】　税金及附加

依据财会[2016]22 号文规定，全面试行"营业税改征增值税"后，"营业税金及附加"科目名称调整为"税金及附加"科目。税金及附加是指企业经营活动应负担的相关税费，包括消费税、城市维护建设税、教育费附加、资源税、房产税、城镇土地使用税、车船税、印花税等。企业应当设置"税金及附加"科目，核算企业经营活动发生的消费税、城市维护建设税、教育费附加、资源税、房产税、城镇土地使用税、车船税、印花税等相关税费。其中，按规定计算确定的与经营活动相关的消费税、城市维护建设税、资源税、教育费附加、房产税、城镇土地使用税、车船税等税费，企业应借记"税金及附加"科目，贷记"应交税费"科目。期末，应将"税金及附加"科目余额转入"本年利润"科目，结转后，"税金及附加"科目无余额。企业交纳的印花税，不会发生应付未付税款的情况，不需要预计应纳税金额，同时也不存在与税务机关结算或者清算的问题。因此，企业交纳的印花税不通过"应交税费"科目核算，于购买印花税票时，直接借记"税金及附加"科目，贷记"银行存款"科目。

消费税是对生产委托加工及进口应税消费品(主要指烟、酒、化妆品、高档次及高能耗的消费品)征收的一种税。消费税的计税方法主要有从价定率、从量定额，或者从价定率和从量定额复合计税种。从价定率是根据商品销售价格和规定的税率计算应交消费税；从量定额是根据商品销售数量和规定的单位税额计算应交的消费税；复合计税是两者的结合。

城市维护建设税(以下简称城建税)和教育费附加是对从事生产经营活动的单位和个人，以其实际缴纳的增值税、消费税为依据，按纳税人所在地适用的不同税率计算征收的一种税。

资源税是对在我国境内从事资源开采的单位和个人征收的一种税。房产税以房屋为征税对象，按房屋的计税余值或出租房产取得的租金收入为计税依据，向产权所有人征收的一种财产税。我国房产税采用比例税率。其中，从价计征的，税率为 1.2%；从租计征的，税率为 12%。从 2001 年 1 月 1 日起，对个人按市场价格出租的居民住房，用于居住的，可暂减按 4% 的税率征收房产税。

城镇土地使用税是以城市、县城、建制镇、工矿区范围内使用土地的单位和个人为纳税人，以其实际占用的土地面积和规定税额计算征收。年应纳税税额等于实际占用的土地面积乘以适用税额。

车船税是对行驶于我国公共道路，航行于国内河流、湖泊或领海口岸的车船，按其种类实行定额征收的一种税。

印花税是对经济活动和经济交往中书立、领受凭证征收的一种税。

利润表中的"营业税金及附加"项目调整为"税金及附加"项目。需要提醒的是，之前是在"管理费用"科目中列支的"四小税"(房产税、土地使用税、车船税、印花税)，也同步调整到"税金及附加"科目。

三、销售过程主要经济业务的核算

【例 5-28】　吉祥公司 12 月 5 日向广博公司出售 A 产品 900 件，每件售价 500 元，增值税税率为 13%。增值税专用发票上列明货款 450 000 元，增值税额 58 500 元。货已发出，款项尚未收到。吉祥公司进行会计处理时，编制的会计分录为

借：应收账款——广博公司　　　　　　　　508 502
　　贷：主营业务收入——A 产品　　　　　　　　450 000
　　　　应交税费——应交增值税(销项税额)　　　58 500

【例 5-29】　吉祥公司 12 月 10 日向中锦公司出售 B 产品 800 件，每件售价 350 元，增值税税率为 13%。增值税专用发票上列明货款 280 000 元，增值税额 36 400 元。收到购货单位开来的转账支票一张，金额 324 800 元，已送存银行。该公司进行会计处理时，编制的会计分录为

借：银行存款　　　　　　　　　　　　　316 400
　　贷：主营业务收入　　　　　　　　　　　　280 000
　　　　应交税费——应交增值税(销项税额)　　36 400

【例 5-30】　承例 5-29，产品属于应纳消费税的产品，其消费税税率为 10%，应纳消费税额为 280 000×10%＝28 000 元，该公司进行会计处理时，编制的会计分录为

借：税金及附加　　　　　　　　　　　　28 000
　　贷：应交税费——应交消费税　　　　　　　28 000

【例 5-31】　吉祥公司 12 月 18 日以银行存款 10 000 元支付广告费。该公司进行会计处理时，编制的会计分录为

借：销售费用　　　　　　　　　　　　　10 000
　　贷：银行存款　　　　　　　　　　　　　　10 000

【例 5-32】　吉祥公司 12 月 22 日，向永信公司出售一批不需用的丙材料，售价 20 000 元，增值税率 13%。收到永信公司交来期限为 3 个月的商业汇票一张，金额 22 600 元。该批丙材料的实际成本为 12 000 元。该公司进行会计处理时，编制的会计分录为

借：应收票据　　　　　　　　　　　　　22 600
　　贷：其他业务收入　　　　　　　　　　　　20 000
　　　　应交税费——应交增值税(销项税额)　　　2 600

同时：

借：其他业务成本　　　　　　　　　　　12 000
　　贷：原材料——丙材料　　　　　　　　　　12 000

【例 5-33】　吉祥公司 12 月 26 日以银行存款 1 000 元支付展览费，以现金 200 元支

付展览品的运费。该公司进行会计处理时，编制的会计分录为

借：销售费用　　　　　　　　　　　　　　　1 200

　　贷：银行存款　　　　　　　　　　　　　　1 000

　　　　库存现金　　　　　　　　　　　　　　　200

【例 5-34】　吉祥公司 12 月 28 日，收到广博公司汇来的 12 月 5 日购买 A 产品时的欠款 526 500 元，已办妥银行收款手续。该公司进行会计处理时，编制的会计分录为

借：银行存款　　　　　　　　　　　　　　526 500

　　贷：应收账款——广博公司　　　　　　　526 500

【例 5-35】　吉祥公司月末结转已售出产品的生产成本，共计 455 020 元。其中，A 产品 900 件，每件 345.40 元，计 310 860 元；B 产品 800 件，每件 180.20 元，计 144 160 元。吉祥公司进行会计处理时，编制的会计分录为

借：主营业务成本——A 产品　　　　　　　310 860

　　　　　　　　　　——B 产品　　　　　　　144 160

　　贷：库存商品——A 产品　　　　　　　　310 860

　　　　　　　　　——B 产品　　　　　　　144 160

【项目演练 5-10 多选题】

企业购销活动中产生的债权，应在(　　)科目中核算。

A. 预收账款　　　　　　　　　　B. 预付账款

C. 应付账款　　　　　　　　　　D. 应收账款

项目 5-10　答案与解析

【项目演练 5-11 单选题】

企业在结转销售材料成本时，应借记的账户是(　　)。

A. 其他业务成本　　　　　　　　B. 主营业务成本

C. 原材料　　　　　　　　　　　D. 库存商品

项目 5-11　答案与解析

【项目演练 5-12 账务处理题】

甲公司为增值税一般纳税人，销售的产品、材料均为应纳增值税货物，增值税税率为 13%，销售价款中均不含增值税。材料和产成品均按实际成本核算，以销售产品为主营业务。2018 年度发生经济业务：

(1) 公司采用汇兑结算方式购入原材料，增值税专用发票上注明的实际成本为 300 000 元，增值税税额为 39 000 元。材料已验收入库；

项目 5-12　答案与解析

(2) 销售给乙公司一批产品，销售价款为 40 000 元，产品成本为 32 000 元。产品已经发出，开出增值税专用发票，款项尚未收到；

(3) 对外销售一批材料，销售价款为 26 000 元，材料实际成本为 18 000 元。材料已经发出，并已经开出增值税专用发票。款项已经收到，收到转账支票并存入银行。

要求：

(1) 编制甲公司采购材料的会计分录；

(2) 编制甲公司销售产品的会计分录；

(3) 编制甲公司结转销售产品成本的会计分录；

(4) 编制甲公司销售材料的会计分录；

(5) 编制甲公司结转销售材料成本的会计分录。

5.5　核算财务成果形成与分配过程的经济业务

一、财务成果形成的经济业务

(一) 利润的形成

利润是指企业在一定会计期间的经营成果。利润包括收入减去费用后的净额、直接计入当期利润的利得和损失等。利润是在会计期间内经济利益的增加，表现为资产的流入、增值或负债减少而引起的权益的增加。

根据对外报告的利润表的编制要求，利润分三个层次，即营业利润、利润总额和净利润。

(1) 营业收入，反映企业经营主要业务和其他业务所确认的收入总额。

(2) 营业成本，反映企业经营主要业务和其他业务发生的实际成本总额。

(3) 税金及附加，反映企业经营业务应负担的消费税、城市维护建设税、资源税、土地增值税和教育费附加等。

(4) 期间费用，包括销售费用、管理费用和财务费用。

(5) 投资收益，反映企业各种对外投资所取得的收益(或损失)。

(6) 营业外收入，反映企业发生的营业利润以外的收益，主要包括债务重组利得、与企业日常活动无关的政府补助、盘盈利得、捐赠利得等，还包括非流动资产毁损报废利得。非流动资产毁损报废利得是指包括因自然灾害发生毁损、已丧失使用功能等原因而报废清理产生的利得。

(7) 营业外支出，反映企业发生的营业利润以外的支出，主要包括债务重组损失、公益性捐赠支出、非常损失、盘亏损失、非流动资产毁损报废损失等。其中：非流动资产毁损报废损失通常包括因自然灾害发生毁损、已丧失使用功能等原因而报废清理产生的损失。

营业利润＝营业收入－营业成本－税金及附加－销售费用－管理费用

－财务费用－资产减值损失＋投资收益(减损失)

＋公允价值变动收益(减损失)

营业利润这一指标能够比较恰当地反映企业管理者的经营业绩。

营业收入＝主营业务收入＋其他业务收入

营业成本＝主营业务成本＋其他业务成本

利润总额＝营业利润＋营业外收入－营业外支出(直接计入当期利润的利得和损失)

净利润＝利润总额－所得税费用

(二) 主要账务设置

1. "本年利润"账户

"本年利润"账户,是用来核算企业实现的净利润(或发生的净亏损)。该账户贷方登记期末从"主营业务收入""其他业务收入""补贴收入""营业外收入"以及"投资收益"(投资净收益)等账户的转入数;借方登记期末从"主营业务成本""税金及附加""其他业务成本""销售费用""管理费用""财务费用""营业外支出""所得税费用"以及"投资收益"(投资净损失)等账户的转入数。年度终了,应将本年收入和支出相抵后结出本年实现的净利润,转入"利润分配"账户,贷记"利润分配——未分配利润";如为净亏损,做相反的会计分录,结转后该账户应无余额,如图 5-31 所示。

借方	本年利润	贷方
本期转入的各项费用和损失	本期转入的各项收入和收益	
期末余额:本年发生的累计亏损	期末余额:本年发生的累计盈余	

图 5-31　本年利润账户

2. "投资收益"账户

"投资收益"账户,是用来核算企业对外投资取得的收益或发生的损失。该账户的贷方登记取得的投资收益或期末投资净损失的转出数;借方登记投资损失和期末投资净收益的转出数,期末结转后的该账户应无余额,如图 5-32 所示。

借方	投资收益	贷方
本期结转的投资收益	本期发生的投资收益	

图 5-32　投资收益

3. "营业外收入"账户

"营业外收入"账户,是用来核算企业发生的与企业生产经营无直接关系的各项收入。该账户的贷方登记企业发生的各项营业外收入;借方登记期末转入"本年利润"账户的营业外收入数;期末结转后应无余额,如图 5-33 所示。

借方	营业外收入	贷方
本期结转的营业外收入	本期发生的营业外收入	

图 5-33　营业外收入账户

4. "营业外支出"账户

"营业外支出"账户,是用来核算企业发生的与企业生产经营无直接关系的各项支出。该账户借方登记企业发生的各项营业外支出;贷方登记期末转入"本年利润"账户的营业外支出数；期末结转后该账户应无余额，如图 5-34 所示。

借方	营业外支出	贷方
本期发生的营业外支出	本期结转的营业外支出	

图 5-34　营业外支出账户

5."所得税费用"账户

"所得税费用"账户，是用来核算企业按规定从本期损益中减去的所得税。该账户的借方登记企业按税法规定的应纳税所得计算的应纳所得税额；贷方登记企业会计期末转入"本年利润"账户的所得税额。结转后该账户应无余额，如图 5-35 所示。

借方	所得税费用	贷方
本期发生的所得税费用	本期结转的所得税费用	

图 5-35　所得税费用账户

【学习提示】　企业所得税是对我国内资企业和经营单位的生产经营所得和其他所得征收的一种税。企业所得税是指对中华人民共和国境内的企业(居民企业及非居民企业)和其他取得收入的组织以其生产经营所得为课税对象所征收的一种所得税。作为企业所得税纳税人，应依照《中华人民共和国企业所得税法》缴纳企业所得税，但个人独资企业及合伙企业除外。企业所得税的税率即据以计算企业所得税应纳税额的法定比率。根据《中华人民共和国企业所得税暂行条例》的规定，2008 年新的《中华人民共和国所得税法》规定一般企业所得税的税率为 25%。计算方法有两种：直接计算法：应纳税所得额＝收入总额－不征税收入－免税收入－各项扣除金额－弥补亏损；间接计算法：应纳税所得额＝会计利润总额±纳税调整项目金额。

(三) 财务成果形成中的经济业务

【例 5-36】　12 月 10 日，吉祥公司确定一笔应付账款 23 400 元，因故无法支付，经报批后按企业会计准则注销。该公司在进行会计处理时，编制的会计分录为

借：应付账款　　　　　　　　　　23 400
　　贷：营业外收入　　　　　　　　　　　23 400

【例 5-37】　12 月 20 日，吉祥公司向某希望小学捐赠人民币 15 000 元，款项通过银行汇出。该公司在进行会计处理时，编制的会计分录为：

借：营业外支出　　　　　　　　　　15 000
　　贷：银行存款　　　　　　　　　　　　15 000

【例 5-38】　吉祥公司当年实现利润总额 25 000 元，按税法规定的 25% 的税率计算应纳所得税额。根据规定，应纳所得税额按下式计算：

应纳所得税额＝应纳税所得额×适用税率＝25 000×25%＝6 250(元)

借：所得税费用　　　　　　　　　　　　　6 250
　　贷：应交税费——应交所得税　　　　　　　　　　6 250

【例 5-39】　期末，吉祥公司将"主营业务收入"账户贷方余额 270 500 元、"其他业务收入"账户贷方余额 30 000 元、"营业外收入"账户贷方余额 23 400 元、"投资收益"账户贷方余额 6 000 元，转入"本年利润"账户的贷方。会计分录如下：

借：主营业务收入　　　　　　　　270 500
　　其他业务收入　　　　　　　　　30 000
　　营业外收入　　　　　　　　　　23 400
　　投资收益　　　　　　　　　　　6 000
　　贷：本年利润　　　　　　　　　　　　　329 900

【例 5-40】　期末，将"主营业务成本"账户借方余额 190 500 元，"销售费用"账户借方余额 9 500 元，"税金及附加"账户借方余额 11 000 元，"管理费用"账户借方余额 8 100 元，"财务费用"账户借方余额 5 900 元，"其他业务成本"账户借方余额 21 000 元，"营业外支出"账户借方余额 15 000 元，"所得税费用"账户借方余额 6 250 元，转入"本年利润"账户的借方。会计分录如下：

借：本年利润　　　　　　　　　267 250
　　贷：主营业务成本　　　　　　　　　190 500
　　　　销售费用　　　　　　　　　　　9 500
　　　　税金及附加　　　　　　　　　　11 000
　　　　管理费用　　　　　　　　　　　8 100
　　　　财务费用　　　　　　　　　　　5 900
　　　　其他业务成本　　　　　　　　　21 000
　　　　营业外支出　　　　　　　　　　15 000
　　　　所得税费用　　　　　　　　　　6 250

【项目演练 5-13 单选题】
期末结转支出到本年利润时，贷方登记的账户是(　　　)。
A. 营业外收入　　　　　　B. 劳务成本
C. 制造费用　　　　　　　D. 营业外支出

项目 5-13　答案与解析

【项目演练 5-14 账务处理题】
甲公司 2017 年有关损益类账户的年末余额如表 5-3 所示：

表 5-3　甲公司 2017 年有关损益类账户年末余额

单位：万元

账户名称	结账前余额
主营业务收入	800
主营业务成本	350
税金及附加	13
销售费用	67
管理费用	40

要求:

(1) 编制年末结转收入类账户余额的会计分录;

(2) 编制年末结转费用类账户余额的会计分录;

(3) 编制甲公司确认并结转所得税费用的会计分录。

项目 5-14　答案与解析

二、利润分配过程的经济业务

(一) 利润分配过程概述

企业实现的利润,按照规定的程序和办法在有关方面进行分配。可供分配的利润＝本年度所实现的净利润＋年初未分配利润

根据我国有关法规的规定,企业每期实现的净利润,首先是弥补以前年度尚未弥补的亏损,然后按下图 5-36 所示顺序进行分配:

(1) 提取法定盈余公积;

(2) 提取任意盈余公积;

图 5-36　利润分配顺序

(3) 向投资者分配利润。

《公司法》规定:公司分配当年税后利润时,应当提取利润的 10% 列入公司法定盈余公积金。公司法定公积金累计额达到注册资本的 50% 以上的,可以不再提取。公司的法定公积金不足以弥补以前年度亏损时,在提取法定公积金之前,应当先用当年利润弥补亏损。企业从税后利润中提取法定公积金后,还可以从税后利润中提取任意公积金。

经过上述环节的分配后,剩余的为未分配利润,可以留待以后年度进行分配。

【项目演练 5-15 单选题】

某企业年初未分配利润为 100 万元,本年净利润为 1 000 万元,按 10% 计提法定盈余公积,按 5% 计提任意盈余公积,宣告发放现金股利为 80 万元,该企业期末未分配利润为(　　)万元。

A. 855　　　　　　　　　　　　B. 867

C. 870　　　　　　　　　　　　D. 874

项目 5-15　答案与解析

(二) 主要账户设置

1. "利润分配——未分配利润"账户

"利润分配——未分配利润"账户是一个所有者权益类账户,用来核算企业利润的分配(或亏损的弥补)数额以及未分配利润的实有情况。该账户的期初余额一般在贷方。贷方登记从本年利润借方转入的数额,借方登记从"利润分配——提取法定盈余公积"等利润分配明细账户贷方转入的数额。期末余额在贷方,表示企业未分配利润的实有数额。

2. "利润分配——提取法定盈余公积"账户

"利润分配——提取法定盈余公积"账户用以核算企业法定盈余公积金的提取和年末

结转情况。借方登记年度中按规定提取的法定盈余公积数额。贷方登记年终时结转入"利润分配——未分配利润"明细分类账户的已提取的法定盈余公积数额。该明细分类账户平时应为借方余额，反映企业已经提取的法定盈余公积数额。年终结转时，该账户应无余额。

3. "利润分配═提取任意盈余公积"账户

"利润分配——提取任意盈余公积"账户用以核算企业任意盈余公积金的提取和年末结转情况。借方登记年度中按规定提取的任意盈余公积数额。贷方登记年终时结转入"利润分配——未分配利润"明细分类账户的已提取的任意盈余公积数额。该明细分类账户平时应为借方余额，反映企业已经提取的任意盈余公积数额。年终结转时，该账户应无余额。

4. "利润分配——应付现金股利"账户

"利润分配——应付现金股利"明细分类账户用以核算企业应付现金股利的提取和年末结转情况。借方登记年度中按规定提取的应付现金股利数额。贷方登记年终时结转入"利润分配——未分配利润"明细分类账户的已提取的应付现金股利数额。该明细分类账户平时应为借方余额，反映企业已经提取的应付现金股利数额。年终结转时，该账户应无余额，如图 5-37 所示。

借方	利润分配——应付现金股利	贷方
	期初余额	
对利润分配数额	待分配的利润和弥补亏算的数额	
	期末余额：未分配利润	

图 5-37　利润分配——应付现金股利账户

5. "盈余公积"账户

"盈余公积"账户是一个所有者权益类账户，用来核算企业按规定从净利润中提取的盈余公积以及用盈余公积弥补亏损或转增资本的实际情况。该账户的期初余额在贷方。从净利润中提取的法定盈余公积金等登记在贷方，用盈余公积弥补亏损或转增资本时登记在借方，如图 5-38 所示。

借方	盈余公积	贷方
	期初余额	
使用盈余公积	提取盈余公积	
	期末余额：尚未使用的盈余公积	

图 5-38　盈余公积账户

6. "应付股利"账户

"应付股利"账户是一个负债类的账户，用来核算企业按合同或协议规定且经企业董事会或股东大会等类似机构批准应付的股利及已付情况。该账户一般无期初余额，若有期初余额则在贷方。本期确认的应付股利登记在贷方，实际支付应付的股利时登记在借方。期末若有余额在贷方，表示应付而未付股利的实际数，如图 5-39 所示。

借方	应付股利	贷方
实际支付的现金股利或利润	期初余额 计提的应付给投资者的现金股利或利润	
	期末余额：尚未支付的现金股利或利润	

图 5-39　应付股利账户

(三) 利润分配过程的经济业务

【例 5-41】　华盛公司年初未分配利润为 100 000，本年实现净利润 200 000 元，提取法定盈余公积 20 000 元，宣告发放现金股利 80 000 元。

1. 将净利润转入利润分配(结转本年利润)

(1) 本年实现净利润

借：本年利润　　　　　　　　　200 000
　　贷：利润分配——未分配利润　　　　200 000

(2) 本年发生亏损，做相反会计处理

借：利润分配——未分配利润　　200 000
　　贷：本年利润　　　　　　　　　　200 000

结转前，如果"利润分配——未分配利润"明细科目的余额在借方，上述结转当年所实现净利润的分录同时反映了当年实现的净利润自动弥补以前年度亏损的情况。因此，在用当年实现的净利润弥补以前年度亏损时，不需另行编制会计分录。

2. 提取盈余公积

借：利润分配——提取法定盈余公积　　20 000
　　贷：盈余公积　　　　　　　　　　　　20 000

3. 向股东分配股利

借：利润分配——应付现金股利　　80 000
　　贷：应付股利　　　　　　　　　　　80 000

4. 华盛公司未分配利润的形成——利润分配内部明细科目结转

借：利润分配——未分配利润　　100 000
　　贷：利润分配——提取法定盈余公积　　20 000
　　　　　　　　——应付现金股利　　　　80 000

结转后，"利润分配"科目中除"未分配利润"明细科目外，所属其他明细科目无余额。

"未分配利润"明细科目：余额在贷方，表示累计未分配的利润；余额在借方，则表示累积未弥补的亏损。

【学习提示】

① 董事会或类似机构通过的利润分配方案中拟分配的现金股利或利润，不做账务处理，但应在附注中披露。

② 企业根据股东大会或类似机构审议批准的利润分配方案，按应支付的现金股利或利润，借记"利润分配——应付现金股利"科目，贷记"应付股利"等科目。

③ 以股票股利转作股本的金额

借：利润分配——转作股本股利

　　贷：股本

【项目演练 5-16 单选题】

会计期末，企业将净亏损额转入"利润分配"账户时，应借记的账户是(　　)。

A. 利润分配——未分配利润

B. 本年利润

C. 劳务成本

D. 营业外支出

项目 5-16　答案与解析

【项目演练 5-17 单选题】

"利润分配——未分配利润"科目的借方余额表示(　　)。

A. 本期实现的净利润

B. 本期发生的净亏损

C. 累计实现的净利润

D. 累计的未弥补亏损

项目 5-17　答案与解析

【项目演练 5-18 多选题】

下列各项，不会引起所有者权益总额发生增减变动的有(　)。

A. 宣告发放现金股利

B. 资本公积转增资本

C. 盈余公积转增资本

D. 接受投资者追加投资

项目 5-18　答案与解析

练习

项目 5　答案

一、单项选择题

1. 某日，A 公司分配结转本月应付职工工资 740 000 元，其中：生产 K 产品的工人工资 400 000 元，生产 N 产品的工人工资 260 000 元，车间管理人员的工资 45 000 元，公司总部管理人员的工资 35 000 元。则公司应当编制的会计分录是(　　)。

A. 借：生产成本——K 产品　　　　　　400 000

　　　　　　　——N 产品　　　　　　260 000

　　　　制造费用　　　　　　　　　　 45 000

　　　　管理费用　　　　　　　　　　 35 000

　　　　贷：应付职工薪酬　　　　　　　　　　　740 000

B. 借：应付职工薪酬　　　　　　　　 740 000

　　　　贷：生产成本——K 产品　　　　　　　400 000

　　　　　　　　——N 产品　　　　　　　260 000

| | 制造费用 | | 45 000 |
| | 管理费用 | | 35 000 |

　　C. 借：生产成本——K 产品　　　　　　400 000
　　　　　　　　　　——N 产品　　　　　　260 000
　　　　　制造费用　　　　　　　　　　　　80 000
　　　　　　贷：应付职工薪酬　　　　　　　　　　　740 000
　　D. 借：应付职工薪酬　　　　　　　　　740 000
　　　　　　贷：生产成本——K 产品　　　　　　　　400 000
　　　　　　　　　　　　——N 产品　　　　　　　　260 000
　　　　　　　　制造费用　　　　　　　　　　　　　80 000

　　2. 企业每期期末对到期一次还本付息的长期借款计提利息，对其中应当予以资本化的部分，下列会计处理正确的是(　　)。

　　A. 借记"财务费用"科目，贷记"长期借款"科目

　　B. 借记"财务费用"科目，贷记"应付利息"科目

　　C. 借记"在建工程"科目，贷记"长期借款——应计利息"科目

　　D. 借记"在建工程"科目，贷记"应付利息"科目

　　3. 某公司 7 月 1 日向银行借入资金 60 万元，期限 6 个月，年利率为 6%，到期还本，按月计提利息，按季付息。该企业 7 月 31 日应计提的利息为(　　)万元。

　　A. 0.3　　　　　　　　　　　　　　B. 0.6

　　C. 0.9　　　　　　　　　　　　　　D. 3.6

　　4. 企业用盈余公积弥补亏损时，应贷记(　　)科目。

　　A. 盈余公积　　　　　　　　　　　B. 资本公积

　　C. 本年利润　　　　　　　　　　　D. 利润分配

　　5. 企业向股东宣告发放现金股利，会引起(　　)。

　　A. 资产内部的变化　　　　　　　　B. 负债和所有者权益同时增加

　　C. 负债增加，所有者权益减少　　　D. 所有者权益内部变化

　　6. 下列关于利润分配的顺序正确的是(　　)。

　　A. 计算可供分配利润、提取法定盈余公积、提取任意盈余公积、向投资者分配利润

　　B. 提取法定盈余公积、计算可供分配利润、提取任意盈余公积、向投资者分配利润

　　C. 提取任意盈余公积、提取法定盈余公积、计算可供分配利润、向投资者分配利润

　　D. 向投资者分配利润、提取法定盈余公积、提取任意盈余公积、计算可供分配利润

　　7. 经计算，红光公司本年的应纳税所得额为 5 000 000 元，适用的所得税率为 25%。则红光公司年末结转所得税费用时编制的会计分录应当是(　　)。

　　A. 借：应交税费——应交所得税　　1 250 000
　　　　　贷：所得税费用　　　　　　　　　　　1 250 000

　　B. 借：所得税费用　　　　　　　　1 250 000
　　　　　贷：银行存款　　　　　　　　　　　　1 250 000

　　C. 借：本年利润　　　　　　　　　1 25 0000
　　　　　贷：所得税费用　　　　　　　　　　　1 250 000

D. 借：所得税费用　　　　　　　　1 250 000
　　　贷：应交税费——应交所得税　　　　1 250 000

8. 下列各项中，不会影响营业利润金额的是(　　)。
A. 资产减值损失　　　　　　　　B. 财务费用
C. 投资收益　　　　　　　　　　D. 营业外收入

9. 小王出差回来报销差旅费2 600元，原借3 000元，交回多余现金400元。下列关于该报销业务的会计分录中，正确的是(　　)。
A. 借：库存现金　　　　　　400
　　　管理费用　　　　　　　2 600
　　　　贷：银行存款　　　　　　　3 000
B. 借：库存现金　　　　　　400
　　　管理费用　　　　　　　2 600
　　　　贷：其他应收款　　　　　　3 000
C. 借：管理费用　　　　　　3 000
　　　　贷：其他应收款　　　　　　3 000
D. 借：管理费用　　　　　　3 000
　　　　贷：应收账款　　　　　　　3 000

10. 用银行存款支付广告费500元，该业务的正确会计分录为(　　)。
A. 借：管理费用　　　　　　500
　　　　贷：银行存款　　　　　　　500
B. 借：财务费用　　　　　　500
　　　　贷：银行存款　　　　　　　500
C. 借：银行存款　　　　　　500
　　　　贷：财务费用　　　　　　　500
D. 借：销售费用　　　　　　500
　　　　贷：银行存款　　　　　　　500

二、多项选择题

1. 按我国企业会计准则规定，下列项目中不应确认为收入的有(　　)。
A. 销售原材料收取的货款　　　　B. 销售商品代垫的运杂费
C. 出售飞机票时代收的保险费　　D. 销售商品收取的增值税

2. 关于"利润分配——未分配利润"账户，下列说法正确的有(　　)。
A. 未分配利润的期末贷方余额表示本年净利润减去分配的利润
B. 未分配利润的期末贷方余额表示累计未分配的利润
C. 未分配利润的期末借方余额表示本年超额分配的利润
D. 未分配利润的期末借方余额表示累计未弥补亏损

3. 下列各项中，应通过"营业外支出"账户核算的是(　　)。
A. 非流动资产处置损失　　　　B. 非货币性资产交换损失
C. 债务重组损失　　　　　　　D. 由保险公司赔偿的损失

4. 下列各项税费中，(　　)通过"税金及附加"科目核算。

A. 增值税　　　　　　　　　　　B. 消费税

C. 教育费附加　　　　　　　　　D. 城市维护建设税

5. 甲公司主营业务是生产并销售产品，该公司某月销售一批原材料，共 500 千克，单位成本每千克 30 元(未计提减值)，单价为每千克 40 元，不考虑增值税，款项已经收到，应编制会计分录(　　)。

A. 借：银行存款　　　　　20 000
　　　贷：主营业务收入　　　　　　　20 000

B. 借：银行存款　　　　　20 000
　　　贷：其他业务收入　　　　　　　20 000

C. 借：其他业务成本　　　15 000
　　　贷：原材料　　　　　　　　　　15 000

D. 借：主营业务成本　　　15 000
　　　贷：原材料　　　　　　　　　　15 000

6. 企业结转生产完工验收入库产品的生产成本时，编制会计分录可能涉及的账户有(　　)。

A. 生产成本　　　　　　　　　　B. 制造费用

C. 主营业务成本　　　　　　　　D. 库存商品

7. 某企业 6 月份工资分配如下：生产甲产品的工人工资 36 500 元，生产乙产品的工人工资 23 500 元，车间管理人员工资 18 000 元，行政管理人员工资 42 000 元，下列分录中错误的有(　　)。

A. 借：生产成本——甲产品　　　36 500
　　　　　　　　——乙产品　　　23 500
　　　制造费用　　　　　　　　　18 000
　　　管理费用　　　　　　　　　42 000
　　　　贷：应付职工薪酬——工资　　　　120 000

B. 借：生产成本——甲产品　　　36 500
　　　　　　　　——乙产品　　　23 500
　　　管理费用　　　　　　　　　60 000
　　　　贷：应付职工薪酬——工资　　　　120 000

C. 借：生产成本　　　　　　　　78 000
　　　管理费用　　　　　　　　　42 000
　　　　贷：应付职工薪酬——工资　　　　120 000

D. 借：生产成本——甲产品　　　36 500
　　　　　　　　——乙产品　　　23 500
　　　销售费用　　　　　　　　　18 000
　　　管埋费用　　　　　　　　　42 000
　　　　贷：应付职工薪酬——工资　　　　120 000

8. 计入产品成本的费用包括(　　)。

A. 财务费用　　　　　　　　　　B. 制造费用

C. 管理费用   D. 直接人工费用

9. 企业发生赊购商品业务，下列各项中影响应付账款入账金额的有(   )。

A. 商品价款   B. 增值税进项税额

C. 商业折扣   D. 销货方代垫运杂费

10. 乙企业从甲公司购进丙材料7吨，发生运杂费400元，支付材料价款11 200元。材料已验收入库，款项已用银行存款支付。下列说法中正确的有(   )。

A. 该业务账务处理为

借：原材料   11 200

　　销售费用   400

　　　贷：银行存款   11 600

B. 该业务账务处理为

借：原材料   11 600

　　　贷：银行存款   11 600

C. 入库后该批材料的实际单价为1 600元/吨

D. 入库后该批材料的实际单价为1 657元/吨

三、判断题

1. 股份有限公司发生股票的溢价收入应计入实收资本。(   )

2. "本年利润"账户是指将收入与费用进行配比的账户，因此属于损益类账户。(   )

3. 企业出售原材料取得的款项扣除其成本及相关费用后的净额，应当计入营业外收入或营业外支出。(   )

4. 企业生产过程的生产成本由直接材料、直接人工、制造费用和期间费用等构成。(   )

5. 企业发生的制造费用，应当按照合理的分配标准按月分配计入各成本核算对象的生产成本。企业可以采取的分配标准包括机器工时、人工工时、计划分配率等。(   )

6. "生产成本"账户，借方登记本期应计入产品成本的各项费用，贷方登记完工入库产品的生产成本，期末如有余额在借方，表示尚未完工产品的成本。(   )

7. 对于材料已收到，但月末结算凭证仍然未到的业务，不能记入"原材料"账户核算。(   )

8. "应付账款"账户可以按照债务人进行明细核算。(   )

9. 在实务中，企业不能将发生的运输费、装卸费、保险费归属于采购成本的费用。(   )

10. 企业向银行或其他金融机构借入的款项应通过"长期借款"科目进行核算。(   )

拓展阅读

常用的会计科目及解释

1. 资产类

• "库存现金"科目：核算企业的库存现金。主要反映企业存放在保险箱中的现金。

- "银行存款"科目：核算企业存入银行或其他金融机构的各种款项。
- "其他货币资金"科目：核算企业的外埠存款、银行汇票存款、银行本票存款、信用卡存款、信用证保证金存款、存出投资款等各种其他货币资金。
- "交易性金融资产"科目：核算企业持有的以公允价值计量且其变动计入当期损益的金融资产。
- "应收票据"科目：核算企业因销售商品、产品、提供劳务等而收到的商业汇票，包括银行承兑汇票和商业承兑汇票。
- "应收账款"科目：核算企业因销售商品、产品、提供劳务等经营活动应收取的款项。
- "预付账款"科目：核算企业按照购货合同规定预付给供应单位的款项。
- "应收股利"科目：核算企业应收取的现金股利和应收取其他单位分配的利润。
- "应收利息"科目：核算企业交易性金融资产、持有至到期投资、可供出售金融资产、发放贷款、存放中央银行款项、拆出资金、买入返售金融资产等应收取的利息。
- "其他应收款"科目：核算企业除存出保证金、应收票据、应收账款、预付账款、应收股利、应收利息等经营活动以外的其他各种应收、暂付的款项。
- "坏账准备"科目：核算企业应收款项等发生减值时计提的减值准备。
- "材料采购"科目：核算企业采用计划成本进行材料日常核算而购入材料的采购成本。
- "在途物资"科目：核算企业采用实际成本(或进价)进行材料(或商品)日常核算，货款已付尚未验收入库的购入材料或商品的采购成本。
- "原材料"科目：核算企业库存的各种材料，包括原料及主要材料、辅助材料、外购半成品(外购件)、修理用备件(备品备件)、包装材料、燃料等的计划成本或实际成本。
- "材料成本差异"科目：核算企业各种材料的实际成本与计划成本的差异。
- "库存商品"科目：核算企业库存的各种商品的实际成本(或进价)或计划成本(或售价)，包括库存产成品、外购商品、存放在门市部准备出售的商品、发出展览的商品以及寄存在外的商品等。
- "商品进销差价"科目：核算企业采用售价进行日常核算的商品售价与进价之间的差额。
- "委托加工物资"科目：核算企业委托外单位加工的各种材料、商品等物资的实际成本。
- "周转材料"科目：核算企业周转材料的计划成本或实际成本，包括包装物、低值易耗品，以及企业(建造承包商)的钢模板、木模板、脚手架等。企业的包装物、低值易耗品，也可以单独设置"包装物""低值易耗品"科目。
- "存货跌价准备"科目：核算企业存货的跌价准备。
- "持有至到期投资"科目：核算企业持有至到期投资的摊余成本。
- "长期股权投资"科目：核算企业持有的采用成本法和权益法核算的长期股权投资。
- "固定资产"科目：核算企业持有固定资产的原价。
- "累计折旧"科目：核算企业对固定资产计提的累计折旧。
- "在建工程"科目：核算企业基建、技改等在建工程发生的耗费。

- "工程物资"科目：核算企业为在建工程准备的各种物资的价值，包括工程用材料、尚未安装的设备以及为生产准备的工器具等。
- "无形资产"科目：核算企业持有的无形资产，包括专利权、非专利技术、商标权、著作权、土地使用权等。
- "累计摊销"科目：核算企业对使用寿命有限的无形资产计提的累计摊销。
- "待处理财产损益"科目：核算企业在清查财产过程中查明的各种财产盘盈、盘亏和毁损的价值。物资在运输途中发生的非正常短缺与损耗，也通过本科目核算。

2. 负债类

- "短期借款"科目：核算企业向银行或其他金融机构等借入的期限在1年以下(含1年)的各种借款。
- "应付票据"科目：核算企业购买材料、商品和接受劳务供应等而开出、承兑的商业汇票，包括银行承兑汇票和商业承兑汇票。
- "应付账款"科目：核算企业因购买材料、商品和接受劳务供应等经营活动应支付的款项。
- "预收账款"科目：核算企业按照合同规定向购货单位预收的款项。
- "应付职工薪酬"科目：核算企业根据有关规定应付给职工的各种薪酬。
- "应交税费"科目：核算企业按照税法规定计算应交纳的各种税费，包括增值税、消费税、营业税、所得税、资源税、土地增值税、城市维护建设税、房产税、城镇土地使用税、车船税、教育费附加、矿产资源补偿费等。其中，应交增值税还应分别设置"进项税额""销项税额""出口退税""进项税额转出""已交税金"等专栏进行明细核算。
- "应付利息"科目：核算企业按照合同约定应支付的利息，包括吸收存款、分期付息到期还本的长期借款、企业债券等应支付的利息。
- "应付股利"科目：核算企业分配的现金股利或利润。
- "其他应付款"科目：核算企业除应付票据、应付账款、预收账款、应付职工薪酬、应付股利、应付利息、应交税费、长期应付款等经营活动以外的其他各项应付、暂收的款项。
- "长期借款"科目：核算企业向银行或其他金融机构借入的期限在1年以上(不含1年)的各项借款。
- "长期应付款"科目：核算企业除长期借款和应付债券以外的其他各种长期应付款项，包括应付融资租入固定资产的租赁费、以分期付款方式购入固定资产等发生的应付款项等。

3. 所有者权益类

- "实收资本"科目：核算企业接受投资者投入企业的实收资本。股份有限公司应将本科目改为"股本"。
- "资本公积"科目：核算企业收到投资者出资超出其在注册资本或股本中所占的份额以及直接计入所有者权益的利得和损失等。
- "盈余公积"科目：核算企业从净利润中提取的盈余公积。
- "本年利润"科目：核算企业当年实现的净利润(或发生的净亏损)。

　　• "利润分配"科目：核算企业利润的分配(或亏损的弥补)和历年分配(或弥补)后的积存余额。

　　4. 成本类

　　• "生产成本"科目：核算企业进行工业性生产发生的各项生产费用，包括生产各种产品(包括产成品、自制半成品等)、自制材料、自制工具、自制设备等。

　　• "制造费用"科目：核算企业生产车间、部门为生产产品和提供劳务而发生的各项间接费用。

　　• "劳务成本"科目：核算企业对外提供劳务发生的成本。企业(证券)在为上市公司进行承销业务发生的各项相关支出，可将本科目改为"5201 待转承销费用"科目，并按照客户进行明细核算。

　　5. 损益类

　　• "主营业务收入"科目：核算企业根据收入准则确认的销售商品、提供劳务等主营业务的收入。

　　• "其他业务收入"科目：核算企业根据收入准则确认的除主营业务以外的其他经营活动实现的收入，包括出租固定资产、出租无形资产、出租包装物和商品、销售材料等实现的收入。

　　• "公允价值变动损益"科目：核算企业交易性金融资产、交易性金融负债，以及采用公允价值模式计量的投资性房地产、衍生工具、套期保值业务等公允价值变动形成的应计入当期损益的利得或损失。

　　• "投资收益"科目：核算企业根据长期股权投资准则确认的投资收益或投资损失。

　　• "营业外收入"科目：核算企业发生的与其经营活动无直接关系的各项净收入。

　　• "主营业务成本"科目：核算企业根据收入准则确认销售商品、提供劳务等主营业务收入时应结转的成本。

　　• "其他业务成本"科目：核算企业除主营业务活动以外的其他经营活动所发生的支出。

　　• "税金及附加"科目：核算企业经营活动发生的土地增值税、消费税、城市维护建设税、教育费附加等相关税费。房产税、车船税、城镇土地使用税、印花税在"管理费用"等科目核算，不在本科目核算。

　　• "销售费用"科目：核算企业销售商品和材料、提供劳务的过程中发生的各种费用。

　　• "管理费用"科目：核算企业为组织和管理企业生产经营所发生的管理费用。

　　• "财务费用"科目：核算企业为筹集生产经营所需资金等而发生的筹资费用。

　　• "资产减值损失"科目：核算企业根据资产减值等准则计提各项资产减值准备所形成的损失。

　　• "营业外支出"科目：核算企业发生的与其经营活动无直接关系的各项净支出。

　　• "所得税费用"科目：核算企业根据所得税准则确认的应从当期利润总额中扣除的所得税费用。

资料来源：财政部.企业会计准则应用指南[M]. 上海：立信会计出版社，2017.

项目6　填制和审核会计凭证

职业能力目标

(1) 掌握原始凭证、记账凭证的填制与审核；
(2) 了解会计凭证的作用和种类；
(3) 了解会计凭证的传递过程以及保管期限。

项目导入

重庆开出全国第一张电子发票

央广网重庆 2014 年 4 月 1 日消息(记者　刘湛)我国第一张具有全生命周期、全业务流程覆盖，适用于电子商务发展与税收征管业务要求的电子发票昨天在重庆正式开出。

2012 年 8 月，在市国税局、市地税局的支持下，重庆远见信息产业集团联合重庆远大印务有限公司申报"网络(电子)发票项目"通过国家发改委、财政部、国税总局等八部门评审，获得中央部门政策类试点项目立项。重庆与深圳、南京、青岛、杭州一道，成为全国电子发票五个试点城市之一。

重庆电子发票项目是一个真正实现了从电子发票赋码、申请、开具、存证、交换、单位归户/个人归集、核销入账，以及包括纳税人登记、申报等全业务流程、全生命周期管理的电子发票系统。电子发票整合服务平台运行后，所有业务的处理均可在线完成，纳税人无须频繁到税局大厅办理，税务管理人员对纳税人的管理也更加便捷、高效。在电子发票推行前期，市地税局确定重庆猪八戒网络有限公司作为全市首家试点应用电子发票的电子商务平台。

市地税局局长黄玉林介绍，电子发票填补了电子商务交易的发票管理和税收管理空白，有利于发挥电子商务的税收集聚效应，对促进地方经济发展，建设离岸结算中心具有重要作用。

据测算，重庆全面推行电子发票后，年可节约发票工本费近亿元，节省纳税人办税成本 1.84 亿元。如果按照重庆一年使用 15 亿份纸质发票计算，电子发票的全面推行将使我市每年少砍 1.5 万多棵树，减少 540 吨碳排放。

资料来源：http://news.cnr.cn/native/city/201404/t20140401_515201123.shtml

工作任务与项目导图

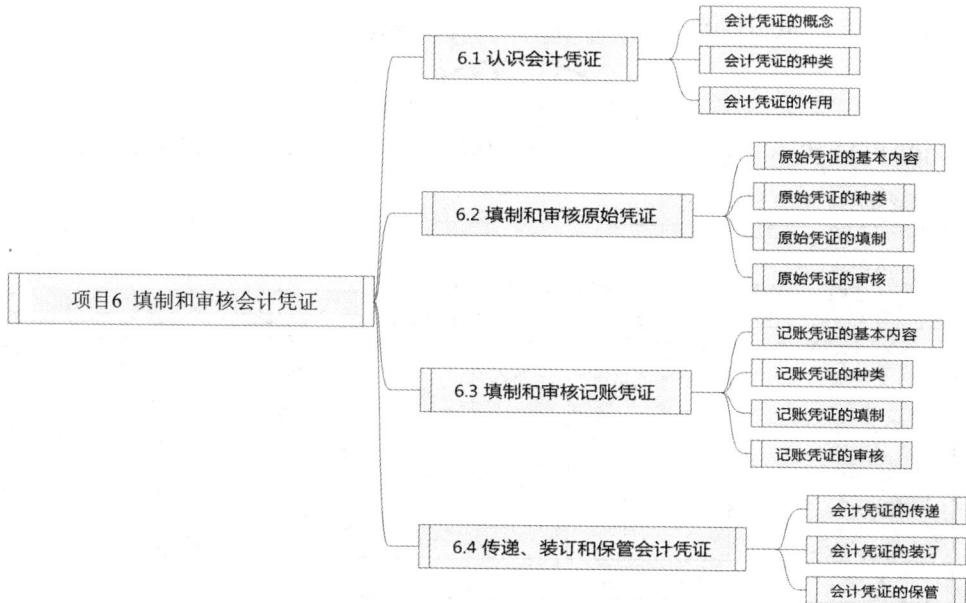

6.1 认识会计凭证

一、会计凭证的概念

会计凭证是记录经济业务、明确经济责任的书面证明，也是登记账簿的依据。

会计管理工作要求会计核算提供真实的会计资料，强调记录的经济业务必须有根有据。因此，任何企业、事业和行政单位，每发生一笔经济业务，都必须由执行或完成该项经济业务的有关人员取得或填制会计凭证，并在凭证上签名或盖章，以对凭证上所记载的内容负责。例如，购买商品、材料由供货方开出发票；支出款项由收款方开出收据；接收商品、材料入库要有收货单；发出商品要有发货单；发出材料要有领料单等。这些发票、收据、收货单、发货单、领料单都是会计凭证。

所有会计凭证都必须认真填制，同时还得经过财会部门严格审核，只有审核无误的会计凭证才能作为经济业务发生或完成的证明，才能作为登记账簿的依据。

二、会计凭证的种类

经济业务的纷繁复杂决定了会计凭证是多种多样的。为了正确地使用和填制会计凭证，必须对会计凭证进行分类。会计凭证按照编制的程序和用途不同，分为原始凭证和记账凭证。

（一）原始凭证

原始凭证是在经济业务发生或完成时由相关人员取得或填制的，用以记录或证明经济业务发生或完成情况并明确有关经济责任的一种原始凭据，如图 6-1 所示。任何经济业务发生都必须填制和取得原始凭证，原始凭证是会计核算的原始依据。

湖南（全国统一发票监制章　湖南　国家税务总局监制　发票状）票

4300111140

No. 003256541

校验码：15943 58889 65522 65533

开票日期：2017年12月8日

购货单位	名　　称：	长沙吉祥木业有限公司				密码区	（略）		
	纳税人识别号：	945861497794412							
	地址、电话：	湖南省长沙市锦园路18号 0731-8597776							
	开户行及帐号：	中国建设银行长沙锦园路支行 43091458647988							
货物或应税劳务名称	规格型号	单位	数量	单价	金额		税率	税额	
防护手套	L	双	20	15.00	300.00		13%	39.00	
焊接面具	L	个	30	30.00	900.00		13%	117.00	
工作服	L	套	20	90.00	1800.00		13%	234.00	
合　　计					¥3000.00			¥390.00	
价税合计（大写）	叁仟叁佰玖拾圆整				（小写）		¥3390.00		
销货单位	名　　称：	长沙金安劳保用品有限公司				备注			
	纳税人识别号：	954666812336162							
	地址、电话：	长沙市莲溪路469号 8661266							
	开户行及帐号：	长沙银行同昇支行 6226952369513696							

第三联：发票联　购货方记帐凭证

收款人：　　　　　复核：　　　　　开票人：唐浩

（长沙金安劳保用品有限公司 954666812336162 发票专用章）

图 6-1　原始凭证

（二）记账凭证

记账凭证是财会部门根据审核无误的原始凭证进行归类、整理，记载经济业务简要内容，确定会计分录的会计凭证，如图 6-2 所示。记账凭证是登记会计账簿的直接依据。

记　账　凭　证

年　　月　　日　　　　　　　　　　字第　　号

摘　　　要	会计科目	明细科目	√	借方金额										√	贷方金额									
				亿	千	佰	十	万	千	百	十	元	角	分	亿	千	佰	十	万	千	百	十	元	角	分
合　　　计																								

附单据　　张

财务主管　　　记账　　　出纳　　　审核　　　制单

图 6-2　记账凭证

三、会计凭证的作用

填制和审核会计凭证是会计核算方法之一，也是会计核算工作的基础。填制和审核会计凭证在经济管理中具有重要作用。

(一) 为会计核算提供原始依据

任何经济业务发生都必须取得或填制会计凭证，如实地反映经济业务发生或完成情况。会计凭证上记载了经济业务发生的时间和内容，从而为会计核算提供了原始凭据，保证了会计核算的客观性与真实性，克服了主观随意性，使会计信息的质量得到了可靠保障。

(二) 发挥会计监督作用

经济业务是否合法、合理，是否客观真实，在记账前都必须经过财会部门审核。通过审核会计凭证，可以充分发挥会计监督作用。通过检查每笔经济业务是否符合有关政策、法令、制度、计划和预算的规定，有无铺张浪费和违纪行为，从而促进各单位和经办人树立遵纪守法的观念，促使各单位建立健全各项规章制度，确保财产安全完整。

(三) 加强岗位责任制

每一笔经济业务发生或完成都要填制和取得会计凭证，并由相关单位和人员在凭证上签名盖章，这样能促使经办人员严格按照规章制度办事。一旦出现问题，便于分清责任，及时采取措施，有利于岗位责任制的落实。

6.2　填制和审核原始凭证

一、原始凭证的基本内容

原始凭证是在经济业务发生或完成时由相关人员取得或填制的，用以记录或证明经济业务发生或完成情况并明确有关经济责任的一种原始凭据。原始凭证是证明经济业务发生的原始依据，具有较强的法律效力，是一种很重要的会计凭证。

企业发生的经济业务纷繁复杂，反映其具体内容的原始凭证也品种繁多。虽然原始凭证反映经济业务的内容不同，但无论哪一种原始凭证，都应该说明有关经济业务的执行和完成情况，都应该明确有关经办人员和经办单位的经济责任。因此，各种原始凭证，尽管名称和格式不同，但都应该具备一些共同的基本内容。这些基本内容就是每一张原始凭证所应该具备的要素。原始凭证必须具备以下基本内容：

(1) 原始凭证的名称；

(2) 填制原始凭证的日期和凭证编号；

(3) 接受凭证的单位名称；

(4) 经济业务内容，如品名、数量、单价、金额大小写；

(5) 填制原始凭证的单位名称和填制人姓名；

(6) 经办人员的签名或盖章。

有些原始凭证，不仅要满足会计工作的需要，还应满足其他管理工作的需要。因此，在有些凭证上，除具备上述内容外，还应具备其他一些项目，如与业务有关的经济合同、结算方式、费用预算等，以更加完整、清晰地反映经济业务，如图 6-3 所示。

中国建设银行 China Construction Bank　　**进 账 单**（收账通知）　　**3**

2017年12月20日

收款人	全称	长沙吉祥木业有限公司			付款人	全称	长沙吉祥木业有限公司贷款户										
	账号	43091458647988				账号	43091458647988000										
	开户银行	长沙锦园路支行				开户银行	长沙锦园路支行										
金额	人民币：叁拾陆万圆整（大写）							亿	千	百	十	万	千	百	十	元	角	分
											¥	3	6	0	0	0	0	0	0
票据种类	借据	票据张数	1														
票据号码	9214553																

中国建设银行锦园路支行
2017.12.20
转讫（3）

复核　　记账　　　　　　　　　　收款人开户银行签章

图 6-3　原始凭证

在实际工作中，各单位根据会计核算和管理的需要，可自行设计印制适合本单位需要的各种原始凭证，但是对于在一个地区范围内经常发生大量同类经济业务，应由各主管部门统一设计印制原始凭证。如银行统一印制的银行汇票、转账支票和现金支票等，由铁路部门统一印制的火车票，由税务部门统一印制的有税务登记的发票，财政部门统一印制的收款收据等。这样，不但可以使原始凭证的内容格式统一，便于加强监督管理。

【项目演练 6-1 多选题】

原始凭证的基本内容中包括(　　)。

A. 原始凭证的名称　　　　　　B. 原始凭证的种类

C. 经济业务的性质　　　　　　D. 数量、单价和金额

项目 6-1　答案与解析

二、原始凭证的种类

纷繁复杂的经济业务导致原始凭证的品种繁多，为了更好地认识和利用原始凭证，必须按照一定标准对原始凭证进行分类。原始凭证按照不同的分类标准，可以属于不同的种类。

(一) 原始凭证按其来源不同分类

原始凭证按其来源不同分类，可以分为外来原始凭证和自制原始凭证两种。

外来原始凭证是在经济业务活动发生或完成时，从其他单位或个人直接取得的原始凭证。如增值税专用发票、非增值税及小规模纳税人的发票、铁路运输部门的火车票、由银

行转来的结算凭证和对外支付款项时取得的收据等都是外来原始凭证。

自制原始凭证是指本单位内部具体经办业务的部门和人员，在执行或完成项经济业务时所填制的原始凭证。如"收料单""领料单""销货发票""产品入库单""工资结算表"等，如表6-1、表6-2、表6-3、表6-4和表6-5所示。

表6-1

增值税普通发票

开票日期：201×年12月×日　　　　发 票 联　　　　　　No. ×××××

购货单位	名　称	甲 公 司		纳税人登记号	×××		
	地址、电话	×××		开户银行及账号	×××		
商品或劳务名称		计量单位	数量	单价	金　额	税率(%)	税　额
黄花木		吨	20	5000	100 000	16%	16 000
合　　计					100 000		16 000
价税合计(大写)		人民币壹拾壹万陆仟元整				¥116 000	
销货单位	名　称	乙公司		纳税人登记号	×××		
	地址、电话	×××		开户银行及账号	×××		
备　注							

收款人：　　　　　　　　　　　　　　　　开票单位(未盖章无效)：

第二联：发票联　购货方记账

表6-2

出 库 单

购货单位：甲公司　　　　　　201×年1月×日　　　　　　No. ×××××

货号及品名	规　格	数　量	单　位	单　价	金　额
食品		10	盒	50	500
金额(大写)人民币伍佰元整					

单位盖章　　　主管　　　复核　　　制单　　　结算方式　　支票

地　址　　×××　　　　　　　　　　　　　　账　号　　×××

第二联

表6-3

收 据

201×年4月×日　　　　　　　　　　　　　　　No. ×××

付款单位　　甲公司	收款方式　　现 金
人民币(大写)　　人民币贰佰元整	¥200
收款事由　　加工费	

收款单位(盖章)　　　审核　　　　经手人　　　　出纳

第二联

表 6-4

收 料 单

供货单位　　　　　　　　　　　　　　　　　　　　　　　　　　凭证编号

发票号码　　　　　　　　　　　　年　月　日　　　　　　　　收料仓库

材料编号	材料规格及名称	计量单位	数　量		价　格		
			应　收	实　收	单　价	金　额	第
×××	化肥	吨	50	50	500	2 500	×
							联
备　　注					合　计	2 500	

仓库负责人　　　　　　　记账　　　　　　　仓库保管　　　　　收料

表 6-5

领 料 单

领料部门　　　　　　　　　　　　　　　　　　　　　　　　　　凭证编号

用　途　　　　　　　　　　　　年　月　日　　　　　　　　　收料仓库

材料编号	材料规格及名称	计量单位	数　量		价　格		
			请　领	实　领	单　价	金　额	第
×××	工字钢	吨	2	2	500	1 000	×
							联
备　　注					合　计	1 000	

仓库负责人　　　　　　　发料　　　　　　　仓库　　　　　　　经手

(二) 原始凭证按其填制方法不同分类

原始凭证按其填制方法不同分类，可以分为一次凭证、累计凭证和汇总凭证三种。

一次凭证，是指一次填制完成的原始凭证。它反映一笔经济业务或同时反映若干同类经济业务的内容。外来原始凭证一般均属一次凭证，自制原始凭证中大多数也是一次凭证。日常的原始凭证多属此类，如"现金收据""发货票""收料单"等。一次凭证能够清晰地反映经济业务活动情况，使用方便灵活，但数量较多，如表 6-6 所示。

表 6-6

产品入库单

　　　　　　　　　　　　　　　　　　　　　　　　　　　　　　编　　号

交库单位　　　　　　　　　　　年　月　日　　　　　　　　产品仓库

产品编号	产品名称	规格	单位	交付数量	检验结果		实收数量	单价	金额	
					合格	不合格				第
×××	接收器	×××	台	50	√		50	300	15 000	×
备　　注										联

记账　　　　　　　检验　　　　　　　仓库　　　　　　　经手

累计凭证，是指在一张凭证上连续登记一定时期内不断重复发生的若干同类经济业务，直到期末才能填制完毕的原始凭证。累计凭证可以连续登记相同性质的经济业务，随时计算出累计数及结余数，期末按实际发生额记账。如"费用限额卡""限额领料单"等，如表6-7所示。

汇总凭证，也叫原始凭证汇总表，是根据许多同类经济业务的原始凭证或会计核算资料定期加以汇总而重新编制的原始凭证。如"发出材料汇总表""差旅费报销单"等。汇总凭证既可以提供经营管理所需要的总量指标，又可以大大简化核算手续，如表6-8所示。

表 6-7

限 额 领 料 单

领料部门：一车间　　　　　　　　　　　　　　　　　凭证编号：×××
用　　途：电动机　　　　　200×年10月份　　　　发料仓库：×××

材料类别	材料编号	材料名称及规格	计量单位	领用限额	实际领用	单 价	金 额	备 注
××	××	A种钢材	吨	10	8	500	4 000	

供应部门负责人：　　　　　　　　　　　　　　　　生产计划部门负责人：

日期	数量		领料人签单	发料人签章	扣除代用数量	退 料			限额结余
	请领	实发				数 量	收料人	发料人	
2	1	1	×××	×××					9
5	2	2	×××	×××		1	×	×	8
20	6	6	×××	×××					2
合计	9	9				1			2

表 6-8

发料凭证汇总表
200×年10月5日

会计科目	领料部门	领料单张数	原材料	燃 料	× ×	合 计
生产成本	一车间	20	35 000			35 000
	二车间	10	15 000			15 000
	小 计	30	50 000			50 000
制造费用	一车间	10	20 000			20 000
	二车间	10	15 000			15 000
	小 计	20	35 000			35 000
合 计		50	85 000			85 000

会计主管　　　　　　记账　　　　　　复核　　　　　　制表

(三) 原始凭证按用途不同分类

原始凭证按其用途不同分类，可以分为通知凭证、执行凭证和计算凭证三种。

通知凭证，是指要求、指示或命令企业进行某项经济业务的原始凭证，如"罚款通知书""付款通知单"等。

执行凭证，是指用来证明某项经济业务发生或已经完成的原始凭证，如"销货发票""材料验收单""领料单"等。

计算凭证，是指根据原始凭证和有关会计核算资料而编制的原始凭证。计算凭证一般是为了便于以后记账和了解各项数据来源和产生的情况而编制的。如"制造费用分配表""产品成本计算单""工资结算表"等如表 6-9 所示。

表 6-9

××银行进账单(回单或收款通知)

1　　　第×号

收款人	全　称	吉祥公司	付款人	全　称				如意公司				
	账　号	×××		账　号				×××				
	开户银行	×××		开户银行				×××				
人民币 (大写)	玖仟肆佰元整		千	百	十	万	千	百	十	元	角	分
							¥	9	4	0	0	0	0
票据种类	支票											
票据张数	壹张											
单位主管　会计　复核　记账			收款人开户银行盖章									

（此联是收款人开户行交给收款人的回单或收账通知）

(四) 原始凭证按其格式不同分类

原始凭证按其格式不同分类，可以分为通用凭证和专用凭证两种。

通用凭证，是指全国或某一地区、某一部门统一格式的原始凭证。如由银行统一印制的结算凭证、税务部门统一印制的发票等。

专用凭证，是指一些单位具有特定内容、格式和专门用途的原始凭证。如高速公路通过费收据、养路费缴款单等。

以上是按不同的标志对原始凭证进行的分类。它们之间是相互依存密切联系的，有些原始凭证按照不同的分类标准分别属于不同的种类。如现金收据对出具收据的单位来说是自制原始凭证；面对接收收据的单位来说则是外来原始凭证；同时，它既是一次凭证，又是执行凭证，也是专用凭证。外来的凭证大多为一次凭证，计算凭证、累计凭证大多为自制原始凭证。

【项目演练 6-2 多选题】

下列各项中，属于外来原始凭证的有(　　)。

A. 火车票　　　　　　　　　　B. 销货发票

C. 购货发票　　　　　　　　　D. 工资结算单

项目 6-2　答案与解析

【项目演练 6-3 多选题】

下列各项中，不属于一次性原始凭证的有(　　)。

A. 收料单　　　　　　　　　　　B. 领料单

C. 耗用材料汇总表　　　　　　　D. 限额领料单

项目 6-3　答案与解析

三、原始凭证的填制

填制原始凭证，要由填制人员将各项原始凭证要素按规定方法填写齐全，办妥签章手续，明确经济责任。由于各种凭证的内容和格式千差万别，因此，原始凭证的具体填制方法也不同。一般来说，自制原始凭证通常有三种形式。一是根据经济业务的执行和完成的实际情况直接填列，如根据实际领用的材料品名和数量填制领料单等；二是根据账簿记录对某项经济业务进行加工整理填列，如月末计算产品成本时，先要根据"制造费用"账户本月借方发生额填制"制造费用分配表"，将本月发生的制造费用按照一定的分配标准分配到有关产品成本中去，然后再计算出某种产品的生产成本；三是根据若干张反映同类业务的原始凭证定期汇总填列，如发出材料汇总表。外来原始凭证是由其他单位或个人填制的，它同自制原始凭证一样，也要具备能证明经济业务完成情况和明确经济责任所必需的内容。

原始凭证是具有法律效力的证明文件，是进行会计核算的依据，必须认真填制。为了保证原始凭证能清晰地反映各项经济业务的真实情况，原始凭证的填制必须符合以下要求：

(1) 记录要真实。原始凭证上填制的日期、经济业务内容和数字必须是经济业务发生或完成的实际情况，不得弄虚作假，不得以匡算数或估计数填入，不得涂改、挖补。

(2) 内容要完整。原始凭证中应该填写的项目要逐项填写，不可缺漏；名称要写全，不要简化；品名和用途要填写明确，不能含糊不清；有关部门和人员的签名和盖章必须齐全。

(3) 手续要完备。单位自制的原始凭证必须有经办业务的部门和人员签名盖章；对外开出的凭证必须加盖本单位的公章或财务专用章；从外部取得的原始凭证必须有填制单位公章或财务专用章。总之，取得的原始凭证必须符合手续完备的要求，以明确经济责任，确保凭证的合法性、真实性。

(4) 填制要及时。所有业务的有关部门和人员，在经济业务实际发生或完成时，必须及时填写原始凭证，做到不拖延、不积压，不事后补填，并按规定的程序审核。

(5) 编号要连续。原始凭证要顺序连续或分类编号，在填制时要按照编号的顺序使用，跳号的凭证要加盖"作废"戳记，连同存根一起保管，不得撕毁。

(6) 书写要规范。原始凭证中的文字、数字的书写都要清晰、工整、规范，做到字迹端正、易于辨认，不草、不乱、不造字。大小写金额要一致。复写的凭证要不串行、不串格，不模糊，一式几联的原始凭证，应当注明各联的用途。数字和货币符号的书写要符合下列要求：

① 数字要一个一个地写，不得连笔写。特别是在要连写几个"0"时，也一定要单个的写，不能将几个"0"连在一起一笔写完。数字排列要整齐，数字之间的空格要均匀，

不宜过大。此外阿拉伯数字的书写还应有高度的标准，一般要求数字的高度占凭证横格的1/2 为宜。书写时还要注意紧靠横格底线，使上方能有一定的空位，以便需要进行更正时可以再次书写。

② 阿拉伯数字前面应该书写货币币种或者货币名称简写和币种符号。币种符号与阿拉伯数字之间不得留有空白。凡阿拉伯金额数字前写有货币币种符号的，数字后面不再写货币单位。所有以元为单位(其他货币种类为货币基本单位，下同)的阿拉伯数字，除表示单价等情况外，一律填写到角分；无角分的，角位和分位写"00"或者符号"——"；有角无分的，分位应当写"0"，不得用符号"——"代替。在发货票等须填写大写金额数字的原始凭证上，如果大写金额数字前未印有货币名称，应当加填货币名称，然后在其后紧接着填写大写金额数字，货币名称和金额数字之间不得留有空白。

③ 汉字填写金额如零、壹、贰、叁、肆、伍、陆、柒、捌、玖、拾、佰、仟、万、亿等，应一律用正楷或行书体填写，不得用〇、一、二、三、四、五、六、七、八、九、十等简化字代替，不得任意自造简化字。大写金额数字到元或角为止的，在"元"或"角"之后应当写"整"或"正"字。阿拉伯金额数字之间有"0"时，汉字大写金额应写"零"字；阿拉伯金额数字中间连续有几个"0"时，大写金额中可以只有一个"零"；阿拉伯金额数字元位为"0"或者数字中间连续有几个"0"，元位也是"0"，但角位不是"0"时，汉字大写金额可以只写一个"零"字，也可以不写"零"字。

【项目演练6-4 业务处理题】

2018 年 3 月 9 日，吉祥公司销售一批产品的边角余料，取得市物资回收公司交来的 4600 元现金，请代出纳刘庆开具收据，填入下图6-4。

项目 6-4 答案与解析

收　　　据

年　　　月　　　日		No.2018030945

付款单位 _____　　　　收款方式_____

人民币(大写) _____　　　　¥_____

\

收款事由 _____

收款单位(盖章)　　　　审核　　　　经手人　　　　出纳

存
根
联

图 6-4　收据

四、原始凭证的审核

为了正确反映和监督各项经济业务，财务部门对取得的原始凭证，必须进行严格审核和核对，保证核算资料的真实、合法、完整。只有经过审查无误的凭证，方可作为编制记账凭证和登记账簿的依据。原始凭证的审核，是会计监督工作的一个重要环节，一般应从以下两方面进行：

(1) 审查原始凭证所反映经济业务的合理、合法性和真实性。这种审查是以有关政策、法规、制度和计划合同等为依据，审查凭证所记录的经济业务是否符合有关规定，有无贪污盗窃、虚报冒领、伪造凭证等违法乱纪现象，有无不讲经济效益、违反计划和标准的要求，等等。对于不合理、不合法及不真实的原始凭证，财会人员应拒绝受理。如发现伪造或涂改凭证弄虚作假、虚报冒领等不法行为，除拒绝办理外，还应立即报告有关部门，提请严肃处理。

(2) 审核原始凭证的填制是否符合规定的要求。首先审查所用的凭证格式是否符合规定，凭证的要素是否齐全，是否有经办单位和经办人员签章；其次审查凭证上的数字是否完整，大、小写是否一致；最后审查凭证上数字和文字是否有涂改、污损等不符合规定之处。如果通过审查发现凭证不符合上述要求，那么凭证本身就失去作为记账依据的资格，会计部门应把那些不符合规定的凭证退还给原编制凭证的单位或个人，要求重新补办手续。

原始凭证经过审核后，对于符合要求的原始凭证，及时编制记账凭证并登记账簿；并对于手续不完备、内容记载不全或数字计算不正确的原始凭证，应退回有关经办部门或人员补办手续或更正；对于伪造、涂改或经济业务不合法的凭证，应拒绝受理，并向本单位负责人汇报，提出拒绝执行的意见；对于弄虚作假、营私舞弊、伪造涂改凭证等违法乱纪行为，必须及时揭露并严肃处理。

【项目演练 6-5 单选题】

原始凭证有错误的，正确的处理方法是(　　)。

A. 向单位负责人报告　　　　　　B. 退回，不予接受
C. 由出具单位重开或更正　　　　D. 本单位代为更正

项目 6-5　答案与解析

6.3　填制和审核记账凭证

一、记账凭证的基本内容

记账凭证是会计人员根据审核后的原始凭证进行归类、整理，并确定会计分录而编制的会计凭证，是登记账簿的依据。由于原始凭证只表明经济业务的内容，而且种类繁多、数量庞大、格式不一，因而不能直接记账。为了做到分类反映经济业务的内容，必须按会计核算方法的要求，将其归类、整理、编制记账凭证，标明经济业务应记入的账户名称及应借应贷的金额，作为记账的直接依据。所以，记账凭证必须具备以下内容：

(1) 记账凭证的名称；

(2) 填制凭证的日期、凭证编号；

(3) 经济业务的内容摘要；

(4) 经济业务应记入账户的名称、记账方向和金额；

(5) 所附原始凭证的张数和其他附件资料；

(6) 会计主管、记账、复核、出纳、制单等有关人员签名或盖章。

记账凭证和原始凭证同属于会计凭证，但二者存在以下不同：原始凭证是由经办人员填制，记账凭证一律由会计人员填制；原始凭证根据发生或完成的经济业务填制，记账凭证根据审核后的原始凭证填制；原始凭证仅用以记录、证明经济业务已经发生或完成，记账凭证要依据会计科目对已经发生或完成的经济业务进行归类、整理；原始凭证是填制记账凭证的依据，记账凭证是登记账簿的依据。

二、记账凭证的种类

由于会计凭证记录和反映的经济业务多种多样，因此，记账凭证也是多种多样的。记账凭证按不同的标志，可以分为不同的种类。

(一) 记账凭证按其反映的经济内容分类

记账凭证按其反映的经济内容不同，可分为收款凭证、付款凭证、转账凭证三种。

(1) 收款凭证。收款凭证是指专门用于记录现金和银行存款收款业务的会计凭证，收款凭证是出纳人员收讫款项的依据，也是登记总账、现金日记账和银行存款日记账以及有关明细账的依据，一般按现金和银行存款分别编制。

(2) 付款凭证。付款凭证是指专门用于记录现金和银行存款付款业务的会计凭证。付款凭证是出纳人员支付款项的依据，也是登记总账、现金日记账和银行存款日记账以及有关明细账的依据，一般按现金和银行存款分别编制。

(3) 转账凭证。转账凭证是指专门用于记录不涉及现金和银行存款收付款业务的会计凭证。它是登记总账和有关明细账的依据。

收款凭证、付款凭证和转账凭证分别用以记录现金、银行存款收款业务、付款业务和转账业务(与现金、银行存款收支无关的业务)，为了便于识别，各种凭证印制成不同的颜色。在会计实务中，对于现金和银行存款之间的收付款业务，为了避免记账重复，一般只编制付款凭证，不编制收款凭证，如表 6-10、表 6-11、表 6-12 所示。

表 6-10

<h3 style="text-align:center">收 款 凭 证</h3>

应借科目：　　　　　　　　　　　年　月　日　　　　　　　　编号

摘　要	应 贷 科 目		记　账	金额
	一级科目	二级或明细科目		
合　计				

附件 × 张

会计主管：　　　　　记账：　　　　　出纳：　　　　　复核：　　　　　制单：

表 6-11

| 付　款　凭　证 | 总号 | 56 |
| 应贷科目：银行存款 200×年×月×日 | 分号 | 现付 8 |

摘要	应　借　科　目		√	金　　　额										
	一级科目	二级或明细科目		亿	千	百	十	万	千	百	十	元	角	分
向银行提现	库存现金								1	5	0	0	0	0
合　　　计									¥	1	5	0	0	0	0

财会主管：　　　记账：　　　出纳：　　　复核：　　　制单：　　　领款人盖章：

附件×张

表 6-12

| 转　账　凭　证 | 总号 | ×× |
| 200×年×月×日 | 分号 | 4 |

摘　　要　　购入原材料货款暂欠

借　方　科　目		√	贷　方　科　目		金　　　额									
一级科目	二级或明细科目		一级科目	二级或明细科目	千	百	十	万	千	百	十	元	角	分
原材料	××材料		应付账款	××公司			2	0	0	0	0	0	0	0
合　　　计							¥	2	0	0	0	0	0	0

财会主管：　　　记账：　　　复核：　　　制单：

附件×张

(二) 记账凭证按填制方式分类

记账凭证按其填制方式不同，可分为单式记账凭证和复式记账凭证两种。

(1) 单式记账凭证。单式记账凭证是在每张凭证上只填列经济业务事项所涉及的一个会计科目及其金额的记账凭证。填列借方科目的称为借项记账凭证，填列贷方科目的称为贷项记账凭证。一项经济业务涉及几个科目，就分别填制几张凭证，并采用一定的编号方法将它们联系起来。单式凭证的优点是内容单一，便于记账工作的分工，也便于按科目汇总，并可加速凭证的传递。其缺点是凭证张数多，内容分散，在一张凭证上不能完整地反映一笔经济业务的全貌，不便于检验会计分录的正确性，故需加强凭证的复核、装订和保管工作。

(2) 复式记账凭证。复式记账凭证是指将每一笔经济业务事项所涉及的全部会计科目及其发生额均在同一张凭证中反映的一种记账凭证。即一张记账凭证上登记一项经济业务所涉及的两个或者两个以上的会计科目，既有"借方"，又有"贷方"。复式记账凭证优点是可以集中反映账户的对应关系，有利于了解经济业务的全貌；同时还可以减少凭证的数量，减轻编制记账凭证的工作量，便于检验会计分录的正确性。其缺点是不便于汇总计算每一会计科目的发生额和进行分工记账。在实际工作中，普遍使用的是复式记账凭证。上述介绍的收款凭证、付款凭证、转账凭证都是复式记账凭证。

(三) 记账凭证按汇总方法分类

记账凭证按汇总方法不同，可分为分类汇总凭证和全部汇总凭证两种。

(1) 分类汇总凭证。它是指定期按现金、银行存款及转账业务进行分类汇总，也可以按科目进行汇总。如可以将一定时期的收款凭证、付款凭证、转账凭证分别汇总，编制汇总收款凭证、汇总付款凭证、汇总转账凭证。

(2) 全部汇总凭证。它是指将单位一定时期内编制的会计分录，全部汇总在一张记账凭证上。将一定时期的所有记账凭证按相同会计科目的借方和贷方分别汇总，编制记账凭证汇总表(或称科目汇总表)，如表 6-13 所示。汇总凭证是将许多同类记账凭证逐日或定期(3 天、5 天、10 天等)加以汇总后编制的记账凭证，有利于简化总分类账的登记工作。

收款凭证、付款凭证和转账凭证，称为专用记账凭证。实际工作中，货币资金的管理是财会人员的一项重要工作。为了单独反映货币资金收付情况，在货币资金收付业务量较多的单位，往往对货币资金的收付业务编制专用的收、付款凭证。有些经济业务简单或收、付款业务不多的单位，可以使用一种通用格式的记账凭证。这种通用记账凭证既可用于收、付款业务，又可用于转账业务，所以称为通用记账凭证，如表 6-14 所示。

表 6-13

记账凭证汇总表

200×年 10 月 31 日　　　　　　　　　　　　　　　　　　　　　　字第×号

会计科目	借方金额	记　账	贷方金额	记　账	
现　　金	4 500				附件×张
应收账款	25 000				
短期借款			22 000		
⋮	⋮		⋮		
实收资本			200 000		
合　　计	850 000		850 000		

表 6-14

记 账 凭 证

年　　月　　日　　　　　　　　编号

摘　　要	一级科目	二级或明细科目	借方金额	贷方金额	记账	
						附
						件
合　　计						

会计主管：　　　　记账：　　　　审核：　　　　出纳：　　　　制证：

【项目演练 6-6 多选题】

付款凭证左上方的"贷方科目"中可以填写的会计科目有
（　　）。

A. 库存现金　　　　　　　　B. 应收账款
C. 原材料　　　　　　　　　D. 银行存款

项目 6-6　答案与解析

三、记账凭证的填制

(一) 记账凭证的填制要求

填制记账凭证是一项重要的会计工作，为了便于登记账簿，保证账簿记录的正确性，填制记账凭证应符合以下要求：

(1) 依据真实。除结账和更正错误外，记账凭证应根据审核无误的原始凭证及有关资料填制，记账凭证必须附有原始凭证并如实填写所附原始凭证的张数。记账凭证所附原始凭证张数的计算一般应以原始凭证的自然张数为准。如果记账凭证中附有原始凭证汇总表，则应该把所附的原始凭证和原始凭证汇总表的张数一起记入附件的张数之内。但报销差旅费等零散票券，可以粘贴在一张纸上，作为一张原始凭证。一张原始凭证如果涉及几张记账凭证的，可以将原始凭证附在一张主要的记账凭证后面，在该主要记账凭证摘要栏注明"本凭证附件包括××号记账凭证业务"字样，并在其他记账凭证上注明该主要记账凭证的编号或者附上该原始凭证的复印件，以便复核查阅。如果一张原始凭证所列的支出需要由两个以上的单位共同负担时，应当由保存该原始凭证的单位开给其他应负担单位原始凭证分割单，原始凭证分割必须具备原始凭证的基本内容，并可作为填制记账凭证的依据，计算在所附原始凭证张数之内。

(2) 内容完整。记账凭证应具备的内容都要具备，要按照记账凭证上所列项目逐一填写清楚，有关人员的签名或者盖章要齐全不可缺漏。如有以自制的原始凭证或者原始凭证汇总表代替记账凭证使用的，也必须具备记账凭证应有的内容。金额栏数字的填写必须规范、准确，与所附原始凭证的金额相符。金额登记方向、数字必须正确，角分位不留空格。

(3) 分类正确。填制记账凭证，要根据经济业务的内容，区别不同类型的原始凭证，正确应用会计科目和记账凭证。记账凭证可以根据每一张原始凭证填制，或者根据若干张同类原始凭证汇总填制，也可以根据原始凭证汇总表填制，但不得将不同内容或类别的原始凭证汇总填制在一张记账凭证上，会计科目要保持正确的对应关系。一般情况下，现金或银行存款的收、付款业务，应使用收款凭证或付款凭证；不涉及现金和银行存款收付的业务，如将现金送存银行，或者从银行提取现金，应以付款业务为主，只填制付款凭证不填制收款凭证，以避免重复记账。在一笔经济业务中，如果既涉及现金或银行存款收、付，又涉及转账业务，则应分别填制收款或付款凭证和转账凭证。例如，单位职工出差归来报销差旅费并交回剩余现金时，就应根据有关原始凭证按实际报销的金额填制一张转账凭证，同时按收回的现金数额填制一张收款凭证。各种记账凭证的使用格式应相对稳定，特别是在同一会计年度内，不宜随意更换，以免引起编号、装订、保管方面的不便与混乱。

(4) 日期正确。记账凭证的填制日期一般应填制记账凭证当天的日期，不能提前或拖后；按权责发生制原则计算收益、分配费用、结转成本利润等调整分录和结账分录的记账凭证，虽然需要到下月才能填制，但为了便于在当月的账内进行登记，仍应填写当月月末的日期。

(5) 连续编号。为了分清会计事项处理的先后顺序，以便记账凭证与会计账簿之间的核对，确保记账凭证完整无缺，填制记账凭证时，应当对记账凭证连续编号。记账凭证编号的方法有多种：一种是将全部记账凭证作为一类统一编号；另一种是分别按现金和银行存款收入业务、现金和银行付出业务、转账业务三类进行编号，这样记账凭证的编号应分为收字第×号、付字第×号、转字第×号；还有一种是分别按现金收入、现金支出、银行存款收入、银行存款支出和转账业务五类进行编号，这种情况下，记账凭证的编号应分为现收字第×号、现付字第×号、银收字第×号、银付字第×号和转字第×号，或者将转账业务按照具体内容再分成几类编号。各单位应当根据本单位业务繁简程度、会计人员多寡和分工情况来选择便于记账、查账、内部稽核、简单严密的编号方法。无论采用哪一种编号方法，都应该按月顺序编号，即每月都从一号编起，按自然数 1、2、3、4、5、…，顺序编至月末，不得跳号、重号。一笔经济业务需要填制两张或两张以上记账凭证的，可以采用分数编号法进行编号，例如有一笔经济业务需要填制三张记账凭证，凭证顺序号为 6，就可以编成 6 1/3、6 2/3、6 3/3，前面的数表示凭证顺序，后面分数的分母表示该号凭证共有三张，分子表示三张凭证中的第一张、第二张、第三张。

(6) 简明摘要。记账凭证的摘要栏是填写经济业务简要说明的，摘要应与原始凭证内容一致，能正确反映经济业务的主要内容，既要防止简而不明，又要防止过于繁琐。应能使阅读者通过摘要就能了解该项经济业务的性质、特征，判断出会计分录的正确与否，一般不需要再去翻阅原始凭证或询问有关人员。

(7) 分录正确。会计分录是记账凭证中重要的组成部分，在记账凭证中，要正确编制会计分录并保持借贷平衡，就必须根据国家统一会计制度的规定和经济业务的内容，正确使用会计科目，不得任意简化或改动。应填写会计科目的名称，或者同时填写会计科目的名称和会计科目编号，不应只填编号，不填会计名称。应填明总账科目和明细科目，以便于登记总账和明细分类账。会计科目的对应关系要填写清楚，应先借后贷，一般填制一借一贷，一借多贷或者多借一贷的会计分录。但如果某项经济业务本身就需要编制一个多借多贷的会计分录时，也可以填制多借多贷的会计分录，以集中反映该项经济业务的全过程。填入金额数字后，要在记账凭证的合计行计算填写合计金额。记账凭证中借、贷方的金额必须相等，合计数必须计算正确。

(8) 空行注销。填制记账凭证时，应按行次逐行填写，不得跳行或留有空行。记账凭证填完经济业务后，如有空行，应当在金额栏自最后一笔金额数字下的空行至合计数上的空行处划斜线或"～"行线注销。

(9) 填错更改。填制记账凭证时如果发生错误，应当重新填制。已经登记入账的记账凭证在当年内发生错误的，如果是使用的会计科目或记账凭证方向有错误，可以用红字金额填制一张与原始凭证内容相同的记账凭证，在摘要栏注明"注销某月某日某号凭证"字样，同时再用蓝字重新填制一张正确的记账凭证，在摘要栏注明"更正某月某日某号凭证"字样；如果会计科目和记账方向都没有错误，只是金额错误，可以按正确数字和错误数字之间的差额，另编一张调整的记账凭证，调增金额用蓝数字，调减金额用红数字。发现以前年度的金额有错误时，应当用蓝字填制一张更正的记账凭证。

记账凭证中，文字、数字和货币符号的书写要求，与原始凭证相同。实行会计电算化的单位，其机制记账凭证应当符合对记账凭证的基本要求，打印出来的机制凭证上，要加盖制单人员、审核人员、记账人员和会计主管人员印章或者签字，以明确责任。

(二) 记账凭证的填制方法

1. 单式记账凭证的填制

单式记账凭证，就是在一张凭证上只填列一个会计科目。一项经济业务的会计分录涉及几个会计科目，就填几张记账凭证。为了保持会计科目间的对应关系，便于核对，在填制一个会计分录时编一个总号，再按凭证张数编几个分号，如第4笔经济业务涉及三个会计科目，编号则为4 1/3，4 2/3，4 3/3。

单式记账凭证中，填列借方账户名称的称为借项记账凭证，填列贷方账户名称的称为贷项记账凭证。为了便于区别，两者常用不同的颜色印制。

2. 复式记账凭证的填制

复式记账凭证就是在一张记账凭证上记载一笔完整的经济业务所涉及的全部会计科目。为了清晰地反映经济业务的来龙去脉，不应将不同的经济业务合并填制。

(1) 收款凭证的填制。

收款凭证是根据审核无误的现金和银行存款收款业务的原始凭证编制的。收款凭证左上角的"借方科目"，按收款的性质填写"库存现金"或者"银行存款"；日期填写的是编制本凭证的日期；右上角填写编制收款凭证顺序号；"摘要栏"简明扼要地填写经济业务的内容梗概；"贷方科目"栏内填写与收入"库存现金"或"银行存款"科目相对应的总账科目及所属明细科目；"金额"栏内填写实际收到的现金或银行存款的数额，各总账科目与所属明细科目的应贷金额，应分别填写与总账科目或明细科目同一行的"总账科目"或"明细科目"金额栏内；"金额栏"的合计数，只合计"总账科目"金额，表示借方科目"现金"或"银行存款"的金额；"记账栏"供记账人员在根据收款凭证登记有关账簿后作记号用，表示已经记账，防止经济业务的事项的重记或漏记；该凭证右边"附件 张"根据所附原始凭证的张数填写；凭证最下方有关人员签章处供有关人员在履行了责任后签名或签章，以明确经济责任。

(2) 付款凭证的填制。

付款凭证是根据审核无误的现金和银行付款业务的原始凭证编制的。付款凭证的左上角“贷方科目”，应填列“库存现金”或者“银行存款”，“借方科目”栏应填写与“现金”或“银行存款”科目相对应的总账科目及所属的明细科目。其余各部分的填制方法与收款凭证基本相同，不再述及。

(3) 转账凭证的填制。

转账凭证是根据审核无误的不涉及现金和银行存款收付的转账业务的原始凭证编制的。转账凭证的“会计科目”栏应按照先借后贷的顺序分别填写应借应贷的总账科目及所属的明细科目；借方总账科目及所属明细科目的应记金额，应在与科目同一行的“借方金额”栏内相应栏次填写，贷方总账科目及所属明细科目的应记金额，应在与科目同一行的“贷方金额”栏内相应栏次填写；“合计”行只合计借方总账科目金额和贷方总账科目金额，借方总账科目金额合计数与贷方总账金额合计数应相等。

【项目演练 6-7 业务处理题】

2017 年 12 月 3 日，购入一台不需安装的 A 设备，取得的增值税专用发票注明买价 20 000 元，增值税 2 600 元，全部款项以银行存款支付。请代会计李平编制记字 15 号记账凭证(附件 3 张)，请填入下图 6-5 中。

项目 6-7　答案

记　账　凭　证

年　月　日　　　　　　记字第　　号

摘要	会计科目		借方金额											贷方金额											记账
	总账科目	明细科目	亿	千	百	十	万	千	百	十	元	角	分	亿	千	百	十	万	千	百	十	元	角	分	√
附件　张	合计																								

会计主管：　　记账：　　出纳：　　审核：　　制单：

图 6-5　记账凭证

四、记账凭证的审核

记账凭证编制以后，必须由专人进行审核，借以监督经济业务的真实性、合法性和合理性，并检查记账凭证的编制是否符合要求。特别要审核最初证明经济业务实际发生、完成的原始凭证。因此，对记账凭证的审核是一项严肃细致、政策性很强的工作。只有做好这项工作才能正确地发挥会计反映和监督的作用。记账凭证审核的基本内容包括以下几项：

(1) 内容是否真实。审核记账凭证是否有原始凭证为依据，所附原始凭证的内容是否与记账凭证的内容一致，记账凭证汇总表的内容与其所依据的记账凭证的内容是否一致等。

(2) 项目是否齐全。审核记账凭证各项目的填写是否齐全，如日期、凭证编号、摘要、金额、所附原始凭证张数及有关人员签章等。

(3) 科目是否准确。审核记账凭证的应借、应贷科目是否正确，是否有明确的账户对应关系，所使用的会计科目是否符合国家统一的会计制度的规定等。

(4) 金额是否正确。审核记账凭证所记录的金额与原始凭证的有关金额是否一致、计算是否正确，记账凭证汇总表的金额与记账凭证的金额合计是否相符等。

(5) 书写是否规范。审核记账凭证中的记录是否文字工整、数字清晰，是否按规定进行更正等。

在审核过程中，如果发现不符合要求的地方，应要求有关人员采取正确的方法进行更正。只有经过审核无误的记账凭证，才能作为登记账簿的依据。

6.4 传递、装订和保管会计凭证

一、会计凭证的传递

会计凭证的传递，是指从会计凭证取得或填制起至归档保管时止，在单位内部有关部门和人员之间按照规定的时间、程序进行处理的过程。各种会计凭证，他们所记载的经济业务不同，涉及的部门和人员不同，办理的业务手续也不同，因此，应当为各种会计凭证规定一个合理的传递程序，即一张会计凭证填制后应交到哪个部门，哪个岗位，由谁办理业务手续等，直到归档保管为止。

(一) 会计凭证传递的意义

正确组织会计凭证的传递，对于提高会计核算资料的及时性、正确组织经济活动、加强经济责任、实行会计监督、具有重要意义。

(1) 正确组织会计凭证的传递，有利于提高工作效率

正确组织会计凭证的传递，能够及时、真实反映和监督各项经济业务的发生和完成情况，为经济管理提供可靠的经济信息。同时，也例如，材料运到企业后，仓库保管员应在规定的时间内将材料验收入库，填制"收料单"，注明实收数量等情况，并将"收料单"及时送到财会部门及其他有关部门。财会部门接到"收料单"，经审核无误，就应及时编制记账凭证和登记账簿，生产部门得到该批材料已验收入库凭证后，便可办理有关领料手续，用于产品生产等。如果仓库保管员未按时填写"收料单"或虽填写"收料单"，但没有及时送到有关部门，就会给人以材料尚未入库的假象，影响企业生产正常进行。

(2) 正确组织会计凭证的传递，能更好地发挥会计监督作用

正确组织会计凭证的传递，便于有关部门和个人分工协作，相互牵制，加强岗位责任制，更好地发挥会计监督作用。例如，从材料运到企业验收入库，需要多少时间，由谁填制"收料单"，何时将"收料单"送到供应部门和财会部门，会计部门收到"收料单"后由谁进行审核，并同供应部门的发货票进行核对，由谁何时编制记账凭证和登记账簿，由谁负责整理保管凭证等。这样，就把材料收入业务验收入库到登记入账的全部工作，在本单位内部进行分工合作，共同完成。同时可以考核经办业务的有关部门和人员是否按规定

的会计手续办理，从而加强经营管理，提高工作质量。

(二) 会计凭证传递的基本要求

各单位的经营业务性质是多种多样的，各种经营业务又有各自的特点，所以，办理各项经济业务的部门和人员以及办理凭证所需要的时间、传递程序也必然各不相同。这就要求每个单位都必须根据自己的业务特点和管理特点，由单位领导会同会计部门及有关部门共同设计制订出一套会计凭证的传递程序，使各个部门保证有序、及时地按规定的程序处理凭证传递。各单位在设计制定会计凭证传递时，应注意以下几个问题：

(1) 根据经济业务的特点、机构设置和人员分工情况，明确会计凭证的传递程序。

由于企业生产经营业务的内容不同，企业管理的要求也不尽相同。在会计凭证的传递过程中，要根据具体情况，确定每一种凭证的传递程序和方法。合理制订会计凭证所经过的环节，规定每个环节负责传递的相关责任人员，规定会计凭证的联数以及每一联凭证的用途。做到既可使各有关部门和人员了解经济活动情况、及时办理手续，又可避免凭证经过不必要的环节，以提高工作效率。

(2) 规定会计凭证经过每个环节所需要的时间，以保证凭证传递的及时性。

会计凭证的传递时间，应考虑各部门和有关人员的工作内容和工作量在正常情况下完成的时间，明确规定各种凭证在各个环节上停留的最长时间，不能拖延和积压会计凭证，以免影响会计工作的正常程序。一切会计凭证的传递和处理，都应在报告期内完成，不允许跨期，否则将影响会计核算的准确性和及时性。

会计凭证在传递过程中的衔接手续，应该做到既完备、严密，又简单易行。凭证的收发、交接都应当按一定的手续制度办理，以保证会计凭证的安全和完整。会计凭证的传递程序、传递时间和衔接手续明确后，制定凭证传递程序，规定凭证传递路线、环节及在各个环节上的时间、处理内容及交接手续，使凭证传递工作有条不紊、迅速而有效地进行。

二、会计凭证的装订

(一) 装订准备

会计凭证装订前的准备，是指对会计凭证进行排序、粘贴和折叠。因为原始凭证的纸张面积与记账凭证的纸张面积不可能全部一样，有时前者大于后者，有时前者小于后者，这就需要会计人员在制作会计凭证时对原始凭证加以适当整理，以便下一步装订成册。对于纸张面积大于记账凭证的原始凭证，可按记账凭证的面积尺寸，先自右向后，再自下向后两次折叠。注意应把凭证的左上角或左侧面让出来，以便装订后，还可以展开查阅。对于纸张面积过小的原始凭证，一般不能直接装订，可先按一定次序和类别排列，再粘在一张同记账凭证大小相同的白纸上，粘贴时宜用胶水。证票应分张排列，同类、同金额的单据尽量粘在一起；同时，在一旁注明张数和合计金额。如果是板状票证，可以将票面票底轻轻撕开，厚纸板弃之不用。对于纸张面积略小于记账凭证的原始凭证，可先用回形针或大头针别在记账凭证后面，待装订时再抽去回形针或大头针。有的原始凭证不仅面积大，而且数量多，可以单独装订，如工资单、耗料单等，但在记账凭证上应注明保管地点。原始凭证附在记账凭证后面的顺序应与记账凭证所记载的内容顺序一致，不应按原始凭证的面积大小来排序。

会计凭证经过上述的加工整理之后，就可以装订了。

（二）装订方法

会计凭证的装订是指把定期整理完毕的会计凭证按照编号顺序，外加封面、封底，装订成册，并在装订线上加贴封签。在封面上，应写明单位名称、年度、月份、记账凭证的种类、起讫日期、起讫号数，以及记账凭证和原始凭证的张数，并在封签处加盖会计主管的骑缝图章。如果采用单式记账凭证，在整理装订凭证时，必须保持会计分录的完整。为此，应按凭证号码顺序还原装订成册，不得按科目归类装订。对各种重要的原始单据，以及各种需要随时查阅和退回的单据，应另编目录，单独登记保管，并在有关的记账凭证和原始凭证上相互注明日期和编号。

会计凭证装订的要求是既美观大方又便于翻阅，所以在装订时要先设计好装订册数及每册的厚度。一般来说，一本凭证，厚度以 1.5 至 2.0 cm 为宜，太厚了不便于翻阅核查，太薄了又不利于戳立放置。凭证装订册数可根据凭证多少来定，原则上以月份为单位装订，每月订成一册或若干册。有些单位业务量小，凭证不多，把若干个月份的凭证合并订成一册就可以，只要在凭证封面(如图 6-6 所示)注明本册所含的凭证月份即可。为了使装订成册的会计凭证外形美观，在装订时要考虑到凭证的整齐均匀，特别是装订线的位置，如果太薄时可用纸折一些三角形纸条，均匀地垫在此处，以保证它的厚度与凭证中间的厚度一致。有些会计在装订会计凭证时采用角订法，装订起来简单易行，这也很不错。它的具体操作步骤如下：

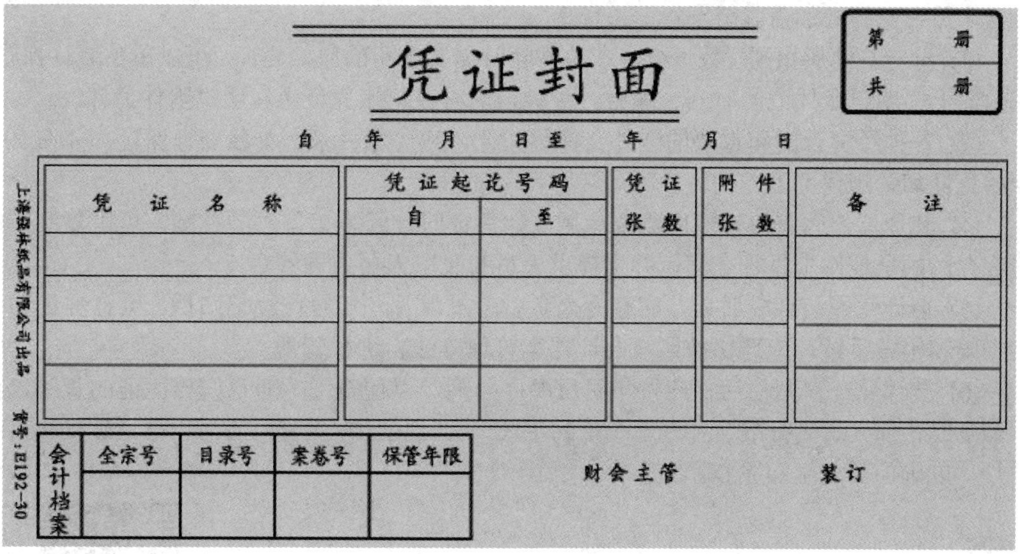

图 6-6　会计凭证封面

(1) 将凭证封面和封底裁开，分别附在凭证前面和后面，再拿一张质地相同的纸(可以再找一张凭证封皮，裁下一半用，另一半为订下一本凭证备用)放在封面上角，做护角线；

(2) 在凭证的左上角画一边长为 5 cm 的等腰三角形，用夹子夹住，用装订机在底线上分布均匀地打两个眼儿；

(3) 用大针引线绳穿过两个眼儿。如果没有针，可以将回形别针顺直，然后将两端折向同一个方向，将线绳从中间穿过并夹紧，即可把线引过来，因为一般装订机打出的眼儿是可以穿过的；

(4) 在凭证的背面打线结。线绳最好在凭证中端系上；

(5) 将护角向左上侧折，并将一侧剪开至凭证的左上角，然后抹上胶水；

(6) 向后折叠，并将侧面和背面的线绳扣粘死；

(7) 待晾干后，在凭证本的脊背上面写上"某年某月第几册共几册"的字样。装订人在装订线封签处签名或者盖章。现金凭证、银行凭证和转账凭证最好依次顺序编号，一个月从头编一次序号，如果单位的凭证少，可以全年顺序编号。

三、会计凭证的保管

会计凭证的保管是指会计凭证记账后的整理、装订、归档和存查工作。

会计凭证是记录经济业务、明确经济责任、具有法律效力的证明文件，又是登记账簿的依据，所以，它是重要的经济档案和历史资料。任何企业在完成经济业务手续和记账之后，必须按规定立卷归档，形成会计档案资料，妥善保管，以便日后随时查阅。

会计凭证整理保管的要求有：

(1) 各种记账凭证，连同所附原始凭证和原始凭证汇总表，要分类按顺序编号，定期(一天、五天、十天或一个月)装订成册，并加具封面、封底，注明单位名称、凭证种类、所属年月和起讫日期、起止号码、凭证张数等。为防止任意拆装，应在装订处贴上封签，并由经办人员在封签处加盖骑缝章；

(2) 对一些性质相同、数量很多或各种随时需要查阅的原始凭证，可以单独装订保管，在封面上写明记账凭证的时间、编号、种类，同时在记账凭证上注明"附件另订"；

(3) 各种经济合同和重要的涉外文件等凭证，应另编目录，单独登记保管，并在有关原始凭证和记账凭证上注明；

(4) 其他单位因有特殊原因需要使用原始凭证时，经本单位领导批准，可以复制，但应在专门的登记簿上进行登记，并由提供人员和收取人员共同签章；

(5) 会计凭证装订成册后，应有专人负责分类保管，年终应登记归档。会计凭证的保管期限和销毁手续，应严格按照《会计档案管理办法》进行管理；

(6) 会计凭证在归档后，应按年月日顺序排列，以便查阅。对已归档凭证的查阅、调用和复制，都应得到批准，并办理一定的手续。会计凭证在保管中应防止霉烂破损和鼠咬虫蛀，以确保其安全和完整。

练习

项目 6　答案

一、单项选择题

1. 下列业务中，应该填制库存现金收款凭证的是(　　　)。

A. 出售材料一批，款未收

B. 从银行提取现金

C. 出租设备，收到一张商业汇票

D. 报废一台电脑，出售残料收到现金

2. ( )是指从会计凭证的取得或填制时起至归档保管过程中，在单位内部有关部门和人员之间的传送程序。

A. 会计凭证的填制　　　　　　B. 会计凭证的审核

C. 会计凭证的传递　　　　　　D. 会计凭证的保管

3. 下列选项中属于审核记账凭证内容的是( )。

A. 经济业务是否符合国家有关政策的规定

B. 凭证所列事项是否符合有关的计划、预算和合同等规定

C. 经济业务是否符合生产经营活动的需要

D. 科目是否正确

4. 以下记账凭证中，可以不附原始凭证的是( )。

A. 更正错误的记账凭证　　　　　　B. 从银行提取现金的记账凭证

C. 以现金发放工资的记账凭证　　　　D. 职工临时性借款的记账凭证

5. 下列各项中，( )不属于记账凭证的基本要素。

A. 交易或事项的内容摘要　　　　　　B. 交易或事项的数量、单价

C. 应记会计科目、方向及金额　　　　D. 凭证的编号

二、多项选择题

1. 下列关于记账凭证的填制要求说法正确的有( )。

A. 凭证应由主管该项业务的会计人员，按业务发生顺序并按不同种类的记账凭证连续编号。如果一笔经济业务，需要填列多张记账凭证，可采用"分数编号法"

B. 反映收付款业务的会计凭证可以由会计编号，也可以由出纳编号

C. 记账凭证可以根据每一张原始凭证填制

D. 记账凭证可以根据若干张同类原始凭证汇总编制，也可以根据原始凭证汇总表填制

2. 会计凭证封面应注明( )。

A. 年度　　　　　　B. 凭证种类

C. 凭证张数　　　　D. 起止号数

3. 下列关于会计凭证的传递，说法正确的有( )。

A. 会计凭证的传递是指在单位内部有关部门和人员之间的传送程序

B. 会计凭证的传递，应当满足内部控制的要求

C. 会计凭证的传递程序和方法由国家统一规定

D. 会计凭证的传递包括传递程序和传递时间

4. 下列关于审核记账凭证的金额是否正确的说法，正确的有( )。

A. 记账凭证与原始凭证的有关金额是否一致

B. 记账凭证的应借、应贷科目是否正确

C. 原始凭证汇总表的金额与记账凭证的金额是否相符

D. 记账凭证中的有关项目填列是否完备

5. 下列经济业务中，( )应填制付款凭证。

A. 提取库存现金备用　　　　　　B. 以银行存款支付前欠某单位货款

C. 购买材料未付款　　　　　　　D. 购买材料以银行存款预先支付定金

三、判断题

1. 会计凭证中不需要相关人员的签章。（　　）

2. 会计凭证应定期装订成册，防止散失。（　　）

3. 会计凭证的传递是指从会计凭证取得或归档保管过程中，在会计部门的传送程序。（　　）

4. 原始凭证用以记录、证明经济业务已经发生或完成，而记账凭证则使用会计科目对已经发生或完成的经济业务进行归类、整理。（　　）

5. 通过会计凭证的审核，可以查明每一项经济业务是否符合国家有关法律、法规、制度的规定。（　　）

拓展阅读

滴滴可以开支付宝电子发票：出差报销更方便

2018 年 1 月 25 日，支付宝官方微博宣布从今日起，滴滴可以开支付宝电子发票，如图 6-7 所示。

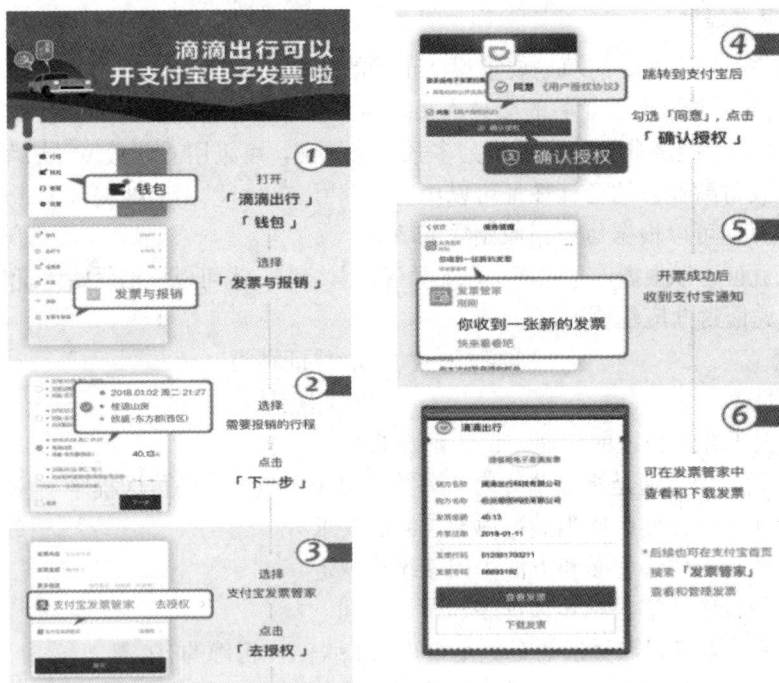

图 6-7　支付宝电子发票

支付宝称，这两天不少城市都下雪了，天气比较冷，很多人出行都是用滴滴叫车的。但到了要开发票的时候就觉得有些麻烦了，纸质发票快递要三五天，电子发票又很容易发错邮箱。

现在方便了，从今日起，只需简单步骤，全国滴滴用户开出的电子发票都可以在支付宝里轻松查收和管理。

资料来源：http://www.sohu.com/a/218892820_114837

项目7　设置和登记会计账簿

职业能力目标

(1) 掌握企业应设立的账簿；

(2) 掌握对账和结账的方法；

(3) 了解账簿的作用、分类和各类账簿的重要程度。

项目导入

账簿再现"老长沙"80多年前的财务往事

"丨、刂、刂丨、乂、ㄅ、亠、二、三、夂、十"这些符号，你见过或用过吗？当时间回转到80多年前，如此符号对于从事记账的财务人员来说，可是必不可缺的"常识"。

在长沙市档案馆浩如烟海的馆藏档案中，《周和顺账簿》算得上不可多得的完好珍档之一。斑驳的漆布封面，"周和顺""俸金总登"等字样依稀可辨，右上角写有"甲子"二字，为1924年至1933年长沙周和顺商号的账簿。

账簿共252页，竖格，线装，记账分三栏，单位多为光洋(银元)，也有纸币(元)。从记账内容来看，"周和顺"是一家药材批发兼营房、地产的商号。

文史专家、省文史馆馆员陈先枢说，《周和顺账簿》是清末民初商户普通使用的账簿，称为"流水簿"，民间称为"记流水账"，即每日收、付各项。每一格的记账，从上至下分别为日期、项目、货币单位、金额。值得一提的是，其实，金额采用商码字符和汉字混写，既有丨、刂、刂丨、乂、ㄅ、亠、二、三、夂、十，也有用大写的壹、贰、叁、肆、伍、陆、柒、捌、玖、拾。

《周和顺账簿》的"俸金总登"指的是广义的俸金，包括俸金、工钱、押租、行佣、官息、送礼、购物，以及业务进出收支等。户头分为堂号、人名、街名、项目等类，其中堂号户头有"馥记""孝养堂""友爱堂"等，尤以"馥记"为大头，多为药材款的收付，其余多为押租账目；街名户头有"文星街""三兴街""福源巷"等，多与房产有关。

《周和顺账簿》的开启，打开了解"老长沙"政治、经济、社会的一扇微"窗口"。在该账簿中，多页账簿上贴有印花税票，票面金额均为1分。陈先枢说，印花税的名称来自我国，起源清光绪十五年(1889年)，由纳税人按规定应税比例和定额自行购买并粘贴税票，1913年正式开征。到1949年底，国内印花税共印制发行了9套，地方印制了29套印花税票，其中有名的有"长城图""嘉禾图""孙中山像"等。《周和顺账簿》张贴的便是"嘉禾图"印花税票，看得出该商号当时是依法缴纳了印花税。

在《周和顺账簿》中还直接书写有一些字据，如民国十三年(1924 年)周兄去世，其嫂张氏的身后用费支付即立据在账簿上。字据最后注明：无论何人不得预先取用，亦不得抵押，倘有折据抵押别人，作为无效，特此预先申明，立此为据。做账细节之讲究，可见一斑。

资料来源：http://hunan.voc.com.cn/article/201706/201706060913282990.html

工作任务与项目导图

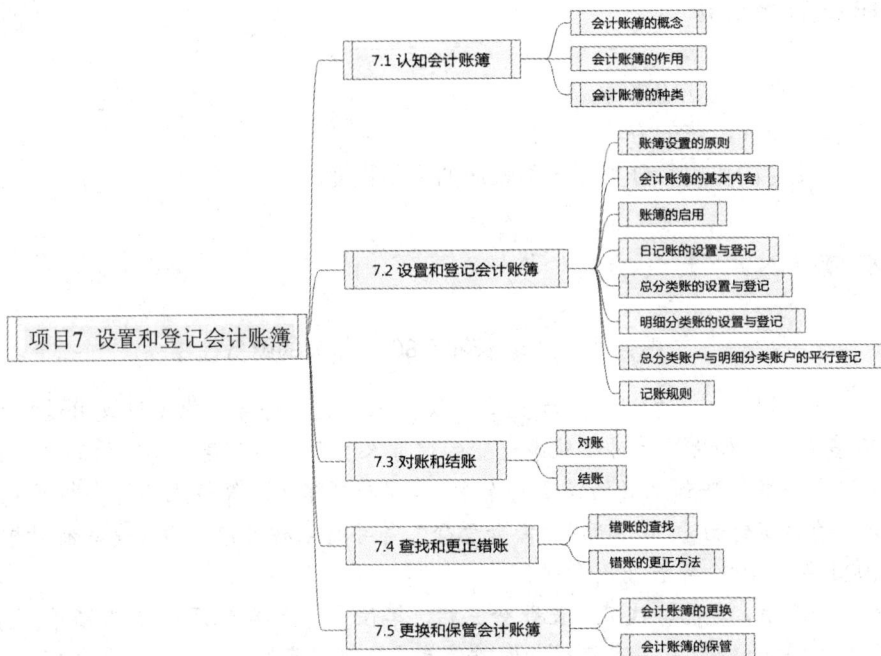

7.1　认知会计账簿

一、会计账簿的概念

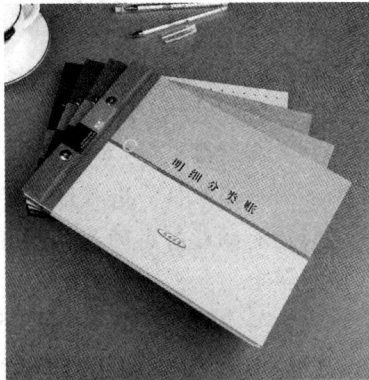

会计账簿是指由一定格式账页组成的，以经过审核的会计凭证为依据，全面系统连续地记录各项经济业务的账簿。在形式上，会计账簿是若干账页的组合；在实质上，会计账簿是会计信息形成的重要环节，是会计资料的主要载体之一，也是会计资料的重要组成部分，如图 7-1 所示。

会计账簿是账户的表现形式，两者既有区别又有联系。账户是在账簿中以规定的会计科目开设户头，用以规定不同的账簿所记录的内容，账户存在于账簿之中，

图 7-1　会计账簿

账簿中的每一账页就是账户的存在形式和信息载体。如果没有账户，也就没有所谓的账簿；如果没有账簿，账户也成了一种抽象的东西，无法存在。但是账簿只是一种外在形式，账户才是它的真实内容。账簿序时、分类地记载经济业务，是在个别账户中完成的，也可以说，账簿是由若干张账页组成的一个整体，而开设于账页上的账户则是这个整体上的个别部分。因此，账簿和账户的关系是形式和内容的关系。

【项目演练 7-1 多选题】

下列选项中，关于账簿与账户关系的表述，正确的有(　　)。

A. 账户存在于账簿之中，账簿中的每一账页就是账户的存在形式和载体

B. 没有账簿，账户就无法存在

C. 账簿序时、分类地记载经济业务，是在账户中完成的

D. 账簿只是一个外在形式，账户才是它的真实内容

项目 7-1　答案

二、会计账簿的作用

会计账簿的作用如下：

(1) 通过账簿的设置和登记，记载、储存会计信息。将会计凭证所记录的经济业务记入有关账簿，可以全面反映会计主体在一定时期内所发生的各项资金运动，储存所需要的各项会计信息。

(2) 通过账簿的设置和登记，分类、汇总会计信息。账簿由不同的相互关联的账户所构成，通过账簿记录，一方面可以分门别类地反映各项会计信息，提供一定时期内经济活动的详细情况；另一方面可以通过发生额、余额计算，提供各方面所需要的总括会计信息，反映财务状况及经营成果。

(3) 通过账簿的设置和登记，检查、校正会计信息。账簿记录是会计凭证信息的进一步整理。

(4) 通过账簿的设置和登记，编表、输出会计信息。为了反映一定日期的财务状况及一定时期的经营成果，应定期进行结账工作，进行有关账簿之间的核对，计算出本期发生额和余额，据以编制会计报表，向有关各方提供所需要的会计信息。

三、会计账簿的种类

(一) 按用途分类

会计账簿按用途可以分为序时账簿、分类账簿、备查账簿三类。

(1) 序时账簿：又称日记账，是按照经济业务发生或完成时间的先后顺序逐日逐笔进行登记的账簿。序时账簿是会计部门按照收到会计凭证号码的先后顺序进行登记的。在会计工作发展的早期，就要求必须将每天发生的经济业务逐日登记，以便记录当天业务发生的金额，因而习惯地称序时账簿为日记账。

序时账簿按其记录内容的不同，又分为普通日记账和特种日记账两种。

普通日记账是将企业每天发生的所有经济业务，不论其性质如何，按其先后顺序，编

成会计分录记入账簿；特种日记账是按经济业务性质单独设置的账簿，它只把特定项目按经济业务顺序记入账簿，反映其详细情况，如库存现金日记账和银行存款日记账。

特种日记账的设置应根据业务特点和管理需要而定，特别是那些发生繁琐、需严加控制的项目，应予以设置，如普通日记账(见表 7-1)、现金日记账(见表 7-2)、银行存款日记账。

表 7-1

普 通 日 记 账

第　　页

200×年		凭　证		会计科目	摘　　要	借方金额	贷方金额	过　　账
月	日	字	号					
3	1	转	1	物资采购	购入材料	15 000		
				应交税金	增值税	255	15 255	
				应付账款	××公司			

表 7-2

现 金 日 记 账

第　　页

200×年		凭证号码		对方科目	摘　　要	收　入	付　出	结　　余
月	日	字	号					
5	1				月初余额			1 500
	2	银付	1	银行存款	从银行提现	500		2 000
	2	现付	2	其他应收款	预支差旅费		300	1 700
	5	现付	3	管理费用	购买办公用品		50	1 650
	6	现收	5	其他应收款	交回差旅款余额	18		1 668
	6	现收	6	营业外收入	出售废旧物资	20		1 688

(2) 分类账簿：对全部经济业务事项按照会计要素的具体类别而设置的分类账户进行登记的账簿。分类账簿按其提供核算指标的详细程度不同，又分为总分类账和明细分类账。

总分类账简称总账，是根据总分类科目开设账户，用来登记全部经济业务，进行总分类核算，提供总括核算资料的分类账簿，如表 7-3 所示。

明细分类账简称明细账，是根据明细分类科目开设账户，用来登记某一类经济业务，进行明细分类核算，提供明细核算资料的分类账簿，如表 7-4 所示。

(3) 备查账簿：又称辅助账簿，是对某些在序时账簿和分类账簿等主要账簿中都不予登记或登记不够详细的经济业务事项进行补充登记时使用的账簿。它可以对某些经济业务的内容提供必要的参考资料。

备查账簿的设置应视实际需要而定，并非一定要设置，而且没有固定格式，如设置租入固定资产登记簿、代销商品登记簿等。

表 7-3

总 分 类 账

会计科目：原材料　　　　　　　　(逐笔登记)　　　　　　　　　　　第　页

200×年		凭证号数	摘　要	借　方	贷　方	借或贷	余　额
月	日						
7	1		月初余额			借	50 000
	2	转 1	材料验收入库	25 000		借	75 000
	5	转 2	领用材料		30 000	借	45 000

表 7-4

原材料明细分类账

会计科目：原材料　　　　　　　　　　　　　　　　　　　　　　第　页

类别：钢材　　　品名及规格：×××　　　　计量单位：千克　　　　存放地点：××

200×年		凭证号码	摘要	收　入			发　出			结　存		
月	日			数量	单价	金额	数量	单价	金额	数量	单价	金额
8	1		月初余额							1 000	100	100 000
	2	收 1	购入	2 000	100	200 000				3 000	100	300 000
	5	转 5					500	100	50 000	2 500	100	250 000

(二) 按外表形式分类

会计账簿按外表形式可分为订本式账簿、活页式账簿、卡片式账簿三类。

(1) 订本式账簿：简称订本账，是在启用前将编有顺序页码的一定数量账页装订成册的账簿。这种账簿一般适用于重要的和具有统驭性的总分类账、现金日记账和银行存款日记账。

优点：可以避免账页散失，防止账页被抽换，保证安全。

缺点：同一账簿在同一时间只能由一人登记，这样不便于会计人员分工协作记账，也不便于计算机打印记账。(特种日记账，如库存现金日记账和银行存款日记账，以及总分类账必须采用订本账形式。)

(2) 活页式账簿：简称活页账，是将一定数量的账页置于活页夹内，可根据记账内容的变化而随时增加或减少部分账页的账簿。活页账一般适用于明细分类账。

优点：可以根据实际需要增添账页，不会浪费账页，使用灵活，并且便于同时分工记账。

缺点：账页容易散失和被抽换。(各种明细分类账可采用活页账形式。)

(3) 卡片式账簿：简称卡片账，是将一定数量的卡片式账页存放于专设的卡片箱中，账页可以根据需要随时增添的账簿。卡片账一般适用于低值易耗品、固定资产等的明细核算。(在我国一般只对固定资产明细账采用卡片账形式。)

(三) 按账页格式分类

会计账簿按账页格式可分为两栏式账、三样式栏簿、多栏式账簿、数量金额式账簿、横线登记式账簿。

(1) 两栏式账簿：只有借方和贷方。普通日记账通常采用此种形式。

(2) 三栏式账簿：设有借方、贷方和余额，适用于只进行金额核算的资本、债权、债务明细账，如"应收账款""应付账款""实收资本"等账户的明细分类核算。

(3) 多栏式账簿：是在账簿的两个基本栏目借方和贷方按照需要分设若干个专栏的账簿，适用于收入、成本、费用、利润和利润分配明细账，如"生产成本""管理费用""销售费用""制造费用"等账户的明细分类核算，如表 7-5 所示。

(4) 数量金额式账簿：借方、贷方和余额三个栏目内都分设数量、单价和金额三小栏，以反映财产物资的实物数量和价值量，如原材料、库存商品、周转材料、固定资产明细账，如表 7-6 所示。

(5) 横线登记式账簿：在同一张账页的同一行，记录某一项经济业务从发生到结束的相关内容。

表 7-5

制造费用明细分类账

明细科目：制造费用　　　　　　　　(多栏式)　　　　　　　　第　页

| 200×年 | | 凭证号码 | 摘　要 | 借　　方 | | | | | 贷方 | 余额 |
月	日			工资和福利费	折旧费	修理费	办公费	水电费		
8	5	现付 1	支付工资	3 500						3 500
	8	现付 3	支付修理费			500				4 000
	10	现付 5	支付办公费				350			4 350
	15	转 10	支付水电费					400		4 750
	30	转 20	支付付折旧		2 000					6 750
	31	转 30	转入生产成本						6 750	0

表 7-6

物资采购明细分类账

材料名称：钢材——×××　　　　　　　　(平行式)　　　　　　　　第　页

| 200×年 | | 凭证号码 | 摘　要 | 借　方　金　额 | | | 贷　方　金　额 | | | | 结余金额 |
月	日			买价	采购费用	合计	月	日	凭证号码	金额	
8	1		月初余额								0
	3		购入	5 500	300	5 800	8	5		5 800	
	5	略	购入	7 200	400	7 600		7	(略)	7 600	
	6		购入	2 800	500	3 300		8		3 300	
	8		购入	1 000	200	1 200					
	10		结余金额								1 200

【项目演练 7-2 单选题】

账簿按(　　)分为序时账簿、分类账簿和备查账簿。

A. 用途

B. 经济内容

C. 外表形式

D. 账页格式

项目 7-2　答案与解析

【项目演练 7-3 单选题】

下列关于账簿的表述，错误的是(　　)。

A. 三栏式账簿是设有借方、贷方和余额三个基本栏目的账簿

B. 银行存款日记账、总分类账应使用订本账形式

C. 各种明细分类账一般采用活页账形式

D. 备查账簿是根据会计凭证登记的账簿

项目 7-3　答案与解析

7.2　设置和登记会计账簿

一、账簿设置的原则

各企业均应当按照会计核算的基本要求和会计规范的有关规定，结合本企业的经济业务特点和经营管理的需要，设置必要的账簿，并且认真做好记账工作。在进行账簿设置的时候，一般应当遵循以下原则：

(1) 要确保全面、连续、系统的核算和监督所发生的各项经济业务，为企业经营管理和编制会计报表提供完整、系统的会计信息和资料。

(2) 在保证满足核算和监督经济业务的前提下，尽量节约人力、物力，注意防止重复记账。

(3) 在格式设计上，要从所要核算的经济业务的内容和需要提供的核算指标出发，力求简明实用，避免繁琐复杂，以提高会计工作效率。

二、会计账簿的基本内容

各种账簿所记录的经济内容不同，账簿的格式又多种多样，不同账簿的格式所包括的具体内容也不尽一致，但各种主要账簿应具备以下基本内容：

(1) 封面：主要用于表明账簿的名称，如现金日记账、银行日记账、总分类账、应收账款明细账等。

(2) 扉页：主要用于载明经管人员一览表，其应填列的内容主要有：经管人员、移交人和移交日期、接管人和接管日期，如图 7-2 所示。

(3) 账页：用来记录具体经济业务的载体，其格式因记录经济业务的内容的不同而有所不同，但每张账页上应载明的主要内容有：账户的名称(即会计科目)，记账日期栏，记账凭证种类和号数栏，摘要栏(经济业务内容的简要说明)，借方、贷方金额及余额的方向、金额栏，总页次和分页次等，如图 7-3 所示。

账簿使用登记表

单位名称			单位公章		
	名　称				
	册　次	第　　　册			
	页　数	第　　号至第　　号共计　　　页			
	使用起讫日期	自　　　年　　月　　日起 至　　　　　　　　　　　止			
单 位 负 责		主 管 会 计		记 账	印花税票粘贴处
姓　名	盖　章	姓　名	盖　章	姓　名	盖　章	

职别	姓　名	接　管			交　出			
		年	月	日	盖章	年	月	日	盖章

图 7-2　扉页

总账

年		记账凭证号数	摘要	对方科目	借方									贷方									借或贷	余额								
月	日				千	百	十	万	千	百	十	元	角	分	千	百	十	万	千	百	十	元	角	分		千	百	十	万	千	百	十	元	角	分

图 7-3　账页

三、账簿的启用

启用会计账簿时，应当在账簿的有关位置记录以下相关信息：

(1) 设置账簿的封面。除订本账不另设封面以外，各种活页账都应设置封面和封底，并登记单位名称、账簿名称和所属会计年度。

(2) 登记账簿启用及经管人员一览表。在启用新会计账簿时，应首先填写在扉页上印制的"账簿启用及交接表"中的启用说明，其中包括单位名称、账簿名称、账簿编号、起止日期、单位负责人、主管会计、审计人员和记账人员等项目，并加盖单位公章。在会计人员发生变更时，应办理交接手续并填写"账簿启用及交接表"中的交接说明。

(3) 填写账户目录。总账应按照会计科目的编号顺序填写科目名称及启用页码。在启用活页式明细分类账时，应按照所属会计科目填写科目名称和页码，在年度结账后，撤去空白账页，填写使用页码。

(4) 粘贴印花税票。印花税票应粘贴在账簿的右上角，并且划线注销。在使用缴款书缴纳印花税时，应在右上角注明"印花税已缴"及缴款金额。

四、日记账的设置与登记

日记账有普通日记账和特种日记账两类。

(一) 普通日记账

普通日记账是逐日序时登记特种日记账以外的经济业务的账簿。不设特种日记账的企业，要序时地逐笔登记企业的全部经济业务，因此普通日记账也称分录簿。

普通日记账一般分为"借方金额"和"贷方金额"两栏，登记每一分录的借方账户和贷方账户及金额，这种账簿不结余额。

(二) 特种日记账

常用的特种日记账是"现金日记账"和"银行存款日记账"。在企业、行政、事业单位中，现金日记账和银行存款日记账的登记，有利于加强货币资金的日常核算和监督，有利于贯彻执行国家规定的货币资金管理制度。

1. 现金日记账

现金日记账是用来核算和监督库存现金每日的收入、支出和结存状况的账簿。它由出纳人员根据现金收款凭证、现金付款凭证和银行存款付款凭证，按经济业务发生时间的先后顺序，逐日逐笔进行登记。

现金日记账的结构一般采用"收入""支出""结余"三栏式，如表7-7所示。现金日记账中的"年、月、日""凭证号""摘要"和"对方科目"等栏，根据有关记账凭证登记；"收入"栏根据现金收款凭证和引起现金增加的银行存款付款凭证登记(从银行提取现金，只编制银行存款付款凭证)；"支出"栏根据现金付款凭证登记。每日终了应计算全日的现金收入、支出合计数，并逐日结出现金余额，与库存现金实存数核对，以检查每日现金收付是否有误。每月期末应结出当期"收入"栏和"支出"栏的发生额和期末余额，并与"现金"总分类账户核对一致，做到日清月结，账实相符。如账实不符，应查明原因。

表 7-7

现金日记账(三栏式)							
年		凭证号	摘要	对方科目	收入	支出	结余
月	日						

2. 银行存款日记账

银行存款日记账是用来核算和监督银行存款每日的收入、支出和结存情况的账簿。它是由出纳人员根据银行存款收款凭证、银行存款付款凭证和现金付款凭证按经济业务发生时间的先后顺序，逐日逐笔进行登记的序时账簿。银行存款日记账应按企业在银行开立的账户和币种分别设置，每个银行存款账户设置一本银行存款日记账。

银行存款日记账的结构一般也采用"收入""支出"和"结余"三栏式，由出纳人员根据银行存款的收、付款凭证，逐日逐笔按顺序登记如表 7-8 所示。对于将现金存入银行的业务，因习惯上只填制现金付款凭证，不填制银行存款收款凭证，所以此时的银行存款收入数应根据相关的现金付款凭证登记。另外，因在办理银行存款收付业务时均根据银行结算凭证办理，故为便于和银行对账，银行存款日记账还设有"结算凭证种类和号数"栏，单独列出每项存款收付所依据的结算凭证种类和号数。银行存款日记账和现金日记账一样，每日终了时要结出余额，做到日清，以便检查监督各项收支款项，避免出现透支现象，同时也便于同银行对账单进行核对。银行存款日记账的格式与现金日记账的格式相似。

现金日记账和银行存款日记账都必须使用订本账。

表 7-8

银行存款日记账(三栏式)							
年		凭证号	摘要	对方科目	收入	支出	结余
月	日						
12	01		期初余额				9 000
	01	银收 1	收回货款	应收账款	5 000		14 000
	01	银付 2	付办公费	管理费用		3 000	11 000
	01	现付 2	存现	库存现金	1 000		12 000

五、总分类账的设置与登记

总分类账也称总账，是按总分类账户进行分类登记，全面、总括地反映和记录经济活动情况，并为编制会计报表提供资料的账簿。由于总分类账能全面地、总括地反映和记录经济业务引起的资金运动和财务收支情况，并为编制会计报表提供数据，因此任何单位都必须设置总分类账。

总分类账一般采用订本账，按照会计科目的编码顺序分别开设账户，并为每个账户预留若干账页。由于总分类账只进行货币度量的核算，因此最常用的格式是三栏式，在账页中设置借方、贷方和余额三个基本金额栏。总分类账中的对应科目栏可以设置，也可以不设置。"借或贷"栏是指账户的余额在借方还是在贷方。

总分类账可以根据记账凭证逐笔登记，也可以通过一定的方式分次或按月一次汇总成汇总记账凭证或科目汇总表，然后据以登记，还可以根据多栏式现金、银行存款日记账在月末时汇总登记。总分类账登记的依据和方法取决于企业采用的账务处理程序。

【项目演练 7-4 多选题】

库存现金日记账的登记方法错误的有(　　)。

A. 出纳应在库存现金日记账每笔业务登记完毕，即结出余额，并与库存现金实存数进行核对

B. 出纳人员根据收、付款凭证进行现金收支，由会计人员登记三栏式库存现金日记账

C. 原始凭证属于现金日记账登账依据

D. 库存现金日记账和库存现金总账都需逐日结出余额

项目 7-4　答案与解析

六、明细分类账的设置与登记

明细分类账是根据明细账户开设账页，分类、连续地登记经济业务，以提供明细核算资料的账簿。根据实际需要，各种明细分类账分别按二级科目或明细科目开设账户，并为每个账户预留若干账页，用来分类、连续记录有关资产、负债、所有者权益、收入、费用、利润等详细资料。设置和运用明细分类账，有利于加强资金的管理和使用，并可为编制会计报表提供必要的资料，因此，各单位在设置总分类账的基础上，还要根据经营管理的需要，按照总账科目设置若干必要的明细分类账，以形成既能提供经济活动总括情况，又能提供具体详细情况的账簿体系。

明细分类账的格式，应根据它所反映经济业务的特点，以及财产物资管理的不同要求来设计，一般有三栏式明细分类账、数量金额式明细分类账、多栏式明细分类账和横线登记式明细分类账四种。

1. 三栏式明细分类账

三栏式明细分类账账页的格式与总分类账的格式基本相同，它只设借方、贷方和金额三个金额栏，不设数量栏。所不同的是，总分类账簿为订本账，而三栏式明细分类账簿多为活页账。这种账页适用于采用金额核算的应收账款、应付款等账户的明细核算。

2. 数量金额式明细分类账

数量金额式明细分类账账页格式在收入、发出、结存三栏内,再分别设置"数量""单价"和"金额"等栏,以分别登记实物的数量和金额。

数量金额式明细分类账适用于既要进行金额明细核算,又要进行数量明细核算的财产物资项目,如"原材料""库存商品"等账户的明细核算。它能提供各种财产物资收入、发出、结存等的数量和金额资料,便于开展业务和加强管理。

3. 多栏式明细分类账

多栏式明细分类账是根据经济业务的特点和经营管理的需要,在一张账页的借方栏或贷方栏设置若干专栏,集中反映有关明细项目的核算资料。它主要适用于只记金额、不记数量,而且在管理上需要了解其构成内容的费用、成本、收入、利润账户,如"生产成本""制造费用""管理费用""主营业务收入"等账户的明细分类账。"本年利润""利润分配"和"应交税金——应交增值税"等科目所属明细科目需采用借、贷方均为多栏式的明细账。

多栏式明细分类账的格式视管理需要而呈多种多样。它在一张账页上,按明细科目分设若干专栏,集中反映有关明细项目的核算资料。如:"制造费用明细账"在借方栏下,可分设若干专栏,如工资和福利费、折旧费、修理费、办公费……企业发生的制造费用,借记本科目;分配计入有关成本核算对象时,贷记本科目。除季节性生产企业外,本科目月末应无余额。这类账页多用于关于费用、成本、收入、成果类科目的明细核算。

多栏式明细分类账是由会计人员根据审核无误的记账凭证或原始凭证,按照经济业务发生的时间先后顺序逐日逐笔进行登记的,对于成本费用类账户,只在借方设专栏,平时在借方登记费用、成本发生额,贷方登记月末将借方发生额一次转出的数额。平时如发生贷方发生额,应用"红字"在借方有关栏内登记,表示应从借方发生额中冲减。同样,对于收入、成果类账户,只在贷方设专栏,平时在贷方登记收入的发生额,借方登记月末将贷方发生额一次转让"本年利润"的数额,若平时发生退货,应用"红字"在贷方有关栏内登记。

4. 横线登记式明细分类账

横线登记式明细分类账也称平行式明细分类账。它的账页结构特点是,将前后密切相关的经济业务在同一横行内进行详细登记,以检查每笔经济业务完成及变动情况。该种账页一般用于"物资采购""一次性备用金业务"等明细分类账。

平行式明细分类账的借方一般在购料付款或借出备用金时按会计凭证的编号顺序逐日逐笔登记,其贷方则不要求按会计凭证编号逐日逐笔登记,而是在材料验收入库或者备用金使用后报销和收回时,在与借方记录的同一行内进行登记。同一行内借方、贷方均有记录时,表示该项经济业务已处理完毕。若一行内只有借方记录而无贷方记录的,表示该项经济业务尚未结束。

各种明细账的登记方法应根据本单位业务量的大小和经营管理上的需要,以及所记录的经济业务内容而定,可以根据原始凭证、汇总原始凭证或记账凭证逐笔登记,也可以根据这些凭证逐日或定期汇总登记如表7-9所示。

表 7-9　不同明细分类账的适用范围

三栏式明细分类账	适用于采用金额核算的账户，如应收账款、应付账款等账户的明细核算
多栏式明细分类账	多用于收入、成本、费用、成果类科目的明细核算
数量金额式明细分类账	适用于既要进行金额明细核算又要进行数量明细核算的财产物资项目，如原材料、库存商品等账户的明细核算
横线登记式明细分类账	一般用于材料采购和一次性备用金业务等明细分类账

【项目演练 7-5 单选题】

下列做法错误的是(　　)。

A. 现金日记账采用三栏式账簿

B. 库存商品明细账采用数量金额式账簿

C. 生产成本明细账采用三栏式账簿

D. 材料采购明细账采用平行式账簿

项目 7-5　答案与解析

七、总分类账户与明细分类账户的平行登记

平行登记是指对所发生的每项经济业务都要以会计凭证为依据，一方面记入有关总分类账户，另一方面记入所辖明细分类账户的方法。总分类账户与明细分类账户平行登记的要点如下：

(1) 方向相同。在总分类账户及其所辖的明细分类账户中登记同一项经济业务时，方向通常相同。即在总分类账户中记入借方，在其所辖的明细分类账户中也记入借方；在总分类账户中记入贷方，在其所辖的明细分类账户中一般也记入贷方。

(2) 期间一致。发生的经济业务，记入总分类账户和所辖明细分类账户的具体时间可以有先后，但应在同一个会计期间记入总分类账户和所辖明细分类账户。

(3) 金额相等。记入总分类账户的金额必须与记入其所辖的一个或几个明细分类账户的金额合计数相等。

总分类账户本期发生额＝其所属明细分类账户本期发生额合计

总分类账户本期借方发生额＝其所属明细分类账户本期借方发生额合计

总分类账户本期贷方发生额＝其所属明细分类账户本期贷方发生额合计

总分类账户期初余额＝其所属明细分类账户期初余额合计

总分类账户期末余额＝其所属明细分类账户期末余额合计

八、记账规则

(一) 根据审核无误的会计凭证登记账簿

记账的依据是会计凭证，记账人员在登记账簿之前，应当首先审核会计凭证的合法性、完整性、真实性，这是确保会计信息的重要措施。

(二) 记账时要做到准确完整

记账人员记账时，应当将会计凭证的日期、编号、经济业务内容摘要、金额和其他有关资料记入账内。每一会计事项，要按平行登记方法，一方面记入有关总账，另一方面记入总账所属的明细账，做到数字准确、摘要清楚、登记及时、字迹清晰工整。记账后，要在记账凭证上签章并注明所记账簿的页数，或划"√"表示已经登记入账，避免重记、漏记。

(三) 书写不能占满格

为了便于更正记账和方便查账，登记账簿时，书写的文字和数字上面要留有适当的空格，不要写满格，一般应占格距的 1/2，最多不能超过 2/3。

(四) 顺序连续登记

会计账簿应当按照页次顺序连续登记，不得跳行、隔页。如果发生跳行、隔页，应当将空行、空页用红色墨水对角划线注销，并注明"作废"字样，或者注明"此行空白""此页空白"字样，并由经办人员盖章，以明确经济责任。

(五) 正确使用蓝黑墨水和红墨水

登记账簿要用蓝黑墨水或碳素墨水书写，不得使用圆珠笔或者铅笔书写，这是因为各种账簿归档保管时间最低不少于 30 年，有些关系到重要经济资料的账簿，则需要更长的保管时间，因此要求账簿记录保持清晰、耐久，以便长期查核使用，防止涂改。

红色墨水只能在以下情况下使用：冲销错账；在未设借贷等栏的多栏式账页中登记减少数；在三栏式账户的余额栏前，如未印明余额方向，则在余额栏内登记负数余额；根据国家统一会计制度的规定可以使用红字登记的其他会计记录。在会计上，书写墨水的颜色用错了，会传递错误的信息，红色表示对正常记录的冲减。因此，红色墨水不能随意使用。

(六) 结出余额

凡需要结出余额的账户，应按时结出余额。现金日记账和银行日记账必须逐日结出余额；债权债务明细账和各项财产物资明细账，每次记账后，都要随时结出余额；总账账户平时每月需要结出月末余额。结出余额后，应当在"借或贷"栏内写明"借"或者"贷"字样以说明余额的方向。没有余额的账户，应当在"借或贷"栏内写"平"字，并在余额栏内用"0"或"θ"表示，一般来说，"0"应放在"元"位。

(七) 过次承前

各账户在一张账页记满时，要在该账页的最末一行加计发生额合计数和结出余额，并在该行"摘要"栏注明"过次页"字样；然后，再把这个发生额合计数和余额填列在下一页的第一行内，并在"摘要"栏内注明"承前页"，以保证账簿记录的连续性。

(八) 账簿记录错误应按规定的办法更正

账簿记录发生错误时，不得刮、擦、挖补，随意涂改或用褪色药水更改字迹，应根据错误的情况，按规定的方法进行更正。

【项目演练 7-6 多选题】

下列有关会计账簿登记规则的表述中，错误的有(   )。

A. 账簿记录中的日期，应该填写原始凭证上的日期

B. 多栏式账页中登记减少数可以使用红色墨水

C. 在登记各种账簿时，应按页次顺序连续登记，不得隔页、跳行

D. 对于没有余额的账户，应在"借或贷"栏内写"θ"表示

项目 7-6 答案与解析

【项目演练 7-7 单选题】

下列选项中，符合登记会计账簿基本要求的有(   )。

A. 文字和数字的书写应占格距的 1/3

B. 登记后在记账凭证上注明已经登账的符号

C. 一律不得用红色墨水登记账簿

D. 应使用圆珠笔登账

项目 7-7 答案与解析

【项目演练 7-8 填空题】

华盛公司 2018 年 2 月发生的经济业务与应付账款总分类账和明细分类账资料如下：

(1) 3 日，向甲企业购入 A 材料 400 千克，单价 80 元，价款为 32 000 元，购入 B 材料 600 千克，单价 70 元，价款为 42 000 元，材料已验收入库，款项尚未支付(不考虑税费)；

项目 7-8 答案与解析

(2) 8 日，向乙企业购入 A 材料 3 000 千克，单价 10 元，材料已验收入库，款项尚未支付；

(3) 20 日，向甲企业偿还货款 60 000 元，向乙企业偿还货款 20 000 元，以银行存款支付。

要求：根据上述资料填写表 7-10 应付账款总分类账、表 7-11 应付账款——甲企业明细分类账中的金额。

表 7-10 应付账款总分类账

2018 年		凭证编号	摘要	借方	贷方	借或贷	余额
月	日						
2	1		期初余额			贷	56 000
	3		购入 A、B 材料		74 000	贷	(①)
	8		购入 A 材料		30 000	贷	160 000
	20		归还货款	(②)		贷	80 000
			本月合计		(③)	贷	80 000

表 7-11　应付账款——甲企业明细分类账

2018 年		凭证编号	摘要	借方	贷方	借或贷	余额
月	日						
2	1		期初余额			贷	（④）
	3		购入材料		74 000	贷	（⑤）
	20		归还货款	60 000		贷	62 000
			本月合计	60 000	74 000	贷	62 000

7.3　对账和结账

一、对账

对账就是核对账目，是保证会计账簿记录质量的重要程序。在会计工作中，由于种种原因，难免会发生记账、计算等差错，也难免会出现账实不符的现象。为了保证各账簿记录和会计报表的真实、完整和正确，如实地反映和监督经济活动，各单位必须做好对账工作。

账簿记录的准确与真实可靠，不仅取决于账簿的本身，还涉及账簿与凭证的关系，账簿记录与实际情况是否相符的问题等。所以，对账应包括账簿与凭证的核对、账簿与账簿的核对、账簿与实物的核对。把账簿记录的数字核对清楚，做到账证相符、账账相符和账实相符。对账工作至少每年进行一次。对账的主要内容包括账证核对、账账核对和账实核对。

（一）账证核对

账证核对是指将会计账簿记录与会计凭证包括记账凭证和原始凭证有关内容进行核对。由于会计账簿是根据会计凭证登记的，两者之间存在钩稽关系，因此，通过账证核对可以检查、验证会计账簿记录与会计凭证的内容是否正确无误，以保证账证相符。各单位应当定期将会计账簿记录与其相应的会计凭证记录(包括时间、编号、内容、金额、记录方向等)逐项核对，检查是否一致。如有不符之处，应当及时查明原因，予以更正。保证账证相符，是会计核算的基本要求之一，也是账账相符、账实相符和账表相符的基础。

（二）账账核对

账账核对是指将各种会计账簿之间相对应的记录进行核对。由于会计账簿之间相对应的记录存在着内在联系，因此通过账账相对可以检查、验证会计账簿记录的正确性，以便及时发现错账，予以更正，保证账账相符。账账核对的内容主要如下：

(1) 总分类账各账户借方余额合计数与贷方余额合计数核对相符。

(2) 总分类账各账户余额与其所属明细分类账各账户余额之和核对相符。

(3) 现金日记账和银行存款日记账的余额与总分类账中"现金"和"银行存款"账户余额核对相符。

(4) 会计部门有关财产物资的明细分类账余额与财产物资保管或使用部门登记的明细账核对相符。

(三) 账实核对

账实核对是在账账核对的基础上,将各种财产物资的账面余额与实存数额进行核对。由于实物的增减变化、款项的收付都要在有关账簿中如实反映,因此,通过会计账簿记录与实物、款项的实有数进行核对,可以检查、验证款项、实物会计账簿记录的正确性,以便及时发现财产物资和货币资金管理中存在的问题,查明原因,分清责任,改善管理,保证账实相符。账实核对的主要内容如下:

(1) 现金日记账账面余额与现金实际库存数核对相符。

(2) 银行存款日记账账面余额与开户银行对账单核对相符。

(3) 各种材料、物资明细分类账账面余额与实存数核对相符。

(4) 各种债权债务明细账账面余额与有关债权、债务单位或个人的账面记录核对相符。

实际工作中,账实核对一般要结合财产清查进行。有关财产清查的内容和方法将在以后的项目中介绍。

【项目演练 7-9 多选题】

账账核对不包括( )。

A. 证证核对

B. 银行存款日记账余额与银行对账单余额核对

C. 总账账户借方发生额合计与其明细账借方发生额合计的核对　　项目 7-9　答案与解析

D. 各种应收、应付账款明细账面余额与有关债权、债务单位的账目余额相核对

二、结账

结账是在把一定时期内发生的全部经济业务登记入账的基础上,按规定的方法将各种账簿的记录进行小结,计算并记录本期发生额和期末余额。

为了正确反映一定时期内在账簿中已经记录的经济业务,总结有关经济活动和财务状况,为编制会计报表提供资料,各单位应在会计期末进行结账。会计期间一般按日历时间划分为年、季、月,结账于各会计期末进行,所以分为月结、季结、年结。

(一) 结账的基本工作程序

结账前,必须将属于本期内发生的各项经济业务和应由本期受益的收入、负担的费用全部登记入账。在此基础上,才可保证结账的有用性,确保会计报表的正确性。不得把将要发生的经济业务提前入账,也不得把已经在本期发生的经济业务延至下期(甚至以后期)入账。结账的基本程序具体表现如下:

(1) 将本期发生的经济业务事项全部登记入账,并保证其正确性。

(2) 根据权责发生制的要求，调整有关账项，合理确定本期应计的收入和应计的费用。

① 应计收入和应计费用的调整。

应计收入是指那些已在本期实现、因款项未收而未登记入账的收入。企业发生的应计收入主要是本期已经发生且符合收入确认标准，但尚未收到相应款项的商品或劳务。对于这类调整事项，应确认为本期收入，借记"应收账款"等科目，贷记"主营业务收入"等科目；待以后收妥款项时，再借记"库存现金"或"银行存款"等科目，贷记"应收账款"等科目。

应计费用是指那些已在本期发生、因款项未付而未登记入账的费用。企业发生的应计费用，本期已经受益，如应付未付的借款利息等，由于这些费用已经发生，应当在本期确认为费用，借记"管理费用""财务费用"等科目，贷记"应付利息"等科目；待以后支付款项时，借记"应付利息"等科目，贷记"库存现金""银行存款"等科目。

② 收入分摊和成本分摊的调整。

收入分摊是指企业已经收取有关款项，但未完成或未全部完成销售商品或提供劳务，需在期末按本期已完成的比例，分摊确认本期已实现收入的金额，并调整以前预收款项时形成的负债，如企业销售商品预收定金、提供劳务预收佣金。在收到预收款项时，应借记"银行存款"等科目，贷记"预收账款"等科目；在以后提供商品或劳务、确认本期收入时，借记"预收账款"等科目，贷记"主营业务收入"等科目。

成本分摊是指企业的支出已经发生、能使若干个会计期间受益，为正确计算各个会计期间的盈亏，将这些支出在其受益期间进行分配，如企业已经支出，但应由本期或以后各期负担的待摊费用，购建固定资产和无形资产的支出等。企业在发生这类支出时，应借记"长期待摊费用""固定资产""无形资产"等科目，贷记"银行存款"等科目。在会计期末进行摊销时，应借记"制造费用""管理费用""销售费用"等科目，贷记"长期待摊费用""累计折旧""累计摊销"等科目。

(3) 将损益类账户转入"本年利润"账户，结平所有损益类账户。

(4) 结算出资产、负债和所有者权益账户的本期发生额和余额，并结转下期。

(二) 结账的基本方法

结账时，应当结出每个账户的期末余额。需要结出当月(季、年)发生额的账户，如各项收入、费用账户等，应单列一行登记发生额，在摘要栏内注明"本月(季)合计"或"本年累计"。结出余额后，应在余额前的"借或贷"栏内写"借"或"贷"字样，没有余额的账户，应在余额栏前的"借或贷"栏内写"平"字，并在余额栏内用"0"表示。为了突出本期发生额及期末余额，表示本会计期间的会计记录已经截止或者结束，应将本期与下期的会计记录明显分开，结账一般都划"结账线"。划线时，月结、季结划单线，年结划双线。划线应划红线并应划通栏线，不能只在账页中的金额部分划线。

结账时应根据不同的账户记录，分别采用不同的结账方法：

(1) 总账账户的结账方法。总账账户平时只需结计月末余额，不需要结计本月发生额。每月结账时，应将月末余额计算出来并写在本月最后一笔经济业务记录的同一行内，并在下面通栏划单红线。年终结账时，为了反映全年各会计要素增减变动的全貌，便于核对账目，要将所有总账账户结计全年发生额和年末余额，在摘要栏内注明"本年累计"字样，并在"本年累计"行下划双红线。

（2）现金日记账、银行存款日记账和需要按月结计发生额的收入、费用等明细账的结账方法。现金日记账、银行存款日记账和需要按月结计发生额的各种明细账，每月结账时，要在每月的最后一笔经济业务下面通栏划单红线，结出本月发生额和月末余额写在红线下面，并在摘要栏内注明"本月合计"字样，再在下面通栏划单红线。

（3）不需要按月结计发生额的债权、债务和财产物资等明细分类账的结账方法。对这类明细账，每次记账后，都要在该行余额栏内随时结出余额，每月最后一笔余额即为月末余额。也就是说，月末余额就是本月最后一笔经济业务记录的同一行内的余额。月末结账时只需在最后一笔经济业务记录之下通用栏划单红线即可，无需再结计一次余额。

（4）需要结计本年累计发生额的收入、成本等明细账的结账方法。对这类明细账，先按照需按月结计发生额的明细账的月结方法进行月结，再在"本月合计"行下的摘要栏内注明"本年累计"字样，并结出自年初起至本月末止的累计发生额，再在下通栏划单红线。12 月末的"本年累计"就是全年累计发生额，在全年累计发生额下面通栏划单双红线，如图7-4 所示。

库存现金日记账								
编制单位：重庆嘉士园食品有限公司			科目：1001 库存现金				2020 年 12 月至 2019 年 12 月 单位：元	
日期	凭证字号	科目编码	科目名称	摘要	借方	贷方	方向	余额
2020/12/1		1001	库存现金	期初余额			平	
2020/12/3	记-10	1001	库存现金	取现	5,000.00		借	5,000.00
2020/12/3	记-11	1001	库存现金	办理工商执照		500.00	借	4,500.00
2020/12/3	记-12	1001	库存现金	办理税务登记证		400.00	借	4,100.00
2020/12/3	记-13	1001	库存现金	办理卫生许可证		200.00	借	3,900.00
2020/12/4	记-14	1001	库存现金	办理代码证		300.00	借	3,600.00
2020/12/31	记-53	1001	库存现金	王华报销差旅费	200.00		借	3,800.00
2020/12/31	记-55	1001	库存现金	现金盘亏		500.00	借	3,300.00
2020/12/31	记-58	1001	库存现金	收到赔偿款	500.00		借	3,800.00
2020/12/31	记-60	1001	库存现金	存现		500.00	借	3,300.00
2020/12/31		1001	库存现金	本期合计	5,700.00	2,400.00	借	3,300.00
2020/12/31		1001	库存现金	本年累计	5,700.00	2,400.00	借	3,300.00
				结转下年				

图 7-4　结账

（5）年度终了结账时，有余额的账户，要将其余额结转到下一会计年度，并在摘要栏内注明"结转下年"字样；在下一会计年度新建有关会计账簿的第一行余额栏内填写上年结转的余额，并在摘要栏内注明"上年结转"字样。结转下年时，既不需要编制记账凭证，也不必将余额再记入本年账户的借方或贷方，使本年有余额的账户的余额变为零，而是使有余额的账户的余额如实反映在账户中，以免混淆有余额账户和无余额账户的区别。

若由于会计准则或会计制度改变而需要在新账中改变原有账户名称及其核算内容的，可将年末余额按新会计准则或会计制度的要求编制余额调整分录，或编制余额调整工作底稿，将调整后的账户余额抄入新账的有关账户余额栏内。

7.4　查找和更正错账

一、错账的查找

在记账过程中，可能发生各种各样的差错，如重记、漏记、数字颠倒、数字错位、数字记错、科目记错、借贷方向记反等，从而影响会计信息的准确性，应及时找出差错，并予以更正。错账查找的方法主要有：

(一) 重记或漏记账户查找方法

重记或漏记账户查找方法就是在登记账簿时，将记账凭证的双方重记或漏记，或者只登记一方，重记或只记另一方。其查找方法是：首先检查总账，将记账记录的账户金额分别加总与总账核对，以确定"标准账户"。然后，再与日记账进行核对。如果日记账发生重记或漏记，则其增减发生额会与总账的增减发生额不符；如果日记账发生额大于总账，则说明日记账发生重记，否则为漏记。最后，还应根据总账与日记账的差额，在账簿或记账凭证中查找与此相同的数额，如果有，即为重记或漏记数。

(二) 记反账户方向的查找方法

记账反方向是指应该记到增加方的数字，记入减少方，或者相反。这种错账往往在登账时登错了栏次。由于记账方向的错误而使账户的一方合计数加大，另一方合计数减少，这就使变动前后双方都产生了差数。这个差数就是数字的"2"倍。因此，这个差数除以"2"，所得的商就是记错方向的数字。

(三) 单纯笔误的查找方法

(1) 数字错位的查找方法。数字错位，就是把数字的位数记错，错款金额能被9整除，则商为记错位的数字。然后，在账内查找此数，将商放大10倍或缩小10倍。

(2) 数字颠倒的查找方法。数字颠倒就是把数字中的前后两个数字书写颠倒。例如，把58写成85，必然使错数27(85−58)成为颠倒了两位数的差额，用此数除以"9"，商为"3"，就是记颠倒了两位数字的差额。

(3) 写错或写掉角、分尾数的查找方法。写错或写掉角、分尾数就是在记账过程中，把带有角、分的尾数丢掉或写错，查找方法就是与原始凭证核对。

三、错账的更正方法

登记会计账簿是一项很细致的工作。在记账工作中，可能由于种种原因会使账簿记录发生错误，有的是填制凭证和记账时发生的单纯笔误，有的是写错了会计科目、金额等，有的是合计时计算错误，有的是过账错误，登记账簿中发生的差错，一经查出就应立即更正。对于账簿记录错误，不准涂改、挖补、刮擦或者用药水消除字迹，不准重新抄写，而必须根据错误的具体情况和性质，采用规范的方法予以更正。错账更正方法通常有划线更正法、红字更正法和补充登记法等几种。

(一) 划线更正法

记账凭证填制正确，在记账或结账过程中发现账簿记录中文字或数字有错误，应采用划线更正法。

具体做法是：先在错误的文字或数字上划一条红线，表示注销，划线时必须使原有字迹仍可辨认；然后将正确的文字或数字用蓝字写在划线处的上方，并由记账人员在更正处盖章，以明确责任。对于文字的错误，可以只划去错误的部分，并更正错误的部分；对于错误的数字，应当全部划红线更正，不能只更正其中的个别错误数字。例如，把"3 457"误记为"8 457"时，应将错误数字"8 457"全部用红线注销后，再写上正确的数字"3 457"，而不是只删改一个数字"8"。如记账凭证中的文字或数字发生错误，在尚未过账前，也可用划线更正法更正。

(二) 红字更正法

在记账以后，如果发现记账凭证中应借、应贷科目或金额发生错误，可以用红字更正法进行更正。

具体做法是：先用红字金额，填写一张与错误记账凭证内容完全相同的记账凭证，且在摘要栏注明"更正×月×日第×号凭证"，并据以用红字金额登记入账，以冲销账簿中原有的错误记录，然后再用蓝字重新填制一张正确的记账凭证，登记入账。这样，原来的错误记录便得以更正。

红字更正法一般适用于以下两种情况错账的更正：

(1) 记账后，如果发现记账凭证中的应借、应贷会计科目有错误，那么可以用红字更正法予以更正。

【例 7-1】 9 月 9 日，企业购入包装物 8 000 元，货款尚未支付。

错误记录：记账凭证写错账户名称并已登记入账。

借：原材料　　　　8 000

　　贷：应付账款　　　　8 000

更正：

① 9 月 9 日编制红字记账凭证并记入账内：

借：原材料　　　　8 000(红字)

　　贷：应付账款　　　　8 000(红字)

(注意：摘要栏是"冲销 9 月 9 日×号凭证错账")

② 用蓝字编制正确记账凭证并登记入账：

借：周转材料　　　　8 000

　　贷：应付账款　　　　8 000

(注意：摘要栏是"订正 9 月 9 日×号凭证错账")

(2) 记账后，如果发现记账凭证和账簿记录中应借、应贷的账户没有错误，只是所记金额大于应记金额，则这种错账的更正方法是：将多记的金额用红字填制一张与原来错误记账凭证会计科目相同的记账凭证，并在摘要栏注明"冲销×月×日第×号凭证"，并据以登记入账，以冲销多记的金额，使错账得以更正。

【例 7-2】 企业计提本月短期借款利息 8 000 元，编制记账凭证时误记为 18 000 元。

错误记账凭证和错账为：

借：财务费用　　　18 000

　　贷：应付利息　　　　　18 000

更正：

将多记金额用红字编制记账凭证，并记入账内：

借：财务费用　　　10 000(红字)

　　贷：应付利息　　　　　10 000(红字)

(注意：摘要栏是"冲销×月×日×号凭证错账")

(三) 补充登记法

在记账之后，如果发现记账凭证中应借、应贷的账户没有错误，但所记金额小于应记金额，造成账簿中所记金额也小于应记金额，则这种错账应采用补充登记法进行更正。更正的方法是：将少记金额用蓝笔填制一张与原错误记账凭证会计科目相同的记账凭证，并在摘要栏内注明"补记×月×日第×号凭证"并予以登记入账，补足原少记金额，使错账得以更正。

【例 7-3】 甲公司发放上月工资 140 000 元。

错误凭证：

借：应付职工薪酬　　　14 000

　　贷：库存现金　　　　　14 000

更正：将少记金额编制记账凭证并记入账内：

借：应付职工薪酬　　　126 000

　　贷：库存现金　　　　　126 000

(注意：摘要栏是"补记×月×日×号凭证少记金额")

错账更正的三种方法中，红字更正法和补充登记法都是用来更正因记账凭证错误而产生的记账错误，对于非因记账凭证的差错而产生的记账错误，只能用划线更正法更正。

以上三种方法对当年内发现填写记账凭证或者登记账错误而采用的更正方法，如果发现以前年度记账凭证中有错误(指会计科目和金额)并导致账簿登记出现差错，应当用蓝字或黑字填制一张更正的记账凭证。因错误的账簿记录已经在以前会计年度终了进行结账或决算，故不可能将已经决算的数字进行红字冲销，只能用蓝字或黑字凭证对除文字外的一切错误进行更正，并在更正凭证上特别注明"更正××年度错账"的字样，如表 7-12 所示。

表 7-12　错账的更正方法及适用范围

时间	更正方法	适用范围
当年错账	划线更正法	记账凭证没有错误，只是账簿记录发生错误
	红字更正法	记账凭证错误导致账簿错误 ① 科目、方向等文字错误 ② 只是借贷方金额同时多记
	补充登记法	记账凭证错误导致账簿错误，只是借贷方金额同时少记
以前年度错账		如果发现以前年度记账凭证中有错误(指会计科目和金额)并导致账簿登记出现差错，应当用蓝字或黑字编制更正的记账凭证

【项目演练 7-10 单选题】

更正错账时，划线更正法的适用范围是(　　)。

A. 记账凭证上会计科目或记账方向错误，导致账簿记录错误

B. 记账凭证正确，在记账时发生错误，导致账簿记录错误

C. 记账凭证上会计科目或记账方向正确，所记金额大于应记金额，导致账簿记录错误

项目 7-10　答案

D. 记账凭证上会计科目或记账方向正确，所记金额小于应记金额，导致账簿记录错误

7.5　更换和保管会计账簿

一、会计账簿的更换

会计账簿是记录和反映经济业务的重要历史资料和证据。为了使每个会计年度的账簿资料明晰和便于保管，一般来说，总账、日记账和多数明细分类账要每年更换一次，这些账簿在每年年终按规定办理完毕结账手续后，就应更换、启用新的账簿，并将余额结转记入新账簿中。但有些财产物资明细账和债权、债务明细账，由于材料等财产物资的品种、规格繁多，债权、债务单位也较多，如果更换新账，重抄一遍的工作量相当大，因此，可以跨年度使用，不必每年更换一次。卡片式账簿，如固定资产卡片，以及各种备查账簿，也都可以连续使用。

二、会计账簿的保管

会计账簿同会计凭证和会计报表一样，都属于会计档案，是重要的经济档案，各单位必须按规定妥善保管，确保其安全与完整，并充分加以利用。

(一) 会计账簿的装订整理

在年度终了更换新账簿后，应将使用过的各种账簿(跨年度使用的账簿除外)按时装订整理立卷，如图 7-5 所示。

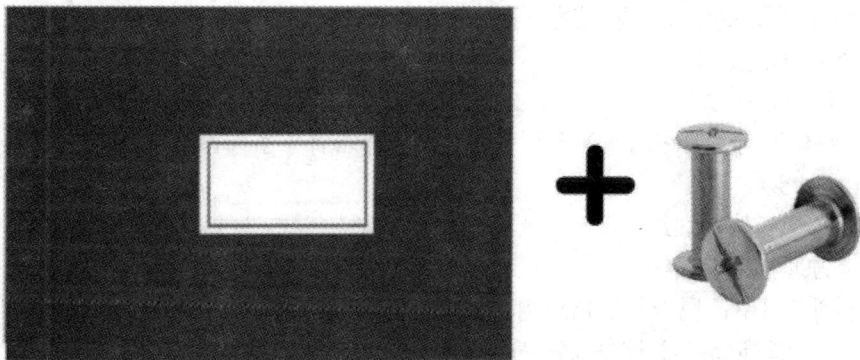

图 7-5　会计账簿封面与账钉

(1) 装订前，首先要按账簿启用和经管人员一览表的使用页数核对各个账户是否相符，账页数是否齐全，序号排列是否连续；然后按会计账簿封面、账簿启用表、账户目录、该账簿按页数顺序排列的账页、装订封底的顺序装订。

(2) 对活页账簿，要保留已使用过的账页，将账页数填写齐全，除去空白页并撤掉账夹，用质地好的牛皮纸做封面和封底，装订成册。多栏式、三栏式、数量金额式等活页账不得混装，应按同类业务、同类账页装订在一起。装订好后，应在封面上填明账目的种类、编号卷号，并由会计主管人员和装订人员签章。

(3) 装订后会计账簿的封口要严密，封口处要加盖有关印章。封面要齐全、平整，并注明所属年度和账簿名称和编号。不得有折角、缺角、错页、掉页、加空白纸的现象。会计账簿要按保管期限分别编制卷号。

(二) 按期移交档案部门进行保管

年度结账后，更换下来的账簿，可暂由本单位财务会计部门保管一年，期满后原则上应由财务会计部门移交本单位档案部门保管。移交时需要编制移交清册，填写交接清单，交接人员按移交清册和交接清单项目核查无误后签章，并在账簿使用日期栏内填写移交日期。

已归档的会计账簿作为会计档案为本单位提供利用，原件不得借出，如有特殊需要，须经上级主管单位或本单位领导、会计主管人员批准，在不拆散原卷册的前提下，可以提供查阅或者复制，并要办理登记手续。

会计账簿是重要的会计档案之一，必须严格按《会计档案管理办法》规定的保管年限妥善保管，不得丢失和任意销毁，新修订的管理办法要求所有会计账簿保管期限不得低于30 年。实际工作中，各单位可以根据实际利用的经验、规律和特点，适当延长有关会计档案的保管期限，但必须有较为充分的理由。

练习

项目 7　答案

一、单项选择题

1. 企业用现金支付办公用品费 780 元，会计人员编制的付款凭证为借记管理费用 870 元，贷记库存现金 870 元，并登记入账。对当年发生的该项记账错误应采用的更正方法是(　　)。

A. 红字更正法　　　　　　　　　B. 重编正确的付款凭证
C. 划线更正法　　　　　　　　　D. 补充登记法

2. 年终结账时，要在总账摘要栏内注明"本年合计"字样，结出全年发生额和年末余额，并在合计数(　　)。

A. 上方通栏划单红线　　　　　　B. 下方通栏划单红线
C. 上方通栏划双红线　　　　　　D. 下方通栏划双红线

3. 下列项目中，属于账证核对内容的是(　　)。

A. 会计账簿记录与记账凭证核对
B. 总分类账簿与所属明细分类账簿核对
C. 原始凭证与记账凭证核对

D. 银行存款日记账与银行对账单核对

4. 某企业原材料总分类科目的本期借方发生额为 25 000 元，贷方发生额为 24 000 元，其所属的三个明细分类账中：甲材料本期借方发生额为 8 000 元，贷方发生额为 6 000；乙材料借方发生额为 13 000 元，贷方发生额为 16 000 元。丙材料的本期借、贷方发生额分别为(　　)。

A. 借方发生额为 12 000 元，贷方发生额为 2 000 元

B. 借方发生额为 4 000 元，贷方发生额为 2 000 元

C. 借方发生额为 4 000 元，贷方发生额为 10 000 元

D. 借方发生额为 6 000 元，贷方发生额为 8 000 元

5. 关于明细分类账的登记方法，下列表述错误的是(　　)。

A. 不同类型经济业务的明细分类账，可根据管理需要，依据记账凭证、原始凭证或汇总原始凭证逐日逐笔或定期汇总登记

B. 固定资产、债权、债务等明细账可以定期汇总登记

C. 库存商品、原材料、产成品收发明细账可以逐笔登记

D. 收入、费用明细账可以定期汇总登记

二、多项选择题

1. 下列各项中，(　　)属于错账更正方法。

A. 划线更正法　　　　　　　B. 红字更正法

C. 补充登记法　　　　　　　D. 平行登记法

2. 账账核对包括(　　)的核对是否相等。

A. 所有总账的借方发生额合计与贷方发生额合计

B. 总账余额和所属明细分类账余额

C. 现金日记账和银行存款日记账余额与总分类账的现金、银行存款期末余额核对相符

D. 银行存款日记账和银行对账单

3. 下列账簿中，一般采用多栏式的有(　　)。

A. 收入明细账　　　　　　　B. 债权明细账

C. 费用明细账　　　　　　　D. 债务明细账

4. 下列关于账户结计发生额的说法中，正确的有(　　)。

A. 需要结计本月发生额的账户，结计"过次页"的本页合计数应当为自本月初起至本页末止的发生额合计数

B. 需要结计本年累计发生额的账户，结计"过次页"的本页合计数应当为自年初起至本页末止的累计数

C. 既不需要结计本月发生额，也不需要结计本年累计发生额的账户，可以只将每页末的余额结转次页

D. 既不需要结计本月发生额，也不需要结计本年累计发生额的账户，结计"过次页"的本页合计数应当为自年初起至本页末止的发生额合计数

5. 下列账簿中，一般采用数量金额式的有(　　)。

A. 原材料明细账　　　　　　B. 库存商品明细账

C. 应收票据明细账　　　　　D. 应付账款明细账

三、判断题

1. 采用补充登记法更正错账时，按正确的金额与错误的金额的差额，用蓝字编制一张账户对应关系与原错误凭证相同的记账凭证，并用蓝字登记入账，以补记少记的金额。（　　）

2. 账簿记录发生错误时，不得刮、擦、挖补，但可以在领导同意的情况下进行涂改。（　　）

3. 期末账户结余额时，对有余额的账户应在借或贷栏内注明借或贷字样，表示借贷余额方向。如余额为零，则不须作任何注明。（　　）

4. 登记账簿要用蓝黑墨水或碳素墨水书写，因此账簿记录中不可能出现红字。（　　）

5. 费用明细账一般采用三栏式账簿。（　　）

🗂 拓展阅读

法盲老板隐匿、销毁会计账簿　获刑两年罚 10 万

据四川新闻网 2016 年 9 月 1 日消息，达川区人民法院依法审理了一起故意隐匿、销毁会计凭证、会计账簿、财务会计报告案件。

胡某系四川省某建筑有限责任公司的董事长，其于 2014 年初安排其公司财务人员唐平在某县入城大道某工地，将公司从 2005 年成立起到 2014 年初以来的会计凭证、会计账簿、财务会计报告等财务资料全部销毁，涉及金额高达几千万元。

在庭审中，胡某辩称，由于公司多次更换会计、高管和财务人员，财务一直混乱，加之自己又不懂法律，认为公司纳税是定额征收的，将以前的财务资料全部销毁也没什么问题，并表示其目的不是为了偷税漏税和逃避查处。

经审理，达川区法院认为，会计资料是反映整个公司经营活动情况的真实、完整的书面记载，根据相关法律规定，各单位必须依法设置会计账簿，并保证其真实、完整，以备有关部门核查和监督。依照《中华人民共和国刑法》的相关规定，胡某犯故意销毁会计凭证、会计账簿、财务会计报告罪成立，但鉴于胡某有自首情节，到案后和当庭均能认罪，表示以后应吸取教训，有悔罪表现，达川区法院依法判处胡某有期徒刑两年，缓刑两年，并处罚金人民币 100 000 元(已缴纳)。

资料来源：http://dz.newssc.org/system/20160901/002004737.html

项目 8　选择和应用账务处理程序

职业能力目标

(1) 理解账务处理程序的基本情况;

(2) 了解科学、合理地选择账务处理程序的意义;

(3) 掌握各种账务处理程序的设计要求以及基本内容;

(4) 了解各种账务处理程序的优缺点和适用范围;

(5) 掌握科目汇总表和汇总记账凭证的编制;

(6) 熟悉各种账务处理程序的操作步骤。

项目导入

会计电算化的发展趋势

1996 年, 在第二届全国会计电算化会议上提出了财务会计软件从核算型向管理型发展的口号, 为我国会计电算化发展指明了方向。会计信息系统是企业管理信息系统的中心, 企业的所有管理活动与会计信息系统都存在着直接或间接的关系。在企业管理中, 会计信息是最普及和最大的信息系统, 它的“触角”延伸到其他各个子系统中。

因此, 会计信息系统是企业管理信息的加工中心, 在管理信息系统中具有举足轻重的地位。管理型会计软件所依赖的信息主要来自会计核算系统。正因为如此, 发展管理型会计软件首先是将现有的各核算软件, 如销售核算、工资核算、改造成本、销售管理和工资人事管理等财务管理, 并加强各系统之间的联系和数据共享。目前, 我国的会计电算化系统主要应用于各种核算的编制账表, 或者说主要应用于财务会计方面。功能较强的电算化会计系统包括分析、预测、决策、规划、控制和责任评价等方面的功能, 并向管理会计方面延伸。会计信息系统要提高管理层次, 就要和企业管理信息系统的其他系统进行有机结合, 并且这种结合应是密切的而不是松散的, 各系统之间数据充分共享和互换。会计信息系统不能只包括会计信息而独立存在, 而应从会计管理信息系统出发, 包括市场、生产等管理信息, 建立“大财务信息系统”, 将现有的会计信息系统逐步发展成全面的管理信息系统, 才能适应现代企业管理的需要。

资料来源: 江苏省财政厅.会计电算化的产生与发展[EB/OL]:

http://www.jscz.gov.cn/pub/jscz/czwh/shzc/201504/t20150403_73603.html

工作任务与项目导图

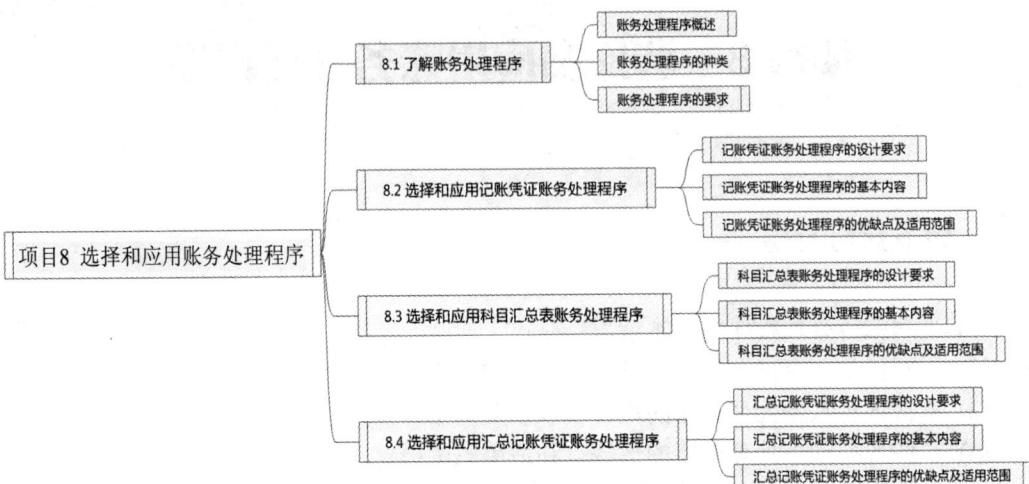

```
                                      ┌─ 账务处理程序概述
                      ┌─ 8.1 了解账务处理程序 ─┼─ 账务处理程序的种类
                      │                      └─ 账务处理程序的要求
                      │
                      │                              ┌─ 记账凭证账务处理程序的设计要求
                      ├─ 8.2 选择和应用记账凭证账务处理程序 ─┼─ 记账凭证账务处理程序的基本内容
                      │                              └─ 记账凭证账务处理程序的优缺点及适用范围
项目8 选择和应用账务处理程序 ┤
                      │                            ┌─ 科目汇总表账务处理程序的设计要求
                      ├─ 8.3 选择和应用科目汇总表账务处理程序 ─┼─ 科目汇总表账务处理程序的基本内容
                      │                            └─ 科目汇总表账务处理程序的优缺点及适用范围
                      │
                      │                              ┌─ 汇总记账凭证账务处理程序的设计要求
                      └─ 8.4 选择和应用汇总记账凭证账务处理程序 ─┼─ 汇总记账凭证账务处理程序的基本内容
                                                     └─ 汇总记账凭证账务处理程序的优缺点及适用范围
```

8.1　了解账务处理程序

一、账务处理程序概述

账务处理程序，也称会计核算形式，是指从取得原始凭证到产生会计信息的步骤和方法。其主要内容包括整理、汇总原始凭证，填制记账凭证，登记各种账簿，编制会计报表这一整个过程的步骤和方法。

在会计工作中，不仅要了解会计凭证的填制、账簿的设置和登记，以及会计报表的编制，还必须明确规定各会计凭证、会计账簿和会计报表之间的关系，使之构成一个有机整体，而不同的账簿组织、记账程序和记账方法的有机结合，就构成了不同的账务处理程序，如图 8-1 所示。

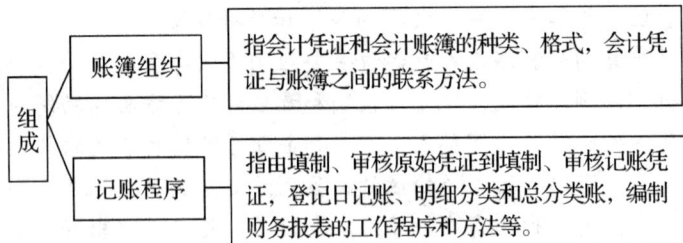

```
        ┌─ 账簿组织 ── 指会计凭证和会计账簿的种类、格式，会计凭
        │            证与账簿之间的联系方法。
  组成 ─┤
        │            指由填制、审核原始凭证到填制、审核记账凭
        └─ 记账程序 ── 证，登记日记账、明细分类和总分类账，编制
                     财务报表的工作程序和方法等。
```

图 8-1　账务处理程序

一个单位由于业务性质、规模大小和经济业务的繁简程度各异，决定其适用账务处理程序也不同。为此，科学地组织账务处理程序，对提高会计核算质量和会计工作效率，充分发挥会计的核算和监督职能，具有重要意义。

二、账务处理程序的种类

目前，我国企业、事业、机关等单位会计核算一般采用的主要账务处理程序有以下六种：

(1) 记账凭证账务处理程序；

(2) 汇总记账凭证账务处理程序；

(3) 科目汇总表账务处理程序；

(4) 日记总账账务处理程序；

(5) 多栏式日记账账务处理程序；

(6) 通用日记账账务处理程序。

以上六种账务处理程序既有共同点，又有各自的特点。其中，记账凭证账务处理程序是最基本的一种，其他账务处理程序都是由此发展、演变而来的。在实际工作中，各经济单位可根据实际需要选择其中一种账务处理程序，也可将多种账务处理程序的优点结合起来使用，以满足本单位经营管理的需要。

三、账务处理程序的要求

选择科学，合理的会计账务处理程序是组织会计工作，进行会计核算的前提。虽然在实际工作中有不同的会计账务处理程序。但是它们都应符合以下三个要求：

(1) 要适合本单位所属行业的特点，即在设计会计账务处理程序时，要考虑自身企业单位组织规模的大小，经济业务性质和简繁程度，同时，还要有利于会计工作的分工协作和内部控制。

(2) 要能够正确、及时和完整地提供本单位的各方面会计信息，在保证会计信息质量的前提下，满足本单位各部门、人员和社会各有关相关行业的信息需要。

(3) 适当的会计账务处理程序还应当力求简化，减少不必要的环节，节约人力，物力和财力，不断地提高会计工作的效率。

8.2　选择和应用记账凭证账务处理程序

一、记账凭证账务处理程序的设计要求

记账凭证账务处理程序是最基本的一种账务处理程序，在这种账务处理程序下，要求直接根据记账凭证逐笔登记总分类账。

在记账凭证账务处理程序下，应当设置现金日记账、银行存款日记账、明细分类账和总分类账。现金日记账、银行存款日记账、总分类账可采用三栏式；明细分类账可根据需要采用三栏式、数量金额式和多栏式。记账凭证一般使用收款凭证、付款凭证和转账凭证

三种格式，也可采用通用记账凭证。

二、记账凭证账务处理程序的基本内容

记账凭证账务处理程序是指对发生的经济业务事项，都要根据原始凭证或汇总原始凭证编制记账凭证，然后直接根据记账凭证逐笔登记总分类账的一种账务处理程序，它是基本的账务处理程序。其一般程序如图 8-2 所示：

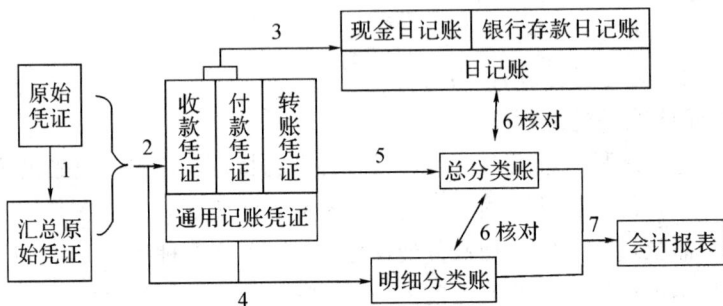

图 8-2　记账凭证账务处理程序

(1) 根据原始凭证编制汇总原始凭证；

(2) 根据原始凭证或汇总原始凭证，编制收款凭证、付款凭证和转账凭证，也可以填制通用记账凭证；

(3) 根据收款凭证和付款凭证，逐笔登记现金日记账和银行存款日记账；

(4) 根据原始凭证、汇总原始凭证和通用记账凭证，登记各种明细分类账；

(5) 根据通用记账凭证逐笔登记总分类账；

(6) 期末，按照对账的要求将现金日记账、银行存款日记账的余额，以及各种明细分类账余额合计数，分别与总分类账中有关科目的余额核对相符；

(7) 期末，根据核对无误的总分类账和明细分类账的记录，编制会计报表。

三、记账凭证账务处理程序的优缺点及适用范围

这种账务处理程序的主要优点是：简单明了，方法易学，总分类账能详细反映经济业务状况，方便会计核对与查账。主要缺点是：登记总分类账的工作量较大，也不利于分工。适用范围：一般适用于规模较小、经济业务较简单的企业。

【项目演练 8-1 单选题】

下列各项中，记账凭证账务处理程序表述正确的是(　　)。

A. 只能根据原始凭证编制收款凭证、付款凭证和转账凭证

B. 一般应设置库存现金日记账和银行存款日记账

C. 明细分类账和总分类账一样，都是直接根据记账凭证登记

D. 期末根据总分类账、明细分类账、日记账的记录，编制财务报表

项目 8-1　答案与解析

8.3　选择和应用科目汇总表账务处理程序

一、科目汇总表账务处理程序的设计要求

在科目汇总表账务处理程序下，要求定期将记账凭证编制成科目汇总表，然后根据科目汇总表登记总分类账。采用科目汇总表账务处理程序时，其账簿设置、各种账簿的格式以及记账凭证的种类和格式基本上与记账凭证账务处理程序相同。但应增设科目汇总表，以作为登记总分类账的依据。

二、科目汇总表账务处理程序的基本内容

科目汇总表账务处理程序又称记账凭证汇总表账务处理程序，它是根据记账凭证定期编制科目汇总表，再根据科目汇总表登记总分类账的一种账务处理程序。其一般程序如图8-3所示：

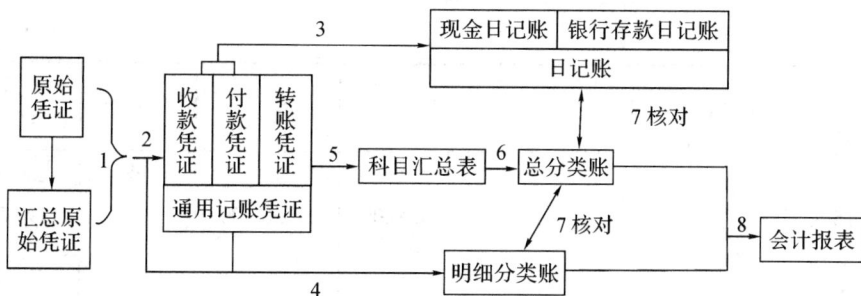

图 8-3　科目汇总表账务处理程序

(1) 根据原始凭证编制汇总原始凭证；

(2) 根据原始凭证或汇总原始凭证，编制收款凭证、付款凭证和转账凭证，也可以填制通用记账凭证；

(3) 根据收款凭证和付款凭证，逐笔登记现金日记账和银行存款日记账；

(4) 根据原始凭证、汇总原始凭证和通用记账凭证，登记各种明细分类账；

(5) 根据通用记账凭证，定期编制科目汇总表。

(6) 根据定期编制的科目汇总表，登记总分类账。

(7) 期末，按照对账的要求将现金日记账、银行存款日记账的余额，以及各种明细分类账余额合计数，分别与总分类账中有关科目的余额核对相符；

(8) 期末，根据核对无误的总分类账和明细分类账的记录，编制会计报表。

【学习提示　科目汇总表的编制】

按总分类账上科目排列定期(一般不超过一个月)汇总每一账户的借方发生额和贷方发生额，登记总分类账加以试算平衡，格式见表8-1、表8-2。

表 8-1

科 目 汇 总 表

201×年 10 月 1 日至 31 日　　　　　　　　　科汇第×号

会 计 科 目	总账页数	本 期 发 生 额		记账凭证起止号数
		借　方	贷　方	
无形资产		5 000.00		
物资采购		8 000.00		
原材料			7 000.00	
生产成本	(略)	7 000.00		(略)
银行存款		22 000.00	22 500.00	
应收账款			12 000.00	
应付账款		9 500.00		
主营业务收入			10 000.00	
合　　计		51 500.00	51 500.00	

表 8-2

总 分 类 账

会计科目：银行存款　　　　　　　　　　　　　　　　　　第 26 页

201×年		凭证号数	摘　　要	借　方	贷　方	贷或借	余　额
月	日						
9	1		月初余额			借	200 000.00
	15	科汇×		22 000.00	22 500.00	借	199 500.00
			⋮	⋮	⋮		⋮
	30		本月发生额及余额	×	×		×

三、科目汇总表账务处理程序的优缺点及适用范围

这种账务处理程序的主要优点是：根据定期编制的科目汇总表登记总分类账，可大大地简化总分类账的登记工作；其次，通过科目汇总表的编制，可进行发生额试算平衡，及时发现差错。主要缺点是：由于科目汇总表是定期汇总计算每一账户的借方、贷方发生额，并不考虑账户间的对应关系，因而在科目汇总表和总分类账中，不能明确反映账户的对应关系，不便于了解经济业务的具体内容。适用范围：主要适用于经济业务量较大的企业。

【项目演练 8-2 多选题】

下列关于科目汇总表账务处理程序表述正确的有(　　)。

A. 大大减轻登记总账的工作量

B. 总账能反映账户之间的对应关系

C. 总账能详细记录经济业务的发生情况

D. 可以对发生额试算平衡，及时发现错误

项目 8-2　答案与解析

8.4　选择和应用汇总记账凭证账务处理程序

一、汇总记账凭证账务处理程序的设计要求

汇总记账凭证账务处理程序区别于其他账务处理程序的主要特点是：定期将记账凭证分类编制汇总记账凭证，然后根据汇总记账凭证登记总分类账。

采用汇总记账凭证账务处理程序时，其账簿设置、各种账簿的格式以及记账凭证的种类和格式基本上与记账凭证账务处理程序相同。但应增设汇总记账凭证、汇总收款凭证和汇总转账凭证，以作为登记总分类账的依据。另外，总分类账的账页格式必须增设"对应账户"栏。

二、汇总记账凭证账务处理程序的基本内容

账务处理程序汇总记账凭证账务处理程序是根据原始凭证或汇总原始凭证编制记账凭证，定期根据记账凭证分类编制汇总收款凭证、汇总付款凭证和汇总转账凭证，再根据汇总记账凭证登记总分类账的一种账务处理程序。其一般程序如图 8-4 所示：

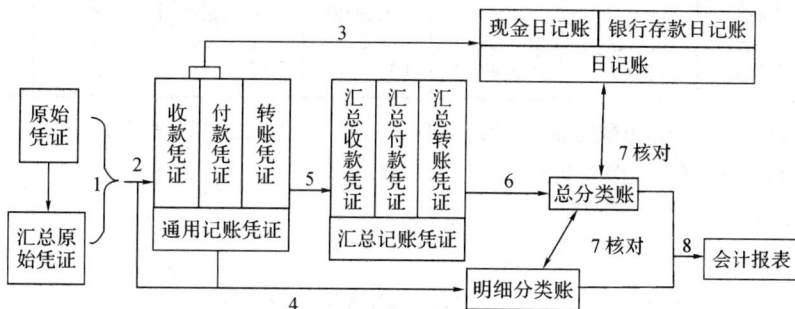

图 8-4　汇总记账凭证账务处理程序

(1) 根据原始凭证编制汇总原始凭证；

(2) 根据原始凭证或汇总原始凭证，编制收款凭证、付款凭证和转账凭证，也可以填制通用记账凭证；

(3) 根据收款凭证和付款凭证，逐笔登记现金日记账和银行存款日记账；

(4) 根据原始凭证、汇总原始凭证和通用记账凭证，登记各种明细分类账；

(5) 根据一定时期内的全部记账凭证，汇总编制汇总收款凭证、汇总付款凭证和汇总转账凭证。

(6) 根据定期编制的汇总收款凭证、汇总付款凭证和汇总转账凭证，登记总分类账。

(7) 期末，按照对账的要求将现金日记账、银行存款日记账的余额，以及各种明细分类账余额合计数，分别与总分类账中有关科目的余额核对相符；

(8) 期末，根据核对无误的总分类账和明细分类账的记录，编制会计报表。

【学习提示 汇总记账凭证的编制】 汇总记账凭证的编制如图 8-5 所示:

汇总记账凭证的编制

汇总记账凭证
┬ 汇总收款凭证——根据现金、银行存款的收款凭证分别以现金、银行存款账户借
　　　　　　　　方设置，并按相应的贷方账户汇总。
├ 汇总付款凭证——根据现金、银行存款的付款凭证分别以现金、银行存款账户贷
　　　　　　　　方设置，并按相应的借方账户汇总。
└ 汇总转账凭证——根据转账凭证按有关账户的贷方分别设置，并按相关的借方账
　　　　　　　　户汇总，只能一贷一借或一贷多借

图 8-5　汇总记账凭证的编制方法

汇总记账凭证及总分类账格式如表 8-3、表 8-4、表 8-5、表 8-6 所示。

表 8-3

汇总收款凭证

借方科目：银行存款　　　　　　　201×年 12 月份　　　　　　　汇收第×号

贷方科目	金　　额				总 账 页 数	
	(1)	(2)	(3)	合 计	借 方	贷 方
应收账款	8 000.00	×	×	8 000.00		
主营业务收入	6 500.00	6 300.00	8 900.00	21 700.00		
其他货币资金	×	×	2 000.00	2 000.00	×	×
合　　计	14 500.00	6 300.00	10 900.00	31 700.00		

附注：　(1)——上旬，记账凭证共×张；　(2)——中旬，记账凭证共×张；

(3)——下旬，记账凭证共×张。

表 8-4

汇总付款凭证

贷方科目：银行存款　　　　　　　201×年 1 月份　　　　　　　汇付第×号

借方科目	金　　额				总 账 页 数	
	(1)	(2)	(3)	合 计	借 方	贷 方
应付账款	5 000.00	4 500.00		9 500.00		
其他货币资金	11 200.00			11 200.00		
现金		2 000.00		2 000.00	(略)	(略)
材料采购	10 000.00		10 000.00	20 000.00		
管理费用		600.00		600.00		
合　　计	26 200.00	7 100.00	10 000.00	43 300.00		

附注：　(1)——上旬，记账凭证共×张；　(2)——中旬，记账凭证共×张；

(3)——下旬，记账凭证共×张。

表 8-5

汇总转账凭证

贷方科目：其他应收款   201×年 2 月份   汇转第×号

借方科目	金 额				总账页数	
	(1)	(2)	(3)	合 计	借 方	贷 方
管理费用						
	×	×	×	×	×
合 计						

附注： (1)——上旬，记账凭证共×张； (2)——中旬，记账凭证共×张；

(3)——下旬，记账凭证共×张。

表 8-6

总 分 类 账

会计科目：银行存款   第××号

201×年		凭证号数	摘 要	对方账户	借 方	贷 方	借或贷	余 额
月	日							
4	1		期初余额				借	150 000.00
	30	汇收×		产品销售收入	21 700.00			
	30	汇收×		应收账款	8 000.00			
	30	汇收×		其他货币资金	2 000.00			
	30	汇付×		应付账款		9 500.00		
	30	汇付×		其他货币资金		11 200.00		
	30	汇付×		现金		2 000.00		
	30	汇付×		材料采购		20 000.00		
	30	汇付×		管理费用		600.00		
	30		本月发生额及余额		31 700.00	43 300.00	借	138 400.00

三、汇总记账凭证账务处理程序的优缺点及适用范围

汇总记账凭证账务处理程序主要优点是：减轻了登记总分类账的工作量，便于了解账户之间的对应关系。主要缺点是：按每一贷方科目编制汇总转账凭证，不利于会计核算的日常分工，当转账凭证较多时，编制汇总转账凭证的工作量较大。适用范围：适用于规模较大、经济业务较多的单位。

【项目演练 8-3 多选题】

下列关于汇总记账凭证账务处理程序表述正确的有(   )。

A. 减少了登记总分类账的工作量

B. 适用于规模大、收付款业务多、转账业务少的单位

C. 不能保持科目之间的对应关系，不便于查对和分析账目、不利于会计核算的日常分工

D. 记账凭证的种类不同、明细账簿的记账依据不同

项目 8-3　答案与解析

练习

项目 8　答案

一、单项选择题

1. 以下项目中，属于科目汇总表账务处理程序缺点的是(　　)。

A. 不便于理解

B. 增加了登记总分类账的工作量

C. 不便于检查核对账目

D. 不便于进行试算平衡

2. 汇总记账凭证账务处理程序与科目汇总表账务处理程序的相同点是(　　)。

A. 登记总账的依据相同

B. 记账凭证的汇总方法相同

C. 保持了账户间的对应关系

D. 简化了登记总分类账的工作量

3. 以下项目中，属于科目汇总表账务处理程序优点的是(　　)。

A. 不便于理解

B. 减少了登记总分类账的工作量

C. 可以反映账户的对应关系

D. 不便于进行试算平衡

4. 汇总记账凭证账务处理程序和科目汇总表账务处理程序的主要不同点是(　　)。

A. 登记日记账的依据不同

B. 编制记账凭证的依据不同

C. 登记总分类账的依据不同

D. 编制汇总记账凭证的依据不同

5. 科目汇总表的汇总范围是(　　)。

A. 全部科目的借、贷方发生额和余额

B. 全部科目的借、贷方余额

C. 全部科目的借、贷方发生额

D. 总账科目的借、贷方发生额和余额

二、多项选择题

1. 以下关于科目汇总表账务处理程序的优缺点与适用范围的表述正确的有(　　)。

A. 将记账凭证通过科目汇总表汇总后登记总分类账，大大减轻了登记总账的工作量

B. 通过编制科目汇总表，可以对发生额进行试算平衡，从而及时发现错误，保证记

账工作质量

C. 科目汇总表能反映账户之间的对应关系，有利于根据账簿记录检查和分析交易或事项的来龙去脉，便于查对账目

D. 适用于业务量多的大、中型企业

2. 下列不属于科目汇总表账务处理程序优点的有(　　)。

A. 便于反映各账户间的对应关系

B. 便于进行试算平衡

C. 便于检查核对账目

D. 简化登记总账的工作量

3. 各种账务处理程序的相同之处是(　　)。

A. 根据原始凭证编制汇总原始凭证

B. 根据原始凭证、汇总原始凭证和记账凭证，登记各种明细分类账

C. 根据收款凭证和付款凭证登记现金、银行存款日记账

D. 根据总账和明细账编制财务报表

4. 在科目汇总表账务处理程序下，月末应将(　　)与总分类账进行核对。

A. 现金日记账

B. 明细分类账

C. 银行存款日记账

D. 备查账

5. 下列关于汇总记账凭证账务处理程序的说法中，错误的有(　　)。

A. 登记总账的工作量大

B. 不能体现账户之间的对应关系

C. 明细分类账与总分类账无法核对

D. 当转账凭证较多时，汇总转账凭证的编制工作量较大

三、判断题

1. 汇总记账凭证账务处理程序和科目汇总表账务处理程序都有利于简化总账的登记工作。(　　)

2. 汇总记账凭证账务处理程序和科目汇总表账务处理程序都适用于经济业务较多的单位。(　　)

3. 在不同的账务处理程序下，财务报表的编制依据不同。(　　)

4. 汇总记账凭证账务处理程序既能保持账户的对应关系，又能减轻登记总分类账的工作量。(　　)

5. 汇总收款凭证是按贷方科目设置，按借方科目归类，定期汇总编制的。(　　)

拓展阅读

手工账和电算化账务处理程序的不同点

手工系统的账务处理程序有四种，但是都避免不了重复转抄与计算的根本弱点，伴之

而来的是人员、环节与差错的增多。

人机系统的账务处理程序有两种方案可取。按目前的经济状况与开发水平，取第一方案，即基本上按手工系统的方式进行系统移植。第二方案为理想化的全自动账务处理程序，即：

(1) 会计凭证磁性化(或用条形码)。在规格化的会计凭证上，用磁性墨水书写(或打上条形码)，由阅读机识别后将数据输送到中央处理机。

(2) 中央处理机内以"资产负债表""利润表""现金流量表"三大财务报表为中心，分别对数据进行处理，同时辅以成本核算模块程序。

(3) 由用户定义输出形式与结果，输出设备(显示器、打印机)提供查询与打印。

人机系统的账务处理程序不因企业或成本核算对象不同而不同，成熟的人机系统应当用同一模式来处理会计业务。成本核算只是其中的一小部分程序，随着计算机技术的发展和成本核算的进一步规范化，可以将不同行业的成本核算程序以软件固化形式拼装在计算机里。这样，从会计凭证到会计报表，一切手工系统的中间过程都不必与使用者见面，而任何要求的输出都能得到满足。

资料来源：http://www.chinaacc.com/new/403_406_201011/01su2406406219.shtml

项目 9　组织和开展财产清查

职业能力目标

(1) 掌握各种财产物资的清查方法和财产清查结果的账务处理；
(2) 熟悉财产清查的一般程序；
(3) 理解财产清查的概念；
(4) 了解财产清查的意义和种类。

项目导入

出纳监守自盗 1 300 万，占上市公司全年净利 10%

2018 年 2 月 1 日，"公司深读"获悉，江苏蓝丰生物化工股份有限公司(以下简称蓝丰生化)公告称，公司原出纳挪用 1 300 万元被发现。而该公司 2017 年前三季度利润仅为 9 311.14 万元，2017 年预期净利润为 8 574.45 万元～1.07 亿元。也就是说，这位财务人员所挪用的资金，至少占到该公司当年盈利 10% 以上。

在公告中，蓝丰生化声称，财务部门在对银行账户的抽查中，发现公司原银行出纳利用职务便利，非法挪用公司资金。截至案发，此人共挪用资金约 1 300 万元。2018 年 1 月 29 日，公司向公安机关报案，同时启动追索程序，2 天后公安机关决定立案调查。

公告还表示，目前，蓝丰生化已向当事的出纳及其家人追回索 1 044.94 万元。蓝丰生化还透露，当事人家人承诺归还其所挪用的公司全部资金。

蓝丰生化是一家位于江苏的主营农药业务的制造业企业。工商资料显示，蓝丰生化原名江苏省新沂农药厂，成立于 1976 年 3 月 19 日。2007 年 8 月，江苏苏化集团、新沂市华益投资和苏州格林投资共同出资，将原公司改制为江苏蓝丰生物，主营业务为杀菌剂、杀虫剂、除草剂等的生产。目前，蓝丰生化注册资本 3.4 亿元，大股东为江苏苏化集团有限公司，持股 20.09%。

"公司深读"查阅蓝丰生化三季度财务报表了解到，截至 2017 年 9 月 30 日，蓝丰生化的货币资金尚有 5.71 亿元，比期初的 4.89 亿元有所增加；营业收入为 13.02 亿元，同比增长 27.18%；净利润 9 311.14 万元，同比增长 6.21%。

根据蓝丰生化在 2017 年 10 月 23 日披露的 2017 年第三季度报告，预计 2017 年的净利润为盈利 1.18 亿元至 1.39 亿元。2018 年 1 月 31 日，蓝丰生化发布业绩预告，下调了盈利预期，将 2017 年的盈利调整为 8 574.45 万元～1.07 亿元。

据此初步计算，这位财务人员所挪用的资金，占该公司 2017 年预期盈利的 12%～15%。截至 2 月 1 日收盘，蓝丰生化每股收于 9.36 元，比前一交易日下跌 0.74 元，跌幅达到 7.33%。

资料来源：http://www.sohu.com/a/220296507_100001551

工作任务与项目导图

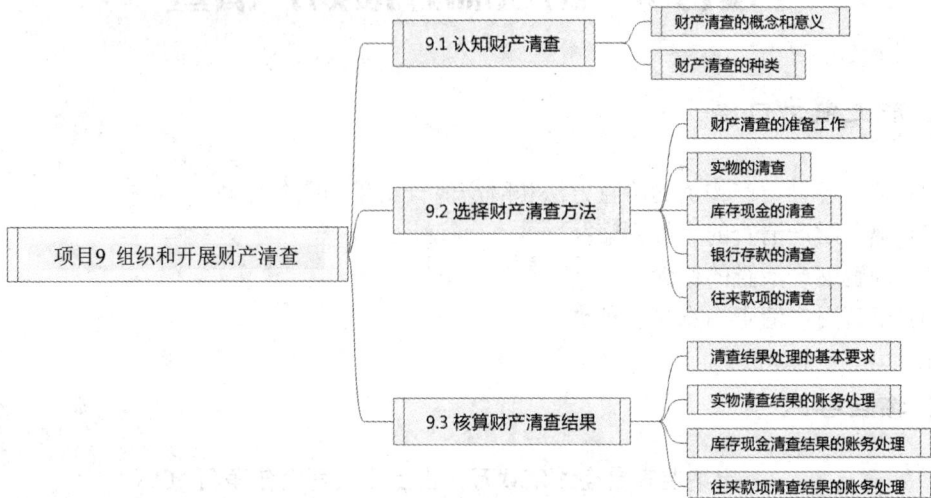

```
                                        ┌─ 财产清查的概念和意义
                     ┌─ 9.1 认知财产清查 ─┤
                     │                   └─ 财产清查的种类
                     │
                     │                   ┌─ 财产清查的准备工作
                     │                   ├─ 实物的清查
项目9 组织和开展财产清查 ─┼─ 9.2 选择财产清查方法 ─┼─ 库存现金的清查
                     │                   ├─ 银行存款的清查
                     │                   └─ 往来款项的清查
                     │
                     │                   ┌─ 清查结果处理的基本要求
                     │                   ├─ 实物清查结果的账务处理
                     └─ 9.3 核算财产清查结果 ─┼─ 库存现金清查结果的账务处理
                                         └─ 往来款项清查结果的账务处理
```

9.1　认知财产清查

一、财产清查的概念和意义

　　财产清查也叫财产检查，是指通过对实物、现金的实地盘点和对银行存款、往来款项的核对，查明各项财产物资、货币资金、往来款项的实有数和账面数是否相符的一种会计核算的专门方法。

　　企业的会计工作，都要通过会计凭证的填制和审核，然后及时地在账簿中进行连续登记。应该说，这一过程能保证账簿记录的正确性，也能真实反映企业各项财产的实有数。各项财产的账实应该是一致的，但是在实际工作中，由于种种原因，账簿记录会发生差错。各项财产的实际结存数也会发生差错。造成账存数与实存数发生差异的原因是多方面的，一般有以下几种情况：

　　(1) 在收发物资中，由于计量、检验不准确而造成品种、数量或质量上的差错；

　　(2) 财产物资在运输、保管、收发过程中，在数量上发生自然增减变化；

　　(3) 在财产增减变动中，由于手续不齐或计算、登记而发生错误；

　　(4) 由于管理不善或工作人员失职，造成财产损失、变质或短缺等；

　　(5) 贪污盗窃、营私舞弊造成的损失；

　　(6) 自然灾害造成的非常损失；

　　(7) 未达账项引起的账账、账实不符等。

　　上述种种原因都会影响账实的一致性。因此，运用财产清查的手段，对各种财产物资进行定期或不定期的核对和盘点，具有十分重要的意义。保证账实相符，使会计资料真实可靠，通过财产清查可以确定各项财产物资的实际结存数，将账面结存数和实际结存数进行核对，可以揭示各项财产物资的溢缺情况，从而及时地调整账面结存数，保证账簿记录真实、可靠。所以，适当运用财产清查方法具有重要意义。

(1) 通过财产清查，可以查明各项财产物资的实有数量，确定实有数量与账面数量之间的差异，查明原因和责任，以便采取有效措施，消除差异，改进工作，从而保证账实相符，提高会计资料的准确性。

(2) 通过财产清查，可以查明各项财产物资的保管情况是否良好，有无因管理不善而造成霉烂、变质、损失浪费，或者被非法挪用、贪污盗窃的情况，以便采取有效措施，改善管理，切实保障各项财产物资的安全完整。

(3) 通过财产清查，可以查明各项财产物资的库存和使用情况，合理安排生产经营活动，充分利用各项财产物资，加速资金周转，提高资金使用效果。

【项目演练 9-1 多选题】

财产清查的意义有(　　)。

A. 确保会计资料准确

B. 保护财产物资的安全完整

C. 确保财产物资的有效使用

D. 确保财经纪律的贯彻执行

项目 9-1　答案与解析

二、财产清查的种类

财产清查有两种划分方式：一种是按清查的对象和范围分类；另一种是按清查的时间分类。

(一) 按清查的对象和范围分类

按清查的对象和范围可将财产清查分为全面清查和局部清查。

全面清查是指对全部财产进行盘点和核对。全面清查的对象总共有三项：货币资金、实物资产、往来结算款项。

全面清查的情况如下：

(1) 在年终决算前；

(2) 单位撤销、合并或改变隶属关系时；

(3) 中外合资、国内联营前；

(4) 开展清产核资前；

(5) 单位主要负责人调动前。

局部清查是指根据需要对某一部分特定的财产物资进行的清查。局部清查的对象主要是流动性比较大的、比较容易出现问题的财产。

局部清查主要有以下几个方面：

(1) 现金应该由出纳员日清月结；

(2) 银行存款和银行借款应该由出纳人员每月同银行核对一次；

(3) 材料方面，在产品和产成品除年度清查外，应有计划地每月重点抽查，对于贵重的财产物资，应每月清查盘点一次；

(4) 对于债权债务，应在年度内至少核对一至二次，有问题应及时核对，及时解决。

(二) 按财产清查的时间分类

按照财产清查的时间可将财产清查分为定期清查和不定期清查。

定期清查是根据制度的规定预先计划安排时间对财产进行清查。

不定期清查是指根据需要进行的临时清查。

不定期清查的情况如下：

(1) 在更换出纳员时对库存现金、银行存款所进行的清查；

(2) 更换仓库保管员时对其所保管的财产进行的清查，等等。

【项目演练9-2多选题】

年终决算之前，为确保年终决算会计信息的真实和准确，需要进行的财产清查有(　　)。

A. 全面清查　　　　　　B. 局部清查

C. 定期清查　　　　　　D. 不定期清查

项目9-2　答案与解析

【项目演练9-3多选题】

下列需要进行全面财产清查的情况有(　　)。

A. 年终决算之前

B. 企业股份制改制前

C. 更换财产物资、库存现金保管人员时

D. 单位财务科长调离时

项目9-3　答案与解析

9.2　选择财产清查方法

一、财产清查的准备工作

财产清查是一项复杂细致的工作，它涉及面广、政策性强、工作量大。为了加强领导，保质保量完成此项工作，一般应在企业单位负责人(如厂长、经理等)的领导下，由会计、业务、仓库等有关部门的人员组成财产清查的专门班子，具体负责财产清查的领导工作。在清查前，必须首先做好以下几项准备工作：

(1) 清查小组制定财产计划，确定清查对象、范围、配备清查人员，明确清查任务。

(2) 财务部门要将总账、明细账等有关资料登记齐全，核对正确，结出余额。保管部门对所保管的各种财产物资以及账簿、账卡挂上标签，标明品种、规格、数量，以备查对。

(3) 银行存款和银行借款应从银行取得对账单，以便查对。

(4) 对需要使用的度量衡器，要提前校验正确，保证计量准确。对应用的所有表册，都要准备妥当。

二、实物的清查

对于各种实物如材料、半成品、在产品、产成品、低值易耗品、包装物、固定资产等，都要从数量和质量上进行清查。由于实物的形态、体积、重量、堆放方式等不尽相同，因而所采用的清查方法也不尽相同。

实物数量的清查方法比较常用的有以下几种：

(1) 实物盘点。实物盘点即通过逐一清点或用计量器具来确定实物的实存数量。其适用的范围较广，在多数财产物资清查中都可以采用这种方法。

(2) 技术推算。技术推算是通过量方、计尺等技术推算财产物资的结存数量。这种方法只适用于成堆量大而价值又不高，难以逐一清点的财产物资的清查，例如露天堆放的煤炭等。对于实物的质量，应根据不同的实物采用不同的检查方法，例如有的采用物理方法，有的采用化学方法来检查实物的质量。

实物清查过程中，实物保管人员和盘点人员必须同时在场。对于盘点结果，应如实登记盘存单，并由盘点人和实物保管人签字或盖章，以明确经济责任。盘存单既是记录盘点结果的书面证明，也是反映财产物资实存数的原始凭证，如表 9-1 所示。

表 9-1

盘 存 单

单位名称：　　　　　　　　　　　　　　　　　　　　　　　编号：

盘点时间：　　　　　　　　　　财产类别：　　　　　　　存放地点：

编　号	名　称	计量单位	数　量	单　价	金　额	备　注

盘点人签章＿＿＿＿＿　　　　　　　　　　　实物保管人签章＿＿＿＿＿

为了查明实存数与账存数是否一致，确定盘盈或盘亏情况，应根据盘存单和有关账簿的记录，编制实存账存对比表。实存账存对比表是用以调整账簿记录的重要原始凭证，也是分析产生差异的原因，明确经济责任的依据，如表 9-2 所示。

表 9-2

实存账存对比表

单位名称：　　　　　　　　　年　月　日

编号	类别及名称	计量单位	单价	实存		账存		差异				备注
								盘盈		盘亏		
				数量	金额	数量	金额	数量	金额	数量	金额	

主管人员：＿＿＿＿　　会计：＿＿＿＿　　制表：＿＿＿＿

对于委托外单位加工、保管的材料、商品、物资以及在途的材料、商品、物资等，可以用询证的方法与有关单位进行核对，以查明账实是否相符。

【学习提示 实物资产的盘存制度】

1. 永续盘存制(需对财产物资进行清查盘点，如表9-3所示)

表9-3

永续盘存制

日期		摘要	收入	发出	结存
月	日		数量	数量	数量
5	1	期初			150
	5	购入	100		250
	11	销售		150	100
	16	购入	300		400
	20	销售		350	50
	30	合计	400	500	50

永续盘存制指企业对各项财产物资收入和发出的数量和金额，都必须根据原始凭证和记账凭证在有关账簿中进行连续登记，并随时结出账面余额的一种盘存制度。

2. 实地盘存制(不可能出现财产的盘盈或盘亏，如表9-5所示)

表9-4

实地盘存制

日期		摘要	收入	发出	结存
月	日		数量	数量	数量
5	1	期初			150
	5	购入	100		250
	16	购入	300		550
	30	合计	400	510(倒挤)	40(盘点)

实地盘存制指企业对各项财产物资只在账簿中登记其收入数，不登记其发出数，期末通过实地盘点来确定财产物资的结余数，然后倒挤出本期发出数的一种盘存制度。

三、库存现金的清查

库存现金的清查包括人民币和各种外币的清查，都是采用实地盘点即通过点票数来确定现金的实存数，然后以实存数与现金日记账的账面余额进行核对，以查明账实是否相符及盈亏情况。

由于现金的收支业务十分频繁，容易出现差错，需要出纳人员每日进行清查和定期及不定期的专门清查。每日业务终了，出纳人员都应将现金日记账的账面余额与现金的实存数进行核对，做到账款相符。专门班子清查盘点时，出纳人员必须在场，现钞应逐张查点，还应注意有无违反现金管理制度的现象，编制现金盘点报告表，并由盘点人员和出纳人员签章。现金盘点报告表兼有盘存单和实存账存对比表的作用，是反映现金实有数和调整账簿记录的重要原始凭证，如表 9-5 所示。

表 9-5

库存现金盘点报告表

单位名称： 201×年×月×日

实存金额	账存金额	对 比 结 果		备 注
		盘 盈	盘 亏	

盘点人(签章)： 出纳员(签章)：

国库券、其他金融债券、公司债券、股票等有价证券的清查方法和现金的相同。

【项目演练 9-4 单选题】

关于现金的清查，下列说法不正确的是( )。

A. 在清查小组盘点现金时，出纳人员必须在场

B. "现金盘点报告表"只需要清查人员签字盖章

C. 要根据"现金盘点报告表"进行账务处理

D. 库存现金的清查应采用实地盘点法

项目 9-4 答案与解析

四、银行存款的清查

银行存款的清查与实物和现金的清查方法不同，它是采用与银行核对账目的方法来进行的，即将企业单位的银行存款日记账与从银行取得的对账单逐笔核对，以查明银行存款的收入、付出和结余的记录是否正确。

开户银行送来的银行对账单是银行在收付企业单位存款时复写的账页，它完整地记录了企业单位存放在银行的款项的增减变动情况及结存余额，是进行银行存款清查的重要依据。

在实际工作中，企业银行存款日记账余额与银行对账单余额往往不一致，其主要原因：一是双方账目发生错账、漏账。所以在与银行核对账目之前，应先仔细检查企业单位银行存款日记账的正确性和完整性，然后再将其与银行送来的对账单逐笔进行核对。二是正常的"未达账项"。所谓"未达账项"，是指由于双方记账时间不一致而发生的一方已经入账，而另一方尚未入账的款项。企业单位与银行之间的未达账项，有以下两种情况：

(一) 企业已入账，但银行尚未入账

(1) 企业送存银行的款项，企业已做存款增加入账，但银行尚未入账；

(2) 企业开出支票或其他付款凭证，企业已作为存款减少入账，但银行尚未付款、未记账。

(二) 银行已入账，但企业尚未入账

(1) 银行代企业收进的款项，银行已作为企业存款的增加入账，但企业尚未收到通知，因而未入账；

(2) 银行代企业收付的款项，银行已作为企业存款的减少入账，但企业尚未收到通知，因而未入账。

发生上述任何一种情况，都会使双方的账面存款余额不一致。

因此，为了查明企业单位和银行双方账目的记录有无差错，同时也为了发现未达账项，在进行银行存款清查时，必须将企业单位的银行存款日记账与银行对账单逐笔核对。核对的内容包括收付金额、结算凭证的种类和号数、收入来源、支出的用途、发生的时间、某日止的金额等。通过核对，如果发现企业单位有错账或漏账，应立即更正；如果发现银行有错账或漏账，应及时通知银行查明更正；如果发现有未达账项，则应据以编制银行存款余额调节表进行调节，并验证调节后余额是否相等，如表9-6所示。

表 9-6

银行存款余额调节表

项　　目	金　额	项　　目	金　额
银行存款日记账余额	146 410	银行对账单余额	147 120
加： 银行已收款，企业未收款项 减： 银行已付款，企业未付款项	7 000 19 200	加： 企业已收款，银行未收款项 减： 企业已付款，银行未付款项	5 590 18 500
调整后余额	134 210	调整后余额	134 210

【项目演练9-5 多选题】

下列各项中，属于使企业银行存款日记账余额大于银行对账单余额的未达账项的有(　　)。

A. 企业先收款记账而银行未收款未记账的款项

B. 银行先收款记账而企业未收款未记账的款项

C. 银行先付款记账而企业未付款未记账的款项

D. 企业先付款记账而银行未付款未记账的款项

项目9-5　答案与解析

【项目演练9-6 计算分析题】

收到开户银行转来的对账单，余额为67 000元，该公司银行存款日记账余额为59 650元，经逐笔核对，发现几笔未达账项，请代为编制银行余额调节表9-7：

(1) 12月27日，公司购买设备一台，开出转账支票8 200元，持票人尚未到银行兑现；

(2) 12月27日，银行收到外地汇款7 900元，已存入公司账户，公司尚未收到收款通知；

项目9-6　答案与解析

(3) 12 月 28 日，银行代公司支付本月电话费 1 200 元，公司尚未收到付款通知；

(4) 12 月 29 日，公司预收货款，收到转账支票 5 000 元，送存银行，银行尚未入账；

(5) 12 月 30 日，银行已从公司存款账户中扣掉公司应付的短期借款利息 3 600 元，公司尚未收到付息通知；

(6) 12 月 30 日，发生银行存款收入 1 050 元，银行已入账，公司尚未收到利息清单。

表 9-7

银行存款余额调节表

项目	金额	项目	金额
银行存款日记账余额 加：银行已收，企业未收 减：银行已付，企业未付	（　　　） （　　　） （　　　）	银行对账单余额 加：企业已收，银行未收 减：企业已付，银行未付	（　　　） （　　　） （　　　）
调节后的存款余额	（　　　）	调节后的存款余额	（　　　）

五、往来款项的清查

往来款项的清查，采用对方单位核对账目的方法。在检查各单位结算往来款项账目正确性和完整性的基础上，根据有关明细分类账的记录，按用户编制对账单，送交对方单位进行核对。对账单一般一式两联，其中一联作为回单。如果对方单位核对相符，应在回单上盖章后退回；如果数字不符，则应将不符的情况在回单上注明，或另抄对账单退回，以便进一步清查。在核对过程中，如果发现未达账项，双方都应采用调节账面余额的方法，来核对往来款项是否相符。尤其应注意查明有无双方发生争议的款项、没有希望收回的款项以及无法支付的款项，以便及时采取措施进行处理，避免或减少坏账损失。

【项目演练 9-7 多选题】

下列财产清查表述不正确的有（　　　）。

A. 往来款项的清查一般采用与对方对账的方法

B. 银行存款可以采用实地盘点法

C. "盘存单"需经盘点人员和实物保管人员共同签章方能有效

D. "现金盘点报告表""银行存款余额调节表"不能作为调整账簿记录的原始凭证

项目 9-7　答案与解析

9.3　核算财产清查结果

一、清查结果处理的基本要求

清查结果处理的基本要求如下：

(1) 分析产生差异的原因和性质，提出处理建议。一般来说，个人造成的损失，应由个人赔偿；因管理不善原因造成的损失，应作为企业"管理费用"入账；因自然灾害造成的非常损失，列入企业的"营业外支出"。

(2) 积极处理多余积压财产，清理往来款项。

(3) 总结经验教训，建立健全各项管理制度。

(4) 及时调整账簿记录，保证账实相符。

"待处理财产损溢"账户是一个暂记账户，它是专门用来核算企业在财产清查过程中查明的各种财产物资的盘盈、盘亏和毁损的账户。该账户的借方登记各种财产物资的盘亏、毁损数及按照规定程序批准的盘盈转销数，贷方登记各种财产物资的盘盈数及按照规定程序批准的盘亏、毁损转销数。借方余额表示尚未处理的各种物资的净损失数，贷方余额表示尚未处理的各种财产物资的净溢余数。

二、实物清查结果的账务处理

(一) 存货清查结果的账务处理

当发现材料、半成品、产成品等流动资产盘盈时，应根据"实存账存对比表"，将盘盈流动资产的价值记入有关账户的借方，同时记入"待处理财产损溢——待处理流动资产损溢"账户的贷方；报经批准后，记入"管理费用"账户的贷方。

【例 9-1】　如意公司在财产清查中发现多余油漆 20 千克，该油漆单价为 100 元，上述情况已报请领导批准。

审批前，会计部门应根据"实存账存对比表"做分录如下：

借：原材料　　　　　　　　　　　　　　　　　2 000

　　贷：待处理财产损溢——待处理流动资产损溢　　　2 000

审批后，根据批准处理意见，做分录如下：

借：待处理财产损溢——待处理流动资产损溢　　2 000

　　贷：管理费用　　　　　　　　　　　　　　　　2 000

对于流动资产各项目的盘亏和毁损，应在发现当时记入"待处理财产损溢——待处理流动资产损溢"账户的借方，同时记入有关账户的贷方。待有关部门批准后，应根据不同的盘亏和毁损原因作出不同的处理：能够收取的残料记入"原材料""银行存款"等账户的借方；能够收到的保险公司赔偿款、由责任人造成的损失记入"其他应收款"账户的借方；盘亏和毁损总额扣除以上几部分后的净损失，若属非常损失，则记入"营业外支出"账户的借方，若属一般经营损失，则记入"管理费用"账户的借方；同时记入"待处理财产损溢"账户的贷方。

【例 9-2】　如意公司在财产清查中，发现库存钢丝盘亏 2 400 元，经查明，系计量仪器不准出现计量误差累计所致；毁损装配支架 12 000 元，属非常损失，该损失保险公司同意赔偿 8 400 元。上述情况已经报请有关部门批准(假设购进材料不考虑增值税)。

会计部门根据"实存账存对比表"做分录如下：

借：待处理财产损溢——待处理流动资产损溢　　14 400

　　贷：原材料　　　　　　　　　　　　　　　　　　14 400

根据批准处理意见，做分录如下：

借：其他应收款　　　　　　　　　　　　　　　　　　8 400
　　营业外支出　　　　　　　　　　　　　　　　　　3 600
　　管理费用　　　　　　　　　　　　　　　　　　　2 400
　　贷：待处理财产损溢——待处理流动资产损溢　　　　　14 400

【项目演练 9-8 多选题】

财产清查中查明的各种流动资产盘亏或毁损数，根据不同的原因，报经批准后可能记入的账户有(　　)。

A. 管理费用　　　　　　　　　　B. 营业外收入
C. 营业外支出　　　　　　　　　　D. 其他应收款

项目 9-8　答案与解析

(二) 固定资产清查结果的账务处理

1. 盘盈

固定资产盘盈大都是由于企业的自制固定资产交付使用后未及时入账所造成的。固定资产一般按市场价(重置完全价值)与折旧后的净值作入账价值，固定资产盘盈的金额经批准后应转作以前年度损益调整。

【例 9-3】　如意公司在财产清查中发现账外机器设备一台，其重置完全价值为 60 000元，估计已提折旧 20 000 元，已将上述情况报请有关部门批准。

会计部门根据"实存账存对比表"资料，做分录如下：

借：固定资产　　　　　　　　　　　　　　　　　　40 000
　　贷：以前年度损益调整　　　　　　　　　　　　　　40 000

2. 盘亏

当发现固定资产盘亏时，按固定资产账面原始价值贷记"固定资产"账户，按账面已提折旧借记"累计折旧"账户，按账面原始价值减去累计折旧的差额借记"待处理财产损溢——待处理固定资产损溢"账户。报经批准后，根据处理意见将其损失数记入"营业外支出"账户的借方。

【例 9-4】　如意公司在财产清查中发现盘亏设备一台，其原值为 80 000 元，已提折旧为 60 000 元。已将上述情况报请领导批准。

审批前，会计部门应根据"实存账存对比表"做分录如下：

借：待处理财产损溢——待处理固定资产损溢　　　　　20 000
　　累计折旧　　　　　　　　　　　　　　　　　　　60 000
　　贷：固定资产　　　　　　　　　　　　　　　　　　80 000

审批后，根据批复处理意见，做分录如下：

借：营业外支出　　　　　　　　　　　　　　　　　20 000
　　贷：待处理财产损溢——待处理非流动资产损溢　　　　20 000

【项目演练 9-9 单选题】

下列属于盘亏的固定资产的账面价值经批准后借记的科目是(　　)。

A. 营业外收入　　　　B. 营业外支出

C. 管理费用　　　　　D. 待处理财产损溢

三、库存现金清查结果的账务处理

项目 9-9　答案与解析

(一) 库存现金盘盈的账务处理

库存现金盘盈时,应及时办理库存现金的入账手续,调整库存现金账簿记录,即按盘盈的金额借记"库存现金"科目,贷记"待处理财产损溢——待处理流动资产损溢"科目。

对于盘盈的库存现金,应及时查明原因,按管理权限报经批准后,按盘盈的金额借记"待处理财产损溢——待处理流动资产损溢"科目,按需要支付或退还他人的金额贷记"其他应付款"科目,按无法查明原因的金额贷记"营业外收入"科目。

【例 9-5】 如意公司在财产清查中发现多余现金 500 元,上述情况已报请领导,多余资金查明不清。

审批前,会计部门应根据"库存现金查点报告表"做分录如下:

借:库存现金　　　　　　　　　　　　　　　　　500

　　贷:待处理财产损溢——待处理流动资产损溢　　　　500

审批后,根据批准处理意见,做分录如下:

借:待处理财产损溢——待处理流动资产损溢　　　500

　　贷:营业外收入　　　　　　　　　　　　　　　　500

(二) 库存现金盘亏的账务处理

库存现金盘亏时,应及时办理盘亏的确认手续,调整库存现金账簿记录,即按盘亏的金额借记"待处理财产损溢——待处理流动资产损溢"科目,贷记"库存现金"科目。

对于盘亏的库存现金,应及时查明原因,按管理权限报经批准后,按可收回的保险赔偿和过失人赔偿的金额借记"其他应收款"科目,按管理不善等原因造成净损失的金额借记"管理费用"科目,按自然灾害等原因造成净损失的金额借记"营业外支出"科目,按原记入"待处理财产损溢——待处理流动资产损溢"科目借方的金额贷记本科目。

【例 9-6】 如意公司在财产清查中发现现金盘亏 1 500 元,上述情况已报请领导,经查明为出纳人员挪用,要求其赔偿。

会计部门根据"实存账存对比表"做分录如下:

借:待处理财产损溢——待处理流动资产损溢　　　1 500

　　贷:库存现金　　　　　　　　　　　　　　　　　1 500

根据批准处理意见,做分录如下:

借:其他应收款　　　　　　　　　　　　　　　　1 500

　　贷:待处理财产损溢——待处理流动资产损溢　　　　1 500

【项目演练 9-10 多选题】

库存现金盘亏账务处理中，批准前后可能涉及的会计科目有（ ）。

A. 库存现金　　　　　　　　　　　B. 管理费用

C. 其他应收款　　　　　　　　　　D. 营业外支出　　　项目 9-10 答案与解析

四、往来款项清查结果的账务处理

(一) 无法收回的应收款项的账务处理

在财产清查中发现长期不能结清的往来款项，应及时处理，经有关部门批准后予以核销。核销时不通过"待处理财产损溢"账户，可在报经批准后，当冲减坏账准备。

【例 9-7】 如意公司在财产清查中查明应收甲公司的货款 30 000 元，因甲公司撤销无法收回。该企业采取备抵法核算。报经批准后，冲销已提取的坏账准备金，做分录如下：

　　借：坏账准备　　　　　　　　　　30 000

　　　　贷：应收账款——甲公司　　　　　　　　30 000

(二) 无法偿付的债务的账务处理

对于企业无法偿还的债务，经有关部门批准后，直接记入营业外收入。

【例 9-8】 如意公司在财产清查中，查明前欠乙公司货款 10 000 元，因乙公司解散，确实无法支付，经批准后做分录如下：

　　借：应付账款——乙公司　　　　　10 000

　　　　贷：营业外收入　　　　　　　　　　　10 000

【项目演练 9-11 账务处理题】

甲公司期末财产清查发现如下事项：

(1) 现金盘盈 900 元，原因待查；

(2) 现金盘盈原因无法查明，报经有关部门批准后进行会计处理；

项目 9-11 答案与解析

(3) 盘亏设备一台，原价为 50 000 元，已提折旧 20 000 元，原因待查；

(4) 该设备盘亏损失由保险公司赔偿 10 000 元，其余损失全部由公司承担，报经有关部门批准后进行会计处理；

(5) 盘盈一台未入账的电脑，市场价格是 10 000 元，估计的新旧程度为 8 成新，作为以前期间会计差错记入"以前年度损益调整"账户。

要求：根据上述资料，逐笔编制甲公司的会计分录。

练习

一、单项选择题

项目9　答案

1. 某企业在财产清查过程中发现盘亏小汽车一辆，报经批准后，对于净损失正确的会计处理是( )。

A. 记入"营业外支出"

B. 记入"主营业务成本"

C. 记入"管理费用"

D. 记入"其他业务成本"

2. 企业的存货由于计量、收发错误导致的盘亏，由企业承担的部分应作为( )处理。

A. "营业外支出"

B. "其他业务支出"

C. "坏账损失"

D. "管理费用"

3. 因保管人员失职造成的财产盈亏损失而应由过失人赔偿的，经批准后应记入"待处理财产损溢"科目贷方。下列关于借方科目的表述中，正确的是( )。

A. "营业外支出"

B. "其他应收款"

C. "其他业务支出"

D. "管理费用"

4. 对财产清查中查明的财产物资的盘盈盘亏，在审批之前应编制记账凭证并及时调整有关账簿记录，下列关于该工作目的的表述中，正确的是( )。

A. 确保账簿记录与实际盈存数相符

B. 确保总账与明细账相符

C. 确保盈盈数与盈亏数相符

D. 确保明细账与记账凭证相符

5. 在途物资应采用( )方法进行清查。

A. 实地盘点

B. 技术推算

C. 随机抽样

D. 询证

二、多项选择题

1. 下列关于存货清查的说法中，不正确的有( )。

A. 存货发生盘亏或毁损时，应按实际盘亏或毁损的金额，借记"待处理财产损溢"科目，贷记"原材料"等科目

B. 存货盘盈报经批准后应记入"营业外收入"科目核算

C. 存货的清查应该采用技术推算法

D. 存货盘亏净损失中由于管理不善导致的部分应该记入"其他应收款"核算

2. 对于盘亏的库存现金，以下处理正确的有(　　)。

A. 管理不善造成的，记入"管理费用"

B. 自然灾害造成的，记入"营业外支出"

C. 应由保险公司赔偿的，记入"管理费用"

D. 应由责任人赔偿的，记入"其他应收款"

3. 下列各项中，(　　)属于财产清查结果处理步骤。

A. 核准数字，查明原因

B. 调整凭证，做到账实相符

C. 调整账簿，做到账实相符

D. 进行批准后的账务处理

4. 企业通常应将符合下列哪个条件之一的应收款项确认为坏账(　　)。

A. 债务人死亡，以其遗产清偿后仍然无法收回的

B. 债务人破产，以其破产财产清偿后仍然无法收回的

C. 债务人较长时间内未履行其偿债义务，并有足够的证据表明无法收回或者收回的可能性极小

D. 有证据表明，该笔款项有可能收回

5. 编制"银行存款余额调节表"时，应调整银行对账单余额的业务有(　　)。

A. 企业已收，银行未收

B. 企业已付，银行未付

C. 银行已收，企业未收

D. 银行已付，企业未付

三、判断题

1. 当原材料、现金发生盘盈时，经报批后冲减"管理费用"或"营业外收入"。(　　)

2. 企业在日常工作中发生的待处理财产损溢，通常必须在年报编制前处理完毕。(　　)

3. 在盘存日期，只有存放在本企业内的存货才视为企业的存货。(　　)

4. 进行现金清查时，清查人员不必审核现金管理制度的执行情况。(　　)

5. 永续盘存制实际记录了财产物资的收、付、存数量和金额，所以企业实行永续盘存制，就不需要定期进行财产清查。(　　)

拓展阅读

连锁便利店如何进行科学盘点

小超市是如何盘点的？盘点工作是白天进行还是半夜进行？为何外资便利店喜欢在白天盘点而内资企业一般在半夜？什么时间是最佳盘点时间呢？

盘点的目的是为了更好地做好商品管理，掌握商品的订货、销售、废弃及偷盗的情况，

及时了解商品库存，降低经营成本、提高店铺利润。一般本土便利店会选择自己盘点，而外资便利店更多的是选择委托第三方盘点公司盘点，这样能保证盘点的准确性与公正性。

便利店在白天盘点，但是经常在盘点某个货架时就会有顾客选购商品，有的顾客看见在盘点就会绕过选购别的商品，从而降低了顾客购买商品的件数，影响销售额。最好的盘点时间还是在夜间 24:00 以后，这段时间来客数少，更容易打造易盘点的环境，也会降低盘点的错误率。

一、盘点前的准备

开始盘点前，店长一定要提前组织大家做好准备工作，给盘点人员打造一个易盘点的环境，能更好地提高盘点的效率和准确性。

① 库房的整理。将各类商品分类摆好，不同口味相似的商品一定要区分开。盘点过程中要提醒盘点人员，避免盘混。

② 纸箱里是否有与外包装不符的商品也要区分开。盘点过程中整箱的商品一般盘点人员不会拆箱，会拿与纸箱外包装相同名称的单个的商品扫一下，再录入内装数即可。而经常店铺会出现商品拆箱后，纸壳留着装其他商品，再封好箱子，而盘点人员并不知道，不同商品不同价位就会造成盘亏或盘盈。

③ 卖场货架上商品陈列的整理。盘点前一定要把货架上的商品排面拉整齐，商品不能混放。盘点公司聘的盘点人员很多都是没有干过零售行业，对商品并不熟悉。相同类的商品不同口味，但从外包装看非常相似，非专业人员很难区分开，所以经常会出现盘混现象。

④ 兑奖的瓶盖。经常会有商品瓶盖上出现再来一瓶，店铺把商品兑换给顾客后会留下瓶盖，由总部统一给店铺兑换商品。经常会出现盘点前商品并没有兑换给顾客，而盘点前店铺就要拿出瓶盖让盘点人员按照个数录入，如果忘记，则造成盘亏。

二、盘点过程中

盘点过程中也一定要确认每一个货架盘点公司是否都给盘上，经常有盘点后因为盘亏过大才发现有整个货架漏盘，于是重新联系盘点公司盘点，这给双方造成很大麻烦。

三、盘点结束后

盘点结束后一定要实物抽盘。仔细抽查单品盘点结果与实际库存是否一致。哪怕盘点公司只让抽盘某个分类或者规定的数量，盘点结束后会留下盘点库存表，认真核对与实际库存是否相符，不符的及时联系盘点公司更改库存，避免造成盘亏与盘盈。

资料来源：http://blog.sina.com.cn/s/blog_6adf03f80102vy3x.html

项目 10　编制和报送会计报表

职业能力目标

(1) 掌握财务报告的概念和内容组成；

(2) 掌握资产负债表、利润表的概念、理论依据和编制方法；

(3) 掌握现金流量表、所有者权益变动表的概念和内容；

(4) 熟悉编制要求；

(5) 了解的作用和分类。

项目导入

财政部修订一般企业财务报表格式

财政部在 2017 年 12 月发布了《关于修订印发一般企业财务报表格式的通知》(财会〔2017〕30 号，以下简称《通知》)，为便于理解，现就有关问题解读如下：

一、关于比较信息的列报

对于利润表新增的"资产处置收益"行项目，企业应当按照《企业会计准则第 30 号——财务报表列报》等的相关规定，对可比期间的比较数据按照《通知》进行调整。

对于利润表新增的"其他收益"行项目，企业应当按照《企业会计准则第 16 号——政府补助》的相关规定，对 2017 年 1 月 1 日存在的政府补助采用未来适用法处理，无需对可比期间的比较数据进行调整。

二、关于非流动资产毁损报废损失的列报

根据《通知》，非流动资产毁损报废损失在"营业外支出"行项目反映。这里的"毁损报废损失"通常包括因自然灾害发生毁损、已丧失使用功能等原因而报废清理产生的损失。根据《企业会计准则第 30 号——财务报表列报》的相关规定，财务报表中直接记入当期利润的利得项目和损失项目的金额不得相互抵销。企业在不同交易中形成的非流动资产毁损报废利得和损失不得相互抵销，应分别在"营业外收入"行项目和"营业外支出"行项目进行列报。

三、关于"一年内到期的非流动资产"项目的列报

根据《企业会计准则第 30 号——财务报表列报》的相关规定，资产应当分为流动资产和非流动资产在资产负债表中列示；资产满足该准则第十七条规定的，应当归类为流动资产。通常情况下，预计自资产负债表日起一年内变现的非流动资产应归类为流动资产，作为"一年内到期的非流动资产"列报。对于按照相关会计准则采用折旧(或摊销、折耗)

方法进行后续计量的固定资产、无形资产、长期待摊费用等非流动资产，折旧(或摊销、折耗)年限(或期限)只剩一年或不足一年的，无需归类为流动资产，仍在各该非流动资产项目中列报，不转入"一年内到期的非流动资产"项目列报；预计在一年内(含一年)进行折旧(或摊销、折耗)的部分，也无需归类为流动资产，不转入"一年内到期的非流动资产"项目列报。

四、关于合并利润表中净利润部分的列报

根据《企业会计准则第 42 号——持有待售的非流动资产、处置组和终止经营》的相关规定，企业应当在利润表中分别列示持续经营损益和终止经营损益。

资料来源：http://kjs.mof.gov.cn/zhengwuxinxi/zhengcefabu/201712/t20171229_2790889.html

工作任务与项目导图

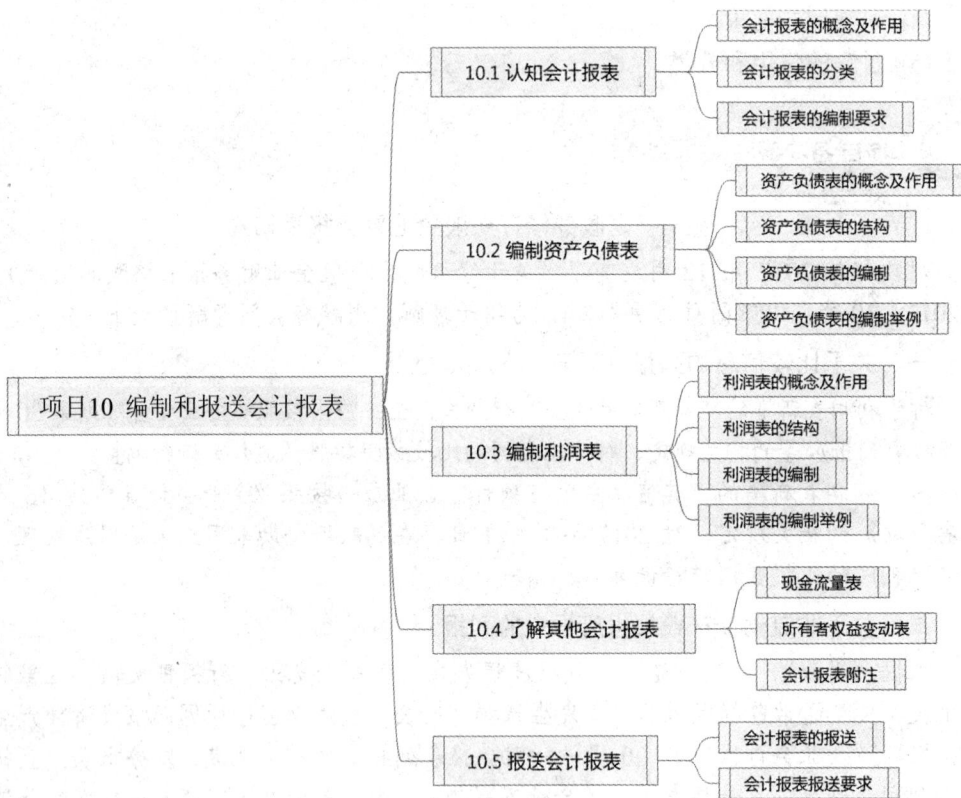

10.1　认知会计报表

一、会计报表的概念及作用

会计报表的雏形是一些由企业自行设计的财务记录和分类账簿，它们反映了会计报表的

最初目的为企业的业主记录和反映每天的业务活动情况，这些财务记录随意地、偶然地、时断时续地保持着和进步着。当时的银行并不信任这些成堆的，一无标准二无质量控制的财务记录和分类账簿，一直到税收的出现，定期公布标准化的财务报表才提到了日程上来，随着会计准则的颁布和政府干预的加强，早期的财务记录和分类账就演变成了今天广为采用的几种基本的会计报表，根据这些浓缩的会计信息可以有效地判断一个企业的财务状况。

现在的会计报表是企业的会计人员根据一定时期(例如月、季、年)的会计记录，按照既定的格式和种类编制的系统的报告文件。随着企业经营活动的扩展，会计报表的使用者对会计信息的需求不断增加，仅仅依靠几张会计报表提供的信息已经不能满足或不能直接满足他们的需求，因此需要通过报表以外的附注和说明提供更多的信息。

将这些附有详细附注和财务状况说明书的会计报表称为财务会计报告。在实际工作中，由于需要报告的表外信息越来越多，附注的篇幅就越来越大，导致会计报表仅仅成为财务会计报告中的一小部分，但仍然是最重要、最核心的组成部分。

会计报表是综合反映企业资产、负债和所有者权益的情况及一定时期的经营成果和财务状况变动的书面文件。会计报表是会计人员根据日常会计核算资料归集、加工、汇总而形成的结果，是会计核算的最终产品。

企业会计的一个重要职能是向与企业有利害关系的各个方面以及其他相关的机构提供决策有用的信息。决策有用的会计信息主要指企业经营成果、财务状况和资金流转等的信息，这些信息是分别通过利润表、资产负债表和现金流量表等会计报表加以反映的。会计报表的重要作用主要有以下几点：

(1) 会计报表是与企业有经济利害关系的外部单位和个人了解企业的财务状况和经营成果，并据以作出决策的重要依据；

(2) 会计报表是国家经济管理部门进行宏观调控和管理的信息源；

(3) 会计报表提供的经济信息是企业内部加强和改善经营管理的重要依据。

二、会计报表的分类

会计报表是会计报告的核心内容，也称财务报表。它由报表及附注组成，包括资产负债、利润表、现金流量表和所有者权益变动表以及会计报表附注。会计报表按照不同的标准可以分为不同的类别，比较常见的分类标准及类别有四种，分别为：

(一) 会计报表按其反映的内容分类

会计报表按其反映的内容，可以分为动态会计报表和静态会计报表。动态会计报表是反映一定时期内经营成果和现金流量的会计报表，比如：利润表反映了企业一定时期内所实现的经营成果，现金流量表反映了企业一定时期内现金的流入、现金的流出及净增加数，因此利润表和现金流量表属于动态会计报表；静态会计报表是指反映企业在一定日期资产和权益总额的会计报表，比如：资产负债表反映了企业某一时点上的资产、负债和所有者权益的情况，因此资产负债表属于静态会计报表。

(二) 会计报表按其编报的时间分类

会计报表按其编报的时间，可以分为月度报表、季度报表、半年度报表和年度报表。月度报表简称为月报，每月编报一次，包括资产负债表和利润表；季度报表简称为季报，每季编报一次，包括资产负债表和利润表；半年度报表简称为半年报，每年 6 月 30 日编报一次，包括资产负债表和利润表，但与月报和季报在部分指标上有一定的差异；年度报表简称为年报，每年编报一次，包括资产负债表、利润表、现金流量表和所有者权益变动表以及会计报表附注，它要求完整、反映地全面企业的财务状况、经营成果和现金流量情况。

(三) 会计报表按其编制的范围分类

会计报表按其编制的范围，可以分为个别会计报表和合并会计报表。个别会计报表是指仅仅反映一个会计主体的财务状况、经营成果和现金流量情况的报表；合并会计报表是将多个具有控股关系的会计主体的财务状况、经营成果和现金流量情况合并编制的会计报表，该报表由母公司进行编制，包括所有控股公司会计报表的数据。

(四) 会计报表按其服务的对象分类

会计报表按其服务的对象，可以分为对内报表和对外报表。对内报表是指为企业内部经营管理服务而编制的不对外公开的会计报表，它不要求统一格式，没有统一指标体系，如成本表就属于对内报表；对外报表是指企业为满足国家宏观经济管理部门、投资者、债权人及其他有关会计信息使用者对会计信息的需求而编制的对外提供服务的会计报表，它要求有统一的报表格式、指标体系和编制时间等，资产负债表、利润表和现金流量表等均属于对外报表。

【项目演练 10-1 单选题】

下列财务报表的分类表述正确的是(　　)。

A. 按编报期间不同会计报表分为对内报表和对外报表

B. 按编制主体不同会计报表分为个别财务报表和汇总财务报表

C. 中期会计报表是指每半年一次对外提供的会计报表

D. 合并会计报表的会计主体是母子公司组成的企业集团

项目 10-1　答案与解析

三、会计报表的编制要求

(一) 持续经营原则

企业应当以持续经营为基础，以持续经营为基础编制财务报表不再合理的，企业应当采用其他基础编制会计报表，并在附注中披露这一事实。

(二) 公允列报原则

企业在列报会计报表时，应严格遵循根据实际发生的交易和事项，按照《企业会计准则——基本准则》和其他各项会计准则的规定进行确认和计量，如实反映企业的交易与其他经济事项，真实而公允地反映企业的财务状况、经营成果以及现金流量。企业不应以附注披露代替确认和计量。

(三) 权责发生制原则

企业列报的会计报表，除现金流量表外应按权责发生制原则编制会计报表。

(四) 信息列报的一致性原则

会计报表项目的列报应当在各个会计期间保持一致，除会计准则要求改变会计报表项目的列报或企业经营业务的性质发生重大变化后，变更会计报表项目的列报能够提供更可靠、更相关的会计信息外，不得随意变更。

(五) 重要性原则

企业会计报表某项目的省略或错报会影响使用者据此作出经济决策，因此该项目具有重要性。重要性应当根据企业所处环境，从项目的性质和金额大小两方面予以判断。性质或功能不同的项目，应当在会计报表中单独列报，但不具有重要性的项目除外。性质或功能类似的项目，其所属类别具有重要性的，应当按其类别在会计报表中单独列报。

(六) 抵销原则

企业会计报表中的资产项目和负债项目的金额、收入项目和费用项目的金额不得相互抵销，但其他会计准则另有规定的除外。资产项目按扣除减值准备后的净额列示和非日常活动产生的损益，以收入扣减费用后的净额列示，不属于抵销。

(七) 信息列报的可比性原则

企业当期会计报表的列报，至少应当提供所有列报项目上一可比会计期间的比较数据，以及与理解当期会计报表相关的说明，但其他会计准则另有规定的除外。会计报表项目的列报发生变更的，应当对上期比较数据按照当期的列报要求进行调整，并在附注中披露调整的原因和性质，以及调整的各项目金额。对上期比较数据进行调整不切实可行的(是指企业在做出所有合理努力后仍然无法采用某项规定)，应当在附注中披露不能调整的原因。

(八) 会计报表表首列报要求

企业应当在会计报表的显著位置至少披露：编报企业的名称、资产负债表日或财务报表涵盖的会计期间、人民币金额单位，会计报表是合并会计报表的应当予以标明。

(九) 报告期间

企业至少应当按年编制会计报表。年度报表涵盖的期间短于一年的，应当披露年度报表的涵盖期间，以及短于一年的原因。

【项目演练 10-2 单选题】

下列选项中，不属于会计报表编制要求的是(　　)。

A. 项目列报遵循重要性原则

B. 按权责发生制基础

C. 以持续经营为基础编制

D. 保持各个会计期间会计报表项目列报的一致性

项目 10-2　答案与解析

10.2　编制资产负债表

一、资产负债表的概念及作用

资产负债表是反映企业在某一特定日期(如月末、季末、年末)全部资产、负债和所有者权益情况的会计报表，是企业经营活动的静态体现，根据"资产＝负债＋所有者权益"这一平衡公式，依照一定的分类标准和一定的次序，将某一特定日期的资产、负债、所有者权益的具体项目予以适当的排列编制而成。所以资产负债表作用包括：

(1) 反映企业资产的构成及其状况，分析企业在某一日期所拥有的经济资源及其分布情况。可以揭示公司的资产及其分布结构。

(2) 可以反映企业某一日期的负债总额及其结构，揭示公司的资产来源及其构成。根据资产、负债、所有者权益之间的关系，如果公司负债比重高，相应的所有者权益即净资产就低，说明主要靠债务"撑大"了资产总额，真正属于公司自己的财产(即所有者权益)不多。

(3) 可以反映企业所有者权益的情况，了解企业现有投资者在企业投资总额中所占的份额。实收资本和留存收益是所有者权益的重要内容，反映了企业投资者对企业的初始投入和资本累计的多少，也反映了企业的资本结构和财务实力，有助于报表使用者分析、预测企业生产经营安全程度和抗风险的能力。

(4) 可据以解释、评价和预测企业的短期偿债能力。偿债能力指企业以其资产偿付债务的能力，短期偿债能力主要体现在企业资产和负债的流动性上。流动性指资产转换成现款而不受损失的能力或负债离到期清偿日的时间，也指企业资产接近现金的程度，或负债需要动用现金的期限。在资产项目中，除现金外，资产转换成现金的时间越短，速度越快，转换成本越低，表明流动性越强。

(5) 可据以解释、评价和预测企业的长期偿债能力和资本结构。企业的长期偿债能力主要指企业以全部资产清偿全部负债的能力。一般认为资产越多，负债越少，其长期偿债能力越强，反之，若资不抵债，则企业缺乏长期偿债能力。

(6) 可据以解释、评价和预测企业的绩效，帮助管理部门作出合理的经营决策。

【项目演练 10-3 多选题】

以下项目中，属于资产负债表作用的有(　　　)。

A. 提供某一日期企业的资产总量及其结构

B. 提供某会计期间企业的负债总额及其结构

C. 可以反映所有者所拥有的权益

D. 判断企业资本保值、增值的情况，判断企业对负债的保障
程度

项目 10-3　答案与解析

二、资产负债表的结构

资产负债表一般有表首、正表两部分。其中，表首概括地说明报表名称、编制单位、编制日期、报表编号、货币名称、计量单位等。正表是资产负债表的主体，列示了用以说明企业财务状况的各个项目。资产负债表正表的格式一般有两种：报告式和账户式。报告式资产负债表是上下结构，上半部列示资产，下半部列示负债和所有者权益。

在我国，资产负债表采用账户式的格式，即左侧列示资产，右侧列示负债和所有者权益，如表 10-1 所示。在资产负债表中，企业通常按资产、负债、所有者权益分类分项反映。也就是说，资产按流动性大小进行列示，具体分为流动资产、长期投资、固定资产、无形资产及其他资产；负债也按流动性大小进行列示，具体分为流动负债、长期负债等；所有

者权益则按实收资本、资本公积、盈余公积、未分配利润等项目分项列示。

(一) 资产

资产负债表中的资产反映由过去的交易、事项形成并由企业在某一特定日期所拥有或控制的、预期会给企业带来经济利益的资源。资产应当按照流动资产和非流动资产两大类别在资产负债表中列示，在流动资产和非流动资产类别下进一步按性质分项列示。

流动资产是预计在一个正常营业周期中变现、出售或耗用，或者主要为交易目的而持有，或者预计在资产负债表日起一年内(含一年)变现的资产，或者自资产负债表日起一年内交换其他资产或清偿负债的能力不受限制的现金或现金等价物。流动资产项目通常包括：货币资金、交易性金融资产、应收票据、应收账款、预付账款、应收利息、应收股利、其他应收款、存货和一年内到期的非流动资产等。

非流动资产是流动资产以外的资产。资产负债表中列示的非流动资产项目通常包括：长期股权投资、固定资产、在建工程、工程物资、固定资产清理、无形资产、开发支出、长期待摊费用以及其他非流动资产等。

(二) 负债

资产负债表中的负债反映在某一特定日期企业所承担的、预期会导致经济利益流出企业的现时义务。负债应当按照流动负债和非流动负债在资产负债表中进行列示，在流动负债和非流动负债类别下再进一步按性质分项列示。

流动负债是预计在一个正常营业周期中清偿，或者主要为交易目的而持有，或者自资产负债表日起一年内(含一年)到期应予以清偿，或者企业无权自主地将清偿推迟至资产负债表日后一年以上的负债。资产负债表中列示的流动负债项目通常包括短期借款、应付票据、应付账款、预收账款、应付职工薪酬、应交税费、应付利息、应付股利、其他应付款、一年内到期的非流动负债等。

非流动负债是流动负债以外的负债。非流动负债项目通常包括长期借款、应付债券和其他非流动负债等。

(三) 所有者权益

资产负债表中的所有者权益是企业资产扣除负债后的剩余权益，反映企业在某一特定日期股东(投资者)拥有的净资产的总额，它一般按照实收资本、资本公积、盈余公积和未分配利润分项列示。

表 10-1

资产负债表

会企 01 表

编制单位：　　　　　　　　　　2020 年 12 月 31 日　　　　　　　　　　单位：元

资产	行次	期末余额	年初余额	负债和所有者权益	行次	期末余额	年初余额
流动资产：				流动负债：			
货币资金	1			短期借款	32		
以公允价值计量且其变动计入当期损益的金融资产	2			以公允价值计量且其变动计入当期损益的金融负债	33		

应收票据	3			应付票据	34		
应收账款	4			应付账款	35		
预付账款	5			预收款项	36		
应收利息	6			应付职工薪酬	37		
应收股利	7			应交税费	38		
其他应收款	8			应付利息	39		
存货	9			应付股利	40		
一年内到期的非流动资产	10			其他应付款	41		
其他流动资产	11			一年内到期的非流动负债	42		
流动资产合计	12			其他流动负债	43		
				流动负债合计	44		
非流动资产:				非流动负债:			
可供出售金融资产	13			长期借款	45		
持有至到期投资	14			应付债券	46		
长期应收款	15			长期应付款	47		
长期股权投资	16			专项应付款	48		
投资性房地产	17			预计负债	49		
固定资产	18			递延收益	50		
在建工程	19			递延所得税负债	51		
工程物资	20			其他非流动负债	52		
固定资产清理	21			非流动负债合计	53		
生产性生物资产	22			负债合计	54		
油气资产	23			所有者权益:			
无形资产	24			实收资本（或股本）	55		
开发支出	25			资本公积	56		
商誉	26			减:库存股	57		
长期待摊费用	27			其他综合收益	58		
递延所得税资产	28			盈余公积	59		
其他非流动资产	29			未分配利润	60		
非流动资产合计	30			所有者权益合计	61		
资产总计	31			负债和所有者权益总计	62		

【项目演练 10-4 多选题】

下列关于资产负债表列报格式的表述，正确的有(　　)。

A. 我国企业的资产负债表采用报告式结构

B. 表首部分应列明报表名称、编表单位、编制日期和金额计量单位

C. 正表部分反映资产、负债和所有者权益的内容

D. 正表部分是资产负债表的主体和核心，分别按流动性和非流动性排列

项目 10-4　答案与解析

【项目演练 10-5 单选题】

下列选项中，不属于资产负债表项目的是(　　)。

A. 原材料

B. 货币资金

C. 实收资本

D. 固定资产清理

项目 10-5　答案与解析

三、资产负债表的编制

资产负债表中"年初余额"栏各项的数字，应按上年年末资产负债表中"期末余额"栏中的数字填列。若本年度资产负债表中规定的各项目的名称和内容与上年度不一致，应对上年年末资产负债表各项的名称和数字按照本年度的规定进行调整后，填入表中的"年初余额"栏。

"期末余额"栏内各项数字根据会计期末各总账账户及所属明细账户余额填列。具体填列方法如下：

(一) 根据总账科目余额填列

根据总账科目余额填列。如"交易性金融资产""短期借款""应付票据""应付职工薪酬"等项目，根据"交易性金融资产""短期借款""应付票据""应付职工薪酬"各总账科目的余额直接填列；有些项目则需根据几个总账科目的期末余额计算填列，如"货币资金"项目，需根据"库存现金""银行存款""其他货币资金"三个总账科目的期末余额的合计数填列。

(二) 根据明细账科目余额计算填列

根据明细账科目余额计算填列。如"应付账款"项目，需要根据"应付账款"和"预付账款"两个科目所属的相关明细科目的期末贷方余额计算填列；"应收账款"项目，需要根据"应收账款"和"预收账款"两个科目所属的相关明细科目的期末借方余额计算填列。

【项目演练 10-6 填空题】

某企业 2017 年 12 月 31 日结账后：

"应收账款"账户总账借方余额为 450 000 元

"应收账款——A 公司"账户借方余额为 500 000 元

项目 10-6　答案

"应收账款——B公司"账户贷方余额为 50 000 元

"预收账款"账户总账贷方余额为 300 000 元

"预收账款——C公司"账户贷方余额为 320 000 元

"预收账款——D公司"账户借方余额为 20 000 元

该企业应收账款项目的金额(　　　　　)，预收账款项目的金额(　　　　　)。

(三) 根据总账科目和明细账科目余额分析计算填列

根据总账科目和明细账科目余额分析计算填列。如"长期借款"项目，需要根据"长期借款"总账科目余额扣除"长期借款"科目所属的明细科目中将在一年内到期、且企业不能自主地将清偿义务展期的长期借款后的金额计算填列。

(四) 根据有关科目余额减去其备抵科目余额后的净额填列

根据有关科目余额减去其备抵科目余额后的净额填列。如资产负债表中的"应收票据""应收账款""长期股权投资""在建工程"等项目，应当根据"应收票据""应收账款""长期股权投资""在建工程"等科目的期末余额减去"坏账准备""长期股权投资减值准备""在建工程减值准备"等科目余额后的净额填列。"固定资产"项目，应当根据"固定资产"科目的期末余额减去"累计折旧""固定资产减值准备"备抵科目余额后的净额填列："无形资产"项目，应当根据"无形资产"科目的期末余额，减去"累计摊销""无形资产减值准备"备抵科目余额后的净额填列。

(五) 综合运用上述填列方法分析填列

综合运用上述填列方法分析填列。如资产负债表中的"原材料""委托加工物资""周转材料""材料采购""在途物资""发出商品""材料成本差异"等总账科目期末余额的分析汇总数。

【项目演练10-7 多选题】

资产负债表中，下列正确填列期末余额的有(　　　　)。

A. "货币资金"项目是依据库存现金、银行存款的合计

B. "预付款项"项目＝预付账款有关明细账期末借方余额＋应付账款有关明细账期末借方余额，再剔除有关减值准备

C. "固定资产"项目＝"固定资产"科目期末借方余额－"累计折旧"科目期末借方余额－"固定资产减值准备"科目期末借方余额

项目10-7　答案与解析

D. "无形资产"项目＝"无形资产"科目期末借方余额－"累计摊销"科目期末贷方余额－"无形资产减值准备"科目期末贷方余额

四、资产负债表的编制举例

【例 10-1】 吉祥家具有限公司 2018 年 1 月 31 日有关总账和明细账的余额见表 10-2。

表 10-2　吉祥家具有限公司总账和明细账的余额

账户	借或贷	余额	负债和所有者权益账户	借或贷	余额
库存现金	借	1 500	短期借款	贷	250 000
银行存款	借	800 000	应付票据	贷	25 500
其他货币资金	借	90 000	应付账款	贷	71 000
交易性金融资产	借	115 000	——丙企业	贷	91 000
应收票据	借	20 000	——丁企业	借	20 000
应收账款	借	75 000	预收账款	贷	14 700
——甲公司	借	80 000	——C 公司	贷	14 700
——乙公司	贷	5 000	其他应付款	贷	12 000
坏账准备	贷	2 000	应交税费	贷	28 000
预付账款	借	36 100	长期借款	贷	506 000
——A 公司	借	31 000	应付债券	贷	563 700
——B 公司	借	5 100	其中一年内到期的应付债券	贷	23 000
其他应收款	借	8 500	实收资本	贷	4 040 000
原材料	借	816 600	盈余公积	贷	158 100
生产成本	借	265 400	利润分配	贷	1 900
库存商品	借	193 200	——未分配利润	贷	1 900
材料成本差异	贷	42 200	本年利润	贷	36 700
固定资产	借	2 888 000			
累计折旧	贷	4 900			
在建工程	借	447 400			
资产合计		5 707 600	负债和所有者权益合计		5 707 600

根据上述资料，编制吉祥家具有限公司 2018 年 1 月 31 日的资产负债表，如表 10-3 所示。

表 10-3

资产负债表(简表)
2018 年 1 月 31 日

制表单位：吉祥家具有限公司   单位：元

资产	年初数	期末数	负债所有者权益	年初数	期末数
流动资产：			流动负债：		
货币资金		891 500	短期借款		250 000
交易性金融资产		115 000	应付票据		25 500
应收票据		20 000	应付账款		91 000
应收账款		78 000	预收款项		19 700
预付款项		56 100	应交税费		28 000
其他应收款		8 500	其他应付款		12 000
存货		1 233 000	一年内到期的非流动负债		23 000
流动资产合计		2 402 100	流动负债合计		449 200
非流动资产：			非流动负债：		
固定资产		2 883 100	长期借款		506 000
在建工程		447 400	应付债券		540 700
非流动资产合计		3 330 500	非流动负债合计		1 046 700
			负债合计		1 495 900
			所有者权益：		
			实收资本		4 040 000
			盈余公积		158 100
			未分配利润		38 600
			所有者权益合计		4 236 700
资产总计		5 732 600	负债及所有者权益合计		5 732 600

【项目演练 10-8 计算分析题】

福云公司 2017 年 2 月 28 日有关总账和明细账户的余额见表 10-4，则福云公司 2017
年 2 月资产负债表的下列报表项目金额为：

表 10-4 福云公司总账和明细账户余额

账户	借或贷	余额	负债和所有者权益账户	借或贷	余额
库存现金	借	4 800	短期借款	贷	160 000
银行存款	借	218 000	应付账款	贷	52 000
其他货币资金	借	69 000	——丙企业	贷	75 000
应收账款	借	80 000	——丁企业	借	23 000
——甲公司	借	120 000	预收账款	贷	5 500
——乙公司	贷	40 000	——C 公司	贷	5 500
坏账准备	贷	1 000	应交税费	贷	14 500
预付账款	借	12 000	长期借款	贷	200 000
——A 公司	贷	3 000	应付债券	贷	230 000
——B 公司	借	15000	其中一年内到期的应付债券	贷	30 000
原材料	借	46 700	长期应付款	贷	100000
生产成本	借	95 000	实收资本	贷	1500 000
库存商品	借	60 000	资本公积	贷	110 000
存货跌价准备	贷	2 100	盈余公积	贷	48 100
固定资产	借	1 480 000	利润分配	贷	1 900
累计折旧	贷	6 500	——未分配利润	贷	1 900
无形资产	借	402 800	本年利润	贷	36 700
资产合计		2 458 700	负债和所有者权益合计		2 458 700

1. 货币资金( )
2. 应付账款( )
3. 应收账款( )
4. 预收款项( )
5. 预付款项( )
6. 流动负债合计( )
7. 存货( )
8. 应付债券( )
9. 流动资产合计( )
10. 负债合计( )
11. 固定资产( )
12. 未分配利润( )
13. 非流动资产合计( )
14. 所有者权益合计( )

项目 10-8 答案与解析

15. 资产合计(　　　　　　　)

10.3　编制利润表

一、利润表的概念及作用

利润表是反映企业一定会计期间(如月度、季度、半年度或年度)生产经营成果的会计报表。企业一定会计期间的经营成果既可能表现为盈利,也可能表现为亏损,因此,利润表也被称为损益表。它全面揭示了企业在某一特定时期实现的各种收入、发生的各种费用、成本或支出,以及企业实现的利润或发生的亏损情况。

利润表是根据"收入－费用＝利润"的基本关系来编制的,其具体内容取决于收入、费用、利润等会计要素及其内容,利润表项目是收入、费用和利润要素内容的具体体现。从反映企业经营资金运动的角度看,它是一种反映企业经营资金动态表现的报表,主要提供有关企业经营成果方面的信息,属于动态会计报表。

编制利润表的主要目的是将企业经营成果的信息,提供给各种报表使用者,以供他们作为决策的依据或参考。主要作用有:

(1) 可据以解释、评价和预测企业的经营成果和获利能力。

通过比较和分析同一企业在不同时期,或不同企业在同一时期的资产收益率、成本收益率等指标,能够揭示企业利用经济资源的效率;通过比较和分析收益信息,可以了解某一企业收益增长的规模和趋势。根据利润表所提供的经营成果信息,股东、债权人和管理部门可解释、评价和预测企业的获利能力,据以对是否投资或追加投资、投向何处、投资多少等作出决策。

(2) 可据以解释、评价和预测企业的偿债能力。

偿债能力指企业以资产清偿债务的能力。利润表本身并不提供偿债能力的信息,然而企业的偿债能力不仅取决于资产的流动性和资本结构,也取决于获利能力。

(3) 企业管理人员可据以作出经营决策。

比较和分析收益表中各种构成要素,可知悉各项收入、成本、费用与收益之间的消长趋势,发现各方面工作中存在的问题,揭露缺点,找出差距,改善经营管理,努力增收节支,杜绝损失的发生,作出合理的经营决策。

(4) 可据以评价和考核管理人员的绩效。

比较前后期利润表上各项收入、费用、成本及收益的增减变动情况,并查考其增减变动的原因,可以较为客观地评价各职能部门,各生产经营单位的绩效,以及这些部门和人员的绩效与整个企业经营成果的关系,以便评判各部门管理人员的功过得失,及时作出采购、生产销售、筹资和人事等方面的调整,使各项活动趋于合理。

二、利润表的结构

利润表一般有表首、正表两部分。其中表首说明报表名称编制单位、编制日期、报表编号、货币名称、计量单位等；正表是利润表的主体，反映形成经营成果的各个项目和计算过程，所以曾经将这张表称为损益计算书。

利润表正表的格式一般有两种：单步式和多步式。单步式利润表是将当期所有的收入列在一起然后将所有的费用列在一起两者相减得出当期净损益。多步式利润表是通过对当期的收入、费用、支出项目按性质加以归类，按利润形成的主要环节列示一些中间性利润指标，如营业利润、利润总额、净利润，分步计算当期净损益。在我国，企业应当采用多步式利润表，如表 10-5 所示。

表 10-5

利 润 表

会企 02 表

编制单位：　　　　　　2020 年 12 月　　　　　　　　单位：元

项目	行次	本年累计金额	本期金额
一、营业收入	1		
减：营业成本	2		
税金及附加	3		
销售费用	4		
管理费用	5		
财务费用	6		
资产减值损失	7		
加：公允价值变动收益(损失以"－"号填列)	8		
投资收益(损失以"－"号填列)	9		
其中：对联营企业和合营企业的投资收益	10		
二、营业利润(亏损以"－"号填列)	11		
加：营业外收入	12		
其中：非流动资产处置利得	13		
减：营业外支出	14		
其中：非流动资产处置损失	15		
三、利润总额(亏损总额以"－"号填列)	16		
减：所得税费用	17		
四、净利润(净亏损以"－"号填列)	18		
五、其他综合收益的税后净额	19		
(一)以后不能重分类进损益的其他综合收益	20		
1. 重新计量设定收益计划净负债或净资产的变动	21		
2. 权益法下在被投资单位不能重分类进损益的其他综合收益中享有的份额	22		

续表

项目	行次	本年累计金额	本期金额
（二）以后将重分类进损益的其他综合收益	23		
1. 权益法下在被投资单位以后将重分类进损益的其他综合收益中享有的份额	24		
2. 可供出售金融资产公允价值变动损益	25		
3. 持有至到期投资重分类可供出售金融资产损益	26		
4. 现金流经套期损益的有效部分	27		
5. 外币财务报表折算差额	28		
六、综合收益总额	29		
七、每股收益	30		
（一）基本每股收益	31		
（二）稀释每股收益	32		

营业利润＝营业收入－营业成本－税金及附加－销售费用－管理费用－财务费用－资产减值损失＋公允价值变动损益(－公允价值变动损失)＋投资收益(－投资损失)。

营业收入：指企业经营业务所确认的收入总额，包括主营业务收入和其他业务收入。

营业成本：指企业经营业务所发生的实际成本总额，包括主营业务成本和其他业务成本。

资产减值损失：企业计提各项资产减值准备所形成的损失。

公允价值变动收益(或损失)：企业交易性金融资产等公允价值变动形成的应记入当期损益的利得(或损失)。

投资收益(或损失)：企业以各种方式对外投资所取得的收益(或发生的损失)。

利润总额＝营业利润＋营业外收入－营业外支出。

营业外收入：企业发生的与其日常经营活动无直接关系的各项利得。

营业外支出：企业发生的与其日常经营活动无直接关系的各项损失。

净利润＝利润总额－所得税费用。

所得税费用：企业确认的应从当期利润总额中按一定比例向地方政府税务机关计缴的所得税和费用。

【项目演练 10-9 多选题】

下列属于利润表项目的有(　　)。

A. 营业收入、营业成本

B. 长期待摊费用

C. 净利润、每股收益

D. 其他综合收益的税后净额、综合收益总额

项目 10-9　答案与解析

三、利润表的编制

利润表中的各项目都列有"本期金额"和"上期金额"两栏。

(一) 本期金额

利润表"本期金额"栏反映各项目的本月实际发生数。

1. 一般根据账户的本期发生额分析填列

由于该表是反映企业一定时期经营成果的动态报表，因此，该栏内各项目一般根据账户的本期发生额分析填列。

(1) "营业收入"项目，反映企业经营业务所得的收入总额。本项目应根据"主营业务收入"和"其他业务收入"账户的发生额分析填列。

(2) "营业成本"项目，反映企业经营业务发生的实际成本。本项目应根据"主营业务成本"和"其他业务成本"账户的发生额分析填列。

(3) "税金及附加"项目，反映企业经营业务应负担的消费税、城市维护建设税、资源税、土地增值税和教育费附加等。本项目应根据"税金及附加"账户的发生额分析填列。

(4) "销售费用"项目，反映企业在销售商品和商品流通企业在购入商品等过程中发生的费用。本项目应根据"销售费用"账户的发生额分析填列。

(5) "管理费用"项目，反映企业行政管理等部门所发生的费用。本项目应根据"管理费用"账户的发生额分析填列。

(6) "财务费用"项目，反映企业发生的利息费用等。本项目应根据"财务费用"账户的发生额分析填列。

(7) "资产减值损失"项目，反映企业发生的各项减值损失。本项目应根据"资产减值损失"账户的发生额分析填列。

(8) "公允价值变动损益"项目，反映企业交易性金融资产等公允价值变动所形成的当期利得和损失。本项目应根据"公允价值变动损益"账户的发生额分析填列。

(9) "投资收益"项目，反映企业以各种方式对外投资所取得的收益。本项目应根据"投资收益"账户的发生额分析填列。如为投资损失，以"一"号填列。

(10) "营业外收入"项目和"营业外支出"项目，反映企业发生的与其生产经营无直接关系的各项收入和支出。这两个项目应分别根据"营业外收入"账户和"营业外支出"账户的发生额分析填列。

(11) "所得税费用"项目，反映企业按规定从本期损益中减去的所得税。本项目应根据"所得税费用"账户的发生额分析填列。

2. 利润的构成分类项目根据本表有关项目计算填列

利润表中"营业利润""利润总额""净利润"等项目，均根据有关项目计算填列。

(二) 上期金额

利润表"上期金额"栏内各项数字，应根据上年该期利润表"本期金额"栏内所列数字填列。如果上年该期利润表规定的各项目的名称和内容与本期不一致，应对上年该期利润表各项的名称和数字按本期的规定进行调整，填入利润表"上期金额"栏内。

四、利润表的编制举例

【例 10-2】吉祥家具有限公司 2018 年 1 月损益类科目累计发生净额如表 10-6 所示：

表 10-6　吉祥家具有限公司 1 月损益类科目累计发生净额

科目名称	借方发生额	贷方发生额
主营业务收入		1 250 000
主营业务成本	750 000	
税金及附加	2 000	
销售费用	20 000	
管理费用	157 100	
财务费用	41 500	
资产减值损失	30 900	
投资收益		31 500
营业外收入		50 000
营业外支出	19 700	
所得税费用	85 300	

根据上述资料，编制吉祥家具有限公司 2018 年 1 月利润表，如表 10-7 所示。

表 10-7　吉祥家具有限公司 2018 年 1 月利润表

会企 02 表

编制单位：吉祥家具有限公司　　　　　2018 年 1 月　　　　　　　单位：元

项　　目	本期金额	上期金额(略)
一、营业收入	1 250 000	
减：营业成本	750 000	
税金及附加	2 000	
销售费用	20 000	
管理费用	157 100	
财务费用	41 500	
资产减值损失	30 900	
加：公允价值变动收益(损失以"－"号填列)	0	
投资收益(损失以"－"号填列)	31 500	
二、营业利润(亏损以"－"号填列)	280 000	
加：营业外收入	50 000	
减：营业外支出	19 700	
三、利润总额(亏损总额以"－"号填列)	310 300	
减：所得税费用	85 300	
四、净利润(净亏损以"－"号填列)	225 000	
五、每股收益：	(略)	
(一)基本每股收益		
(二)稀释每股收益		

【项目演练 10-10 计算分析题】

福云公司 2017 年 2 月损益类账户发生额资料(如表 10-8 所示):

项目 10-10　答案与解析

表 10-8　福云公司 2017 年 2 月损益类账户发生额

项　目	借方发生额	贷方发生额
主营业务收入		12 861
其他业务收入		584
投资收益		875
营业外收入		651
主营业务成本	9 375	
销售费用	891	
营业税金及附加	656	
其他业务成本	420	
管理费用	1 082	
财务费用	418	
营业外支出	349	
所得税费用	445	
合　计	13 636	14 971

则福云公司 2017 年 2 月利润表(如表 10-9 所示)为:

表 10-9　福云公司 2017 年 2 月利润表

项　目	本期金额	上期金额
一、营业收入		
减：营业成本		
税金及附加		略
销售费用		
管理费用		
财务费用		
资产减值损失		
加：公允价值变动收益(损失以“－”号填列)		略
投资收益(损失以“－”号填列)		
其中：对联营企业和合营企业的投资收益		
二、营业利润(亏损以“－”号填别)		
加：营业外收入		略
减：营业外支出		

项 目	本期金额	上期金额
其中：非流动资产处置损失		
三、利润总额(亏损总额以"－"号填列)		
减：所得税费用		
四、净利润(净亏损以"－"号填列)		
五、其他综合收益的税后净额	略	
六、综合收益总额	略	
七、每股收益	略	

10.4　了解其他会计报表

一、现金流量表

现金流量表是反应一定时期内(如月度、季度或年度)企业经营活动、投资活动和筹资活动对其现金及现金等价物所产生影响的会计报表。现金流量表是原先财务状况变动表或者资金流动状况表的替代物。它详细描述了由公司的经营、投资与筹资活动所产生的现金流。通过现金流量表，可以概括反映经营活动、投资活动和筹资活动对企业现金流入流出的影响，对于评价企业的实现利润、财务状况及财务管理，要比传统的利润表提供更好的基础。

现金流量表提供了一家公司经营是否健康的证据。如果一家公司经营活动产生的现金流无法支付股利与保持股本的生产能力，从而它得用借款的方式满足这些需要，那么这就给出了一个警告，这家公司从长期来看无法维持正常情况下的支出。现金流量表通过显示经营中产生的现金流量的不足和不得不用借款来支付无法永久支撑的股利水平，从而揭示了公司内在的发展问题。

一个正常经营的企业，在创造利润的同时，还应创造现金收益，通过对现金流入来源分析，就可以对创造现金能力作出评价，并可对企业未来获取现金能力作出预测。现金流量表所揭示的现金流量信息可以从现金角度对企业偿债能力和支付能力作出更可靠、更稳健的评价。企业的净利润是以权责发生制为基础计算出来的，而现金流量表中的现金流量是以收付实现制为基础的。通过对现金流量和净利润的比较分析，可以对收益的质量作出评价。投资活动是企业将一部分财力投入某一对象，以谋取更多收益的一种行为，筹资活动是企业根据财力的需求，进行直接或间接融资的一种行为，企业的投资和筹资活动和企业的经营活动密切相关，因此，对现金流量中所揭示的投资活动和筹资活动所产生的现金流入和现金流出信息，可以结合经营活动所产生的现金流量信息和企业净收益进行具体分析，从而对企业的投资活动和筹资活动作出评价。

二、所有者权益变动表

所有者权益变动表是反映公司本期(年度或中期)内至截至期末所有者权益变动情况的

报表。其中，所有者权益变动表应当全面反映一定时期所有者权益变动的情况。

2007 年以前，公司所有者权益变动情况是以资产负债表附表形式予以体现的。新准则颁布后，要求上市公司于 2007 年正式对外呈报所有者权益变动表，所有者权益变动表将成为与资产负债表、利润表和现金流量表并列披露的第四张财务报表。在所有者权益变动表中，企业还应当单独列示反映下列信息：

(1) 所有者权益总量的增减变动；

(2) 所有者权益增减变动的重要结构性信息；

(3) 直接记入所有者权益的利得和损失。

三、会计报表附注

会计报表附注就是对会计报表的编制基础、编制原理和方法及主要项目等所作的解释和进一步说明，以便报表的使用者全面正确地理解会计报表。

会计报表附注究竟应包括哪些内容，目前尚无统一的说法。一般而言，传统报表附注包括五方面的内容：

(1) 企业的一般情况：包括企业概况、经营范围和企业结构等内容，必要时，还可对诸如上市改组时资产的剥离情况进行说明；

(2) 企业的会计政策：包括企业执行的会计制度、会计期间、记账原则、计价基础、利润分配办法等内容，对于需要编制合并报表的企业来说，还要说明其合并报表的编制方法；对于会计政策与上年相比发生变化的企业，应说明其变更的情况、原因及对企业财务状况和经营成果的影响；

(3) 会计报表主要项目附注：包括对主要报表项目的详细说明，例如，对应收账款的账龄分析，报表项目的异常变化及其产生原因的说明等；

(4) 分行业资料：如果企业的经营涉及不同的行业，且行业收入占主营业务收入的 10%(含 10%)以上的，应提供分行业的有关数据；

(5) 重要事项的揭示：主要包括对承诺事项、或有事项、资产负债表日后事项和关联方交易等内容的说明。

10.5 报送会计报表

一、会计报表的报送

企业应定期向税务机关报送财务会计报表，税务机关对财务会计报表数据进行接收、处理及应用维护。财务会计报表是指会计制度规定编制的资产负债表、利润表、现金流量表、所有者权益变动表和会计报表附注。

二、会计报表报送要求

(1) 企业应在每季度终了后 15 日内报送本季度季报，年度终了后 5 个月内报送年报；

（2）企业报送财务会计报表季报和年报需实行电子数据采集。企业在报送财务会计报表电子数据后，不需再报送纸质报表，但应按有关法律法规和会计制度的规定，做好所有财务会计报表(含月报和相关附表等资料)的纸质资料保管备查；

（3）企业所适用的会计制度规定需要编报的财务会计报表相关附表以及会计报表附注、财务情况说明书、审计报告，暂不实行电子数据采集。企业应当按年将有关资料统一装订，并在年度终了后 5 个月内报送主管税务机关；

（4）财务会计报表电子数据的报文格式可从国家税务局网站栏目进行下载。

企业可按该报文格式自行生成财务会计报表电子数据文件，也可利用第三方软件生成财务会计报表电子数据文件，交主管税务机关读入。

练习

项目 10　答案

一、单项选择题

1. 财务报表分为个别财务报表和合并财务报表的依据是(　　　)。

A. 编制主体不同　　　　　　　　　　B. 报送对象不同

C. 编报期间不同　　　　　　　　　　D. 编制范围不同

2. 全部损益账户的本月发生额如下：主营业务收入 800 万元，主营业务成本 500 万元，税金及附加 86 万元，销售费用 50 万元，管理费用 40 万元，财务费用 10 万元，营业外收入 5 万元，所得税费用 44 万元。则利润表中"净利润"本月数为(　　　)万元。

A. 75　　　　　　　　　　　　　　　B. 79

C. 114　　　　　　　　　　　　　　D. 119

3. 我国利润表采用的格式为(　　　)。

A. 单步式　　　　　　　　　　　　B. 多步式

C. 账户式　　　　　　　　　　　　D. 混合式

4. 利润表主要是根据(　　　)编制的。

A. 资产、负债及所有者权益各账户的本期发生额

B. 资产、负债及所有者权益各账户的期末余额

C. 损益类各账户的本期发生额

D. 损益类各账户的期末余额

5. 某企业 2017 年 12 月 31 日编制的年度利润表中"本期金额"一栏反映了(　　　)。

A. 12 月 31 日利润或亏损的形成情况

B. 12 月累计利润或亏损的形成情况

C. 本年度利润或亏损的形成情况

D. 第 4 季度利润或亏损的形成情况

二、多项选择题

1. 利润表中的"营业成本"项目填列的依据有(　　　)。

A. "营业外支出"发生额

B. "主营业务成本"发生额

C. "其他业务成本"发生额

D. "营业税金及附加"发生额

2. 下列各项中，属于在利润表中反映的项目有(　　)。

A. 营业利润　　　　　　　　　　B. 财务费用

C. 所得税费用　　　　　　　　　D. 应交税费

3. 下列关于资产负债表中"应收账款"项目填列依据的表述中，正确的有(　　)。

A. "应收账款"科目所属明细科目的借方余额之和减去"坏账准备"账户中有关应收账款计提的坏账准备期末余额

B. "应收账款"科目所属明细科目的贷方余额之和减去"坏账准备"账户中有关应收账款计提的坏账准备期末余额

C. "应付账款"科目所属明细科目的贷方余额之和减去"坏账准备"账户中有关应收账款计提的坏账准备期末余额

D. "预收账款"科目所属明细科目的借方余额之和减去"坏账准备"账户中有关应收账款计提的坏账准备期末余额

4. 资产负债表中，"预收款项"项目应根据(　　)总分类账户所属各明细分类账户期末贷方余额合计填列。

A. 预付账款　　　　　　　　　　B. 应收账款

C. 应付账款　　　　　　　　　　D. 预收账款

5. 资产负债表中的"存货"项目，应根据(　　)等科目分析填列。

A. 委托加工物资　　　　　　　　B. 存货跌价准备

C. 原材料　　　　　　　　　　　D. 材料采购

三、判断题

1. 资产负债表和利润表都是根据有关账户的本期发生额填列的。(　　)

2. 营业利润减去管理费用、销售费用、财务费用和所得税费用后得到净利润。(　　)

3. 利润表是反映企业一定日期财务状况的财务报表。(　　)

4. 资产负债表各项的"期末数"，根据总账和有关明细账的期末余额直接填列。(　　)

5. 长期负债各项目将于一年内到期的且企业不能自主地将清偿义务展期的，应在"一年内到期的非流动负债"项目单独反映。(　　)

拓展阅读

上市公司虚假的会计报表是如何诞生的

如果问会计人员一个问题，做真账容易还是做假账容易，估计大家都会回答，做真账容易。的确，真实记录是省心的，做假账则需要有额外的智力投入，要想把假账做圆了，绝不是件轻松的事情。从理性的角度看，会计人不会有主动性去做假账。

为什么假账还这么普遍呢?

2017 年年末某视频网 IPO 造假的消息传得沸沸扬扬。照理，一家上市公司的会计报表出台，需经过公司财务负责人、外部会计师事务所、监管机构多轮把关，质量是有保证的。最后报表的"假"为什么还会这么离谱呢？

谁都清楚这背后有巨大的利益驱动。马克思说，只要有 300% 的利润，商人就敢冒上断头台的风险。商人也称生意人，在 IPO 过程中，会计报表被一干人当成了一票生意在做。这票生意的利润率又何止 300%。

下面我们就来说说上市公司虚假的会计报表是如何一步步诞生的。

首先，公司创始人、大股东有上市圈钱的冲动。于是会请教会计圈内的行家里手，专家们会为了那笔无需担责的咨询费肆意夸大其词，讨得雇主欢心。老板们轻信了"专家"说的只要好好包装，一切都不是问题。公司实际财务状况、经营成果不理想自然就顾不上了。

一旦有了奢望，老板们如同打了鸡血，会把上市当成公司经营的目的。而后会不管不顾，产生了粉饰会计报表的冲动，责成财务总监想办法。

一则有股权激励驱使，再则害怕丢了职位，财务总监心存侥幸，半推半就就答应想辙。办法哪里那么好想，说得过去的手段用尽了还是满足不了上市的要求。这时老板催得急、逼得紧，财务总监心一横，就生出了邪念。

具体的会计账还得下面的人去做，财务经理以下怕丢了饭碗，大都会违心地配合做假账。于是一份假得自己都不好意思的会计报表诞生了。接下来要搞定会计师事务所了。

当年的"五大"之一安达信尚且有安然丑闻，国内会计师事务所未必都能超过安达信的职业操守。审计工作需要具体的注册会计师操作，注册会计师也是人，是人就可能被搞定或摆平，于是睁只眼、闭只眼，或沆瀣一气，出具了标准无保留意见的审计报告。当然这个过程会有不菲的利益输送。

IPO 还有证监会发审委把关，要是发审委员权力寻租，这关再失守，结果就糟糕了。

这一票生意做下来，多少人赚得乐开了花。

如果你接触的公司老板多，就会发现一个现象，十个老板有九个会说自己的公司未来要上市。这个想法本无可厚非，如果总信口表达这一愿望，十有八九他的企业做不大。上市不过是做大企业的手段，若将之物化成目的，那就是圈钱了。以圈钱为目的去创业，体现的不过是小生意人的精明。

中国也有很好的企业坚持不上市，如华为、老干妈，也有企业上市后考虑要退市。企业有两种收益观：第一种，把企业包装好，找风投圈钱或上市融资。这种收益观瞄准的是资本增值。第二种，把企业经营好，如同指着母鸡下蛋，股东期待每年都能分红。如果是第一种收益观，虚假会计报表就有了生长的肥沃土壤。

附录一　中华人民共和国会计法

(1985 年 1 月 21 日第六届全国人民代表大会常务委员会第九次会议通过，1993 年 12 月 29 日第八届全国人民代表大会常务委员会第五次会议修正，1999 年 10 月 31 日第九届全国人民代表大会常务委员会第十二次会议修订，2017 年 11 月 4 日第十二届全国人民代表大会常务委员会第三十次会议修正，自 2017 年 11 月 5 日起施行。)

第一章　总　则

第一条　为了规范会计行为，保证会计资料真实、完整，加强经济管理和财务管理，提高经济效益，维护社会主义市场经济秩序，制定本法。

第二条　国家机关、社会团体、公司、企业、事业单位和其他组织(以下统称单位)必须依照本法办理会计事务。

第三条　各单位必须依法设置会计账簿，并保证其真实、完整。

第四条　单位负责人对本单位的会计工作和会计资料的真实性、完整性负责。

第五条　会计机构、会计人员依照本法规定进行会计核算，实行会计监督。

任何单位或者个人不得以任何方式授意、指使、强令会计机构、会计人员伪造、变造会计凭证、会计账簿和其他会计资料，提供虚假财务会计报告。

任何单位或者个人不得对依法履行职责、抵制违反本法规定行为的会计人员实行打击报复。

第六条　对认真执行本法，忠于职守，坚持原则，做出显著成绩的会计人员，给予精神的或者物质的奖励。

第七条　国务院财政部门主管全国的会计工作。

县级以上地方各级人民政府财政部门管理本行政区域内的会计工作。

第八条　国家实行统一的会计制度。国家统一的会计制度由国务院财政部门根据本法制定并公布。

国务院有关部门可以依照本法和国家统一的会计制度制定对会计核算和会计监督有特殊要求的行业实施国家统一的会计制度的具体办法或者补充规定,报国务院财政部门审核批准。

中国人民解放军总后勤部可以依照本法和国家统一的会计制度制定军队实施国家统一的会计制度的具体办法，报国务院财政部门备案。

第二章　会　计　核　算

第九条　各单位必须根据实际发生的经济业务事项进行会计核算，填制会计凭证，登记会计账簿，编制财务会计报告。

任何单位不得以虚假的经济业务事项或者资料进行会计核算。

第十条 下列经济业务事项，应当办理会计手续，进行会计核算：

(一) 款项和有价证券的收付；

(二) 财物的收发、增减和使用；

(三) 债权债务的发生和结算；

(四) 资本、基金的增减；

(五) 收入、支出、费用、成本的计算；

(六) 财务成果的计算和处理；

(七) 需要办理会计手续、进行会计核算的其他事项。

第十一条 会计年度自公历 1 月 1 日起至 12 月 31 日止。

第十二条 会计核算以人民币为记账本位币。

业务收支以人民币以外的货币为主的单位，可以选定其中一种货币作为记账本位币，但是编报的财务会计报告应当折算为人民币。

第十三条 会计凭证、会计账簿、财务会计报告和其他会计资料，必须符合国家统一的会计制度的规定。

使用电子计算机进行会计核算的，其软件及其生成的会计凭证、会计账簿、财务会计报告和其他会计资料，也必须符合国家统一的会计制度的规定。

任何单位和个人不得伪造、变造会计凭证、会计账簿及其他会计资料，不得提供虚假的财务会计报告。

第十四条 会计凭证包括原始凭证和记账凭证。

办理本法第十条所列的经济业务事项，必须填制或者取得原始凭证并及时送交会计机构。

会计机构、会计人员必须按照国家统一的会计制度的规定对原始凭证进行审核，对不真实、不合法的原始凭证有权不予接受，并向单位负责人报告；对记载不准确、不完整的原始凭证予以退回，并要求按照国家统一的会计制度的规定更正、补充。

原始凭证记载的各项内容均不得涂改；原始凭证有错误的，应当由出具单位重开或者更正，更正处应当加盖出具单位印章。原始凭证金额有错误的，应当由出具单位重开，不得在原始凭证上更正。

记账凭证应当根据经过审核的原始凭证及有关资料编制。

第十五条 会计账簿登记，必须以经过审核的会计凭证为依据，并符合有关法律、行政法规和国家统一的会计制度的规定。会计账簿包括总账、明细账、日记账和其他辅助性账簿。

会计账簿应当按照连续编号的页码顺序登记。会计账簿记录发生错误或者隔页、缺号、跳行的，应当按照国家统一的会计制度规定的方法更正，并由会计人员和会计机构负责人(会计主管人员)在更正处盖章。

使用电子计算机进行会计核算的，其会计账簿的登记、更正，应当符合国家统一的会计制度的规定。

第十六条 各单位发生的各项经济业务事项应当在依法设置的会计账簿上统一登记、

核算，不得违反本法和国家统一的会计制度的规定私设会计账簿登记、核算。

　　第十七条　各单位应当定期将会计账簿记录与实物、款项及有关资料相互核对，保证会计账簿记录与实物及款项的实有数额相符、会计账簿记录与会计凭证的有关内容相符、会计账簿之间相对应的记录相符、会计账簿记录与会计报表的有关内容相符。

　　第十八条　各单位采用的会计处理方法，前后各期应当一致，不得随意变更；确有必要变更的，应当按照国家统一的会计制度的规定变更，并将变更的原因、情况及影响在财务会计报告中说明。

　　第十九条　单位提供的担保、未决诉讼等或有事项，应当按照国家统一的会计制度的规定，在财务会计报告中予以说明。

　　第二十条　财务会计报告应当根据经过审核的会计账簿记录和有关资料编制，并符合本法和国家统一的会计制度关于财务会计报告的编制要求、提供对象和提供期限的规定；其他法律、行政法规另有规定的，从其规定。

　　财务会计报告由会计报表、会计报表附注和财务情况说明书组成。向不同的会计资料使用者提供的财务会计报告，其编制依据应当一致。有关法律、行政法规规定会计报表、会计报表附注和财务情况说明书须经注册会计师审计的，注册会计师及其所在的会计师事务所出具的审计报告应当随同财务会计报告一并提供。

　　第二十一条　财务会计报告应当由单位负责人和主管会计工作的负责人、会计机构负责人(会计主管人员)签名并盖章；设置总会计师的单位，还须由总会计师签名并盖章。

　　单位负责人应当保证财务会计报告真实、完整。

　　第二十二条　会计记录的文字应当使用中文。在民族自治地方，会计记录可以同时使用当地通用的一种民族文字。在中华人民共和国境内的外商投资企业、外国企业和其他外国组织的会计记录可以同时使用一种外国文字。

　　第二十三条　各单位对会计凭证、会计账簿、财务会计报告和其他会计资料应当建立档案，妥善保管。会计档案的保管期限和销毁办法，由国务院财政部会同有关部门制定。

第三章　公司、企业会计核算的特别规定

　　第二十四条　公司、企业进行会计核算，除应当遵守本法第二章的规定外，还应当遵守本章规定。

　　第二十五条　公司、企业必须根据实际发生的经济业务事项，按照国家统一的会计制度的规定确认、计量和记录资产、负债、所有者权益、收入、费用、成本和利润。

　　第二十六条　公司、企业进行会计核算不得有下列行为：

　　(一) 随意改变资产、负债、所有者权益的确认标准或者计量方法，虚列、多列、不列或者少列资产、负债、所有者权益；

　　(二) 虚列或者隐瞒收入，推迟或者提前确认收入；

　　(三) 随意改变费用、成本的确认标准或者计量方法，虚列、多列、不列或者少列费用、成本；

　　(四) 随意调整利润的计算、分配方法，编造虚假利润或者隐瞒利润；

　　(五) 违反国家统一的会计制度规定的其他行为。

第四章　会 计 监 督

第二十七条　各单位应当建立、健全本单位内部会计监督制度。单位内部会计监督制度应当符合下列要求：

(一) 记账人员与经济业务事项和会计事项的审批人员、经办人员、财物保管人员的职责权限应当明确，并相互分离、相互制约；

(二) 重大对外投资、资产处置、资金调度和其他重要经济业务事项的决策和执行的相互监督、相互制约程序应当明确；

(三) 财产清查的范围、期限和组织程序应当明确；

(四) 对会计资料定期进行内部审计的办法和程序应当明确。

第二十八条　单位负责人应当保证会计机构、会计人员依法履行职责，不得授意、指使、强令会计机构、会计人员违法办理会计事项。

会计机构、会计人员对违反本法和国家统一的会计制度规定的会计事项，有权拒绝办理或者按照职权予以纠正。

第二十九条　会计机构、会计人员发现会计账簿记录与实物、款项及有关资料不相符的，按照国家统一的会计制度的规定有权自行处理的，应当及时处理；无权处理的，应当立即向单位负责人报告，请求查明原因，作出处理。

第三十条　任何单位和个人对违反本法和国家统一的会计制度规定的行为，有权检举。收到检举的部门有权处理的，应当依法按照职责分工及时处理；无权处理的，应当及时移送有权处理的部门处理。收到检举的部门、负责处理的部门应当为检举人保密，不得将检举人姓名和检举材料转给被检举单位和被检举人个人。

第三十一条　有关法律、行政法规规定，须经注册会计师进行审计的单位，应当向受委托的会计师事务所如实提供会计凭证、会计账簿、财务会计报告和其他会计资料以及有关情况。

任何单位或者个人不得以任何方式要求或者示意注册会计师及其所在的会计师事务所出具不实或者不当的审计报告。

财政部门有权对会计师事务所出具审计报告的程序和内容进行监督。

第三十二条　财政部门对各单位的下列情况实施监督：

(一) 是否依法设置会计账簿；

(二) 会计凭证、会计账簿、财务会计报告和其他会计资料是否真实、完整；

(三) 会计核算是否符合本法和国家统一的会计制度的规定；

(四) 从事会计工作的人员是否具备专业能力、遵守职业道德。

在对前款第(二)项所列事项实施监督，发现重大违法嫌疑时，国务院财政部门及其派出机构可以向与被监督单位有经济业务往来的单位和被监督单位开立账户的金融机构查询有关情况，有关单位和金融机构应当给予支持。

第三十三条　财政、审计、税务、人民银行、证券监管、保险监管等部门应当依照有关法律、行政法规规定的职责，对有关单位的会计资料实施监督检查。

前款所列监督检查部门对有关单位的会计资料依法实施监督检查后，应当出具检查结论。有关监督检查部门已经作出的检查结论能够满足其他监督检查部门履行本部门职责需要的，其他监督检查部门应当加以利用，避免重复查账。

第三十四条　依法对有关单位的会计资料实施监督检查的部门及其工作人员对在监督检查中知悉的国家秘密和商业秘密负有保密义务。

第三十五条　各单位必须依照有关法律、行政法规的规定，接受有关监督检查部门依法实施的监督检查，如实提供会计凭证、会计账簿、财务会计报告和他会计资料以及有关情况，不得拒绝、隐匿、谎报。

第五章　　会计机构和会计人员

第三十六条　各单位应当根据会计业务的需要，设置会计机构，或者在有关机构中设置会计人员并指定会计主管人员；不具备设置条件的，应当委托经批准设立从事会计代理记账业务的中介机构代理记账。

国有的和国有资产占控股地位或者主导地位的大、中型企业必须设置总会计师。总会计师的任职资格、任免程序、职责权限由国务院规定。

第三十七条　会计机构内部应当建立稽核制度。

出纳人员不得兼任稽核、会计档案保管和收入、支出、费用、债权债务账目的登记工作。

第三十八条　会计人员应当具备从事会计工作所需要的专业能力。

担任单位会计机构负责人(会计主管人员)的，应当具备会计师以上专业技术职务资格或者从事会计工作三年以上经历。

本法所称会计人员的范围由国务院财政部门规定。

第三十九条　会计人员应当遵守职业道德，提高业务素质。对会计人员的教育和培训工作应当加强。

第四十条　因有提供虚假财务会计报告，做假账，隐匿或者故意销毁会计凭证、会计账簿、财务会计报告，贪污，挪用公款，职务侵占等与会计职务的有关违法行为被依法追究刑事责任的人员，不得再从事会计工作。

第四十一条　会计人员调动工作或者离职，必须与接管人员办清交接手续。

一般会计人员办理交接手续，由会计机构负责人(会计主管人员)监交；会计机构负责人(会计主管人员)办理交接手续，由单位负责人监交，必要时主管单位可以派人会同监交。

第六章　法　律　责　任

第四十二条　违反本法规定，有下列行为之一的，由县级以上人民政府财政部门责令限期改正，可以对单位并处三千元以上五万元以下的罚款；对其直接负责的主管人员和其他直接责任人员，可以处二千元以上二万元以下的罚款；属于国家工作人员的，还应当由其所在单位或者有关单位依法给予行政处分：

(一) 不依法设置会计账簿的；

(二) 私设会计账簿的；

(三) 未按照规定填制、取得原始凭证或者填制、取得的原始凭证不符合规定的；

（四）以未经审核的会计凭证为依据登记会计账簿或者登记会计账簿不符合规定的；

（五）随意变更会计处理方法的；

（六）向不同的会计资料使用者提供的财务会计报告编制依据不一致的；

（七）未按照规定使用会计记录文字或者记账本位币的；

（八）未按照规定保管会计资料，致使会计资料毁损、灭失的；

（九）未按照规定建立并实施单位内部会计监督制度或者拒绝依法实施的监督或者不如实提供有关会计资料及有关情况的；

（十）任用会计人员不符合本法规定的。

有前款所列行为之一，构成犯罪的，依法追究刑事责任。

会计人员有第一款所列行为之一，情节严重的，五年内不得从事会计工作。

有关法律对第一款所列行为的处罚另有规定的，依照有关法律的规定办理。

第四十三条　伪造、变造会计凭证、会计账簿，编制虚假财务会计报告，构成犯罪的，依法追究刑事责任。

有前款行为，尚不构成犯罪的，由县级以上人民政府财政部门予以通报，可以对单位并处五千元以上十万元以下的罚款；对其直接负责的主管人员和其他直接责任人员，可以处三千元以上五万元以下的罚款；属于国家工作人员的，还应当由其所在单位或者有关单位依法给予撤职直至开除的行政处分；其中的会计人员，五年内不得从事会计工作。

第四十四条　隐匿或者故意销毁依法应当保存的会计凭证、会计账簿、财务会计报告，构成犯罪的，依法追究刑事责任。

有前款行为，尚不构成犯罪的，由县级以上人民政府财政部门予以通报，可以对单位并处五千元以上十万元以下的罚款；对其直接负责的主管人员和其他直接责任人员，可以处三千元以上五万元以下的罚款；属于国家工作人员的，还应当由其所在单位或者有关单位依法给予撤职直至开除的行政处分；其中的会计人员，五年内不得从事会计工作。

第四十五条　授意、指使、强令会计机构、会计人员及其他人员伪造、变造会计凭证、会计账簿，编制虚假财务会计报告或者隐匿、故意销毁依法应当保存的会计凭证、会计账簿、财务会计报告，构成犯罪的，依法追究刑事责任；尚不构成犯罪的，可以处五千元以上五万元以下的罚款；属于国家工作人员的，还应当由其所在单位或者有关单位依法给予降级、撤职、开除的行政处分。

第四十六条　单位负责人对依法履行职责、抵制违反本法规定行为的会计人员以降级、撤职、调离工作岗位、解聘或者开除等方式实行打击报复，构成犯罪的，依法追究刑事责任；尚不构成犯罪的，由其所在单位或者有关单位依法给予行政处分。对受打击报复的会计人员，应当恢复其名誉和原有职务、级别。

第四十七条　财政部门及有关行政部门的工作人员在实施监督管理中滥用职权、玩忽职守、徇私舞弊或者泄露国家秘密、商业秘密，构成犯罪的，依法追刑事责任；尚不构成犯罪的，依法给予行政处分。

第四十八条　违反本法第三十条规定，将检举人姓名和检举材料转给被检举单位和被检举人个人的，由所在单位或者有关单位依法给予行政处分。

第四十九条　违反本法规定，同时违反其他法律规定的，由有关部门在各自职权范围内依法进行处罚。

第七章　附　则

第五十条　本法下列用语的含义：

单位负责人，是指单位法定代表人或者法律、行政法规规定代表单位行使职权的主要负责人。

国家统一的会计制度，是指国务院财政部门根据本法制定的关于会计核算、会计监督、会计机构和会计人员以及会计工作管理的制度。

第五十一条　个体工商户会计管理的具体办法，由国务院财政部门根据本法的原则另行规定。

第五十二条　本法自 2000 年 7 月 1 日起施行。

附录二　企业会计准则——基本准则

(2006 年 2 月 15 日财政部令第 33 号公布，自 2007 年 1 月 1 日起施行。2014 年 7 月 23 日根据《财政部关于修改<企业会计准则——基本准则>的决定》修改)

第一章　总　　则

第一条　为了规范企业会计确认、计量和报告行为，保证会计信息质量，根据《中华人民共和国会计法》和其他有关法律、行政法规，制定本准则。

第二条　本准则适用于在中华人民共和国境内设立的企业(包括公司，下同)。

第三条　企业会计准则包括基本准则和具体准则，具体准则的制定应当遵循本准则。

第四条　企业应当编制财务会计报告(又称财务报告，下同)。财务会计报告的目标是向财务会计报告使用者提供与企业财务状况、经营成果和现金流量等有关的会计信息，反映企业管理层受托责任履行情况，有助于财务会计报告使用者作出经济决策。

财务会计报告使用者包括投资者、债权人、政府及其有关部门和社会公众等。

第五条　企业应当对其本身发生的交易或者事项进行会计确认、计量和报告。

第六条　企业会计确认、计量和报告应当以持续经营为前提。

第七条　企业应当划分会计期间，分期结算账目和编制财务会计报告。

会计期间分为年度和中期。中期是指短于一个完整的会计年度的报告期间。

第八条　企业会计应当以货币计量。

第九条　企业应当以权责发生制为基础进行会计确认、计量和报告。

第十条　企业应当按照交易或者事项的经济特征确定会计要素。会计要素包括资产、负债、所有者权益、收入、费用和利润。

第十一条　企业应当采用借贷记账法记账。

第二章　会计信息质量要求

第十二条　企业应当以实际发生的交易或者事项为依据进行会计确认、计量和报告，如实反映符合确认和计量要求的各项会计要素及其他相关信息，保证会计信息真实可靠、内容完整。

第十三条　企业提供的会计信息应当与财务会计报告使用者的经济决策需要相关，有助于财务会计报告使用者对企业过去、现在或者未来的情况作出评价或者预测。

第十四条　企业提供的会计信息应当清晰明了，便于财务会计报告使用者理解和使用。

第十五条　企业提供的会计信息应当具有可比性。

同一企业不同时期发生的相同或者相似的交易或者事项，应当采用一致的会计政策，不得随意变更。确需变更的，应当在附注中说明。

不同企业发生的相同或者相似的交易或者事项，应当采用规定的会计政策，确保会计信息口径一致、相互可比。

第十六条　企业应当按照交易或者事项的经济实质进行会计确认、计量和报告，不应仅以交易或者事项的法律形式为依据。

第十七条　企业提供的会计信息应当反映与企业财务状况、经营成果和现金流量等有关的所有重要交易或者事项。

第十八条　企业对交易或者事项进行会计确认、计量和报告应当保持应有的谨慎，不应高估资产或者收益、低估负债或者费用。

第十九条　企业对于已经发生的交易或者事项，应当及时进行会计确认、计量和报告，不得提前或者延后。

第三章　资　　产

第二十条　资产是指企业过去的交易或者事项形成的、由企业拥有或者控制的、预期会给企业带来经济利益的资源。

前款所指的企业过去的交易或者事项包括购买、生产、建造行为或其他交易或者事项。预期在未来发生的交易或者事项不形成资产。

由企业拥有或者控制，是指企业享有某项资源的所有权，或者虽然不享有某项资源的所有权，但该资源能被企业所控制。

预期会给企业带来经济利益，是指直接或者间接导致现金和现金等价物流入企业的潜力。

第二十一条　符合本准则第二十条规定的资产定义的资源，在同时满足以下条件时，确认为资产：

（一）与该资源有关的经济利益很可能流入企业；

（二）该资源的成本或者价值能够可靠地计量。

第二十二条　符合资产定义和资产确认条件的项目，应当列入资产负债表；符合资产定义、但不符合资产确认条件的项目，不应当列入资产负债表。

第四章　负　　债

第二十三条　负债是指企业过去的交易或者事项形成的、预期会导致经济利益流出企业的现时义务。

现时义务是指企业在现行条件下已承担的义务。未来发生的交易或者事项形成的义务，不属于现时义务，不应当确认为负债。

第二十四条　符合本准则第二十三条规定的负债定义的义务，在同时满足以下条件时，确认为负债：

（一）与该义务有关的经济利益很可能流出企业；

（二）未来流出的经济利益的金额能够可靠地计量。

第二十五条　符合负债定义和负债确认条件的项目，应当列入资产负债表；符合负债定义、但不符合负债确认条件的项目，不应当列入资产负债表。

第五章　所有者权益

第二十六条　所有者权益是指企业资产扣除负债后由所有者享有的剩余权益。

公司的所有者权益又称为股东权益。

第二十七条　所有者权益的来源包括所有者投入的资本、直接记入所有者权益的利得和损失、留存收益等。

直接记入所有者权益的利得和损失，是指不应记入当期损益、会导致所有者权益发生增减变动的、与所有者投入资本或者向所有者分配利润无关的利得或者损失。

利得是指由企业非日常活动所形成的、会导致所有者权益增加的、与所有者投入资本无关的经济利益的流入。

损失是指由企业非日常活动所发生的、会导致所有者权益减少的、与向所有者分配利润无关的经济利益的流出。

第二十八条　所有者权益金额取决于资产和负债的计量。

第二十九条　所有者权益项目应当列入资产负债表。

第六章　收　　入

第三十条　收入是指企业在日常活动中形成的、会导致所有者权益增加的、与所有者投入资本无关的经济利益的总流入。

第三十一条　收入只有在经济利益很可能流入从而导致企业资产增加或者负债减少、且经济利益的流入额能够可靠计量时才能予以确认。

第三十二条　符合收入定义和收入确认条件的项目，应当列入利润表。

第七章　费　　用

第三十三条　费用是指企业在日常活动中发生的、会导致所有者权益减少的、与向所有者分配利润无关的经济利益的总流出。

第三十四条　费用只有在经济利益很可能流出从而导致企业资产减少或者负债增加、且经济利益的流出额能够可靠计量时才能予以确认。

第三十五条　企业为生产产品、提供劳务等发生的可归属于产品成本、劳务成本等的费用，应当在确认产品销售收入、劳务收入等时，将已销售产品、已提供劳务的成本等记入当期损益。

企业发生的支出不产生经济利益的，或者即使能够产生经济利益但不符合或者不再符合资产确认条件的，应当在发生时确认为费用，记入当期损益。

企业发生的交易或者事项导致其承担了一项负债而又不确认为一项资产的，应当在发生时确认为费用，记入当期损益。

第三十六条 符合费用定义和费用确认条件的项目，应当列入利润表。

第八章 利 润

第三十七条 利润是指企业在一定会计期间的经营成果。利润包括收入减去费用后的净额、直接记入当期利润的利得和损失等。

第三十八条 直接记入当期利润的利得和损失，是指应当记入当期损益、会导致所有者权益发生增减变动的、与所有者投入资本或者向所有者分配利润无关的利得或者损失。

第三十九条 利润金额取决于收入和费用、直接记入当期利润的利得和损失金额的计量。

第四十条 利润项目应当列入利润表。

第九章 会 计 计 量

第四十一条 企业在将符合确认条件的会计要素登记入账并列报于会计报表及其附注(又称财务报表，下同)时，应当按照规定的会计计量属性进行计量，确定其金额。

第四十二条 会计计量属性主要包括：

(一) 历史成本。在历史成本计量下，资产按照购置时支付的现金或者现金等价物的金额，或者按照购置资产时所付出的对价的公允价值计量。负债按照因承担现时义务而实际收到的款项或者资产的金额，或者承担现时义务的合同金额，或者按照日常活动中为偿还负债预期需要支付的现金或者现金等价物的金额计量。

(二) 重置成本。在重置成本计量下，资产按照现在购买相同或者相似资产所需支付的现金或者现金等价物的金额计量。负债按照现在偿付该项债务所需支付的现金或者现金等价物的金额计量。

(三) 可变现净值。在可变现净值计量下，资产按照其正常对外销售所能收到现金或者现金等价物的金额扣减该资产至完工时估计将要发生的成本、估计的销售费用以及相关税费后的金额计量。

(四) 现值。在现值计量下，资产按照预计从其持续使用和最终处置中所产生的未来净现金流入量的折现金额计量。负债按照预计期限内需要偿还的未来净现金流出量的折现金额计量。

(五) 公允价值。在公允价值计量下，资产和负债按照市场参与者在计量日发生的有序交易中，出售资产所能收到或者转移负债所需支付的价格计量。

第四十三条 企业在对会计要素进行计量时，一般应当采用历史成本，采用重置成本、可变现净值、现值、公允价值计量的，应当保证所确定的会计要素金额能够取得并可靠计量。

第十章 财务会计报告

第四十四条 财务会计报告是指企业对外提供的反映企业某一特定日期的财务状况和某一会计期间的经营成果、现金流量等会计信息的文件。

　　财务会计报告包括会计报表及其附注和其他应当在财务会计报告中披露的相关信息和资料。会计报表至少应当包括资产负债表、利润表、现金流量表等报表。

　　小企业编制的会计报表可以不包括现金流量表。

　　第四十五条　资产负债表是指反映企业在某一特定日期的财务状况的会计报表。

　　第四十六条　利润表是指反映企业在一定会计期间的经营成果的会计报表。

　　第四十七条　现金流量表是指反映企业在一定会计期间的现金和现金等价物流入和流出的会计报表。

　　第四十八条　附注是指对在会计报表中列示项目所作的进一步说明，以及对未能在这些报表中列示项目的说明等。

第十一章　附　　则

　　第四十九条　本准则由财政部负责解释。

　　第五十条　本准则自 2007 年 1 月 1 日起施行。

参 考 文 献

[1] 李海波. 会计学原理[M]. 上海：立信会计出版社，2007

[2] 管友桥，王峰. 会计学基础[M]. 2版. 海南：南海出版公司，2009

[3] 李端生. 基础会计学[M]. 北京：中国财政经济出版社，2014

[4] 许家林. 会计学原理[M]. 北京：科学出版社，2011

[5] 黄双蓉. 会计基础[M]. 北京：经济科学出版社，2014

[6] 李伯兴，周建龙. 会计学基础[M]. 北京：中国财政经济出版社，2010

[7] 黄海燕. 会计学原理[M]. 大连：东北财经大学出版社，2013

[8] 郭丽华. 基础会计[M]. 成都：西南财经大学出版社，2008

[9] 中华会计网校. 会计基础[M]. 北京：人民出版社，2016

[10] 中华人民共和国财政部. 企业会计准则[M]. 北京：经济科学出版社，2014

[11] 全国人大常委会. 中华人民共和国会计法[M]. 上海：立信会计出版社，2018

[12] 于卫兵. 基础会计学[M]. 上海：立信会计出版社，2014